Werner Heidenreich

In Achtsamkeit zueinander finden

Werner Heidenreich

In Achtsamkeit zueinander finden

Die buddhistische Sprache der Liebe

mvg Verlag

Bibliografische Information der Deutschen Nationalbibliothek
Die Deutsche Nationalbibliothek verzeichnet diese Publikation in der Deutschen Nationalbibliografie.
Detaillierte bibliografische Daten sind im Internet über http://dnb.d-nb.de abrufbar.

www.mvg-verlag.de

Umschlaggestaltung: Morian & Bayer-Eynck Grafikdesign, Coesfeld
Umschlagabbildung: Hildegard Morian
Druck und Bindearbeiten: CPI – Ebner & Spiegel, Ulm
Printed in Germany
ISBN 978-3-636-07229-0

INHALT

ZUM GELEIT 9
EINLEITUNG 13

VON DER LIEBE 23
Liebe in der Welt 24
Hingabe 28
Liebe und Leiden 31
Annehmen was ist 32
Liebevolles Verweilen 34
Liebe und Partnerschaft 37
Liebe als Geisteshaltung 39
Sich entscheiden 41
Frieden wählen 44
Liebe vertrauen 47
Praxis der Liebe 48
Metta-Meditation 48
Sutra über die allumfassende Liebe 49
Freund und Feind 50
Augen der Liebe 52
Stolz aufgeben 53
Alltagspraxis 57
Konkrete Übungen 59
Liebe nähren 62
Wunscherfüllendes Juwel 66
Grundlagen der Praxis 68

Zuflucht nehmen 69
Fazit 70

VON DER ACHTSAMKEIT 71
Achtsamkeit und Konzentration 74
Unsere wahre Natur 75
Freiheit des Augenblicks 76
Achtsam leben 78
Zufluchtsort 79
Kraftfeld 80
Praxis der Achtsamkeit 82
Geisteshaltungen beobachten 84
Achtsame Kommunikation 85
Unbedachte Worte 87
Achtsamkeitsanker setzen 89
Beweggrund finden 90
Gewohnheiten ändern 93
Achtsamkeit für den Anderen 96
Gewahrsein 97
Bereitschaft und Offenheit 99
Kritische Haltung 101
Versteckte Botschaften 103
Achtsamkeitsglocken 104

VIER ARTEN UNRECHTER REDE 107

LIEBEVOLLES HÖREN 117
Wohlwollende Haltung 119
Geduld 121
Akzeptanz 123
Unvollkommenheit 124
Offenheit 125
Still werden 128
Wacher Geist 130

Aktiv hören 133
Buddha-Ohren 134
Einfühlung 138
Motivation 140
Anfängergeist 146
Absolute und relative Ebene 148
Lebende Worte 153

LIEBEVOLLES SPRECHEN 157
Sanfte Worte 158
Lebende Worte 160
Das rechte Maß 163
Langsam sprechen 165
Das Zwiegespräch 167
Unsere Wahrheit 171
Bitten und Danken 176
Urteile 179
Leiden aussprechen 186
Umgang mit Ärger 187
Die Realität akzeptieren 190
Innere Ruhe 191
Stille 192
Der schmatzende Mönch 193

FORMEN DER KOMMUNIKATION 195
Konfliktgespräche 195
Rundgespräch 196
Stichpunkte 212
Umgang mit Kritik 214
Gleichmut 221
Bedauern 223

ANMERKUNGEN 233
DANKSAGUNG 235

ZUM GELEIT

Im Buddhismus steht immer das Verhältnis des Einzelnen zu seinen Mitmenschen (oder besser: zu allen Wesen) im Vordergrund, wie unterschiedlich die einzelnen buddhistischen Richtungen die Lehre des Buddha auch interpretieren mögen. Möge es sich nun um den »Erleuchtungsgeist« (*bodhicitta*), die Verwirklichung des »Bodhisattva-Ideals« (zur Befreiung aller Wesen beizutragen) oder auch um die vier »Göttlichen Verweilungszustände« (*brahmavihāra*) handeln. Immer gilt es, den ursprünglich klaren Geist von Verunreinigungen (*nîvarana*) zu befreien, um allen Wesen – sich selbst mit eingeschlossen! – mit »liebender Güte« (*mettā*), voller Mitleid (*karunā*), Mitfreude (*muditā*) und Gleichmut (*uppekkhā*) zu begegnen. Ist unser Geist von den *Nîvarana* – von Sinnenlust, Übelwollen, Stumpfheit und Mattheit, Aufgeregtheit und Gewissensunruhe und skeptischem Zweifel – verunreinigt, so können wir noch so oft und intensiv den Wunsch haben, liebevoll etc. zu sein, er wird immer nur ein »frommer Gedanke« bleiben! Achtsame Selbstbeobachtung (*sati*) beim Umgang mit anderen gibt uns jedoch die Gelegenheit, den eigenen Schwächen auf die Schliche zu kommen.

Möchte man etwas beseitigen, so muss es erst einmal wahrgenommen und als vorhanden akzeptiert werden. Erkennt man die eigenen Schwächen als einen Teil seiner selbst vorbehaltlos an, bedeutet das jedoch noch nicht, dass man sie auch gutheißt. Dieses Sichtbarmachen und aufmerksame Beobachten führt bereits zu Veränderungen der eigenen Denk- und Verhaltensweise: Nicht mehr das nasse Wetter ist schuld, dass ich mich erkältet habe, sondern ich selbst, da ich mich nicht entsprechend angezogen habe. Nicht die laute Musik meines Nachbarn stört mich beim Meditieren, sondern meine Unkonzentriertheit usw. Diese »rechte Sicht« meiner Schwächen lässt sie (fast) von allein schwinden. Versucht man jedoch krampfhaft, die eigenen Schwächen zu unterdrücken oder gewaltsam »an der Wurzel auszureißen«, so werden sie unversehens unkontrolliert wieder zum Vorschein kommen. Dann wird so mancher erstaunt und zutiefst verzweifelt über das eigene Verhalten sein, ein anderer mag eine Entschuldigung für seinen »gerechten« Zorn oder seine Schadenfreude finden. Der eine wird sich verurteilen und unglücklich sein, der andere sich über die anderen (Bösen) erheben und hochmütig werden. In beiden Fällen ist die eigene Haltung weder von »liebender Güte« noch von Mitleid, Mitfreude oder Gleichmut geprägt. Unterdrückung der *Nîvarana* macht uns weder zu glücklichen noch zu »besseren« Menschen.

Erst wenn man in der Lage ist, sich selbst und seinen Mitmenschen mit liebevoller Aufgeschlossenheit zu begegnen und ihnen vorurteilslos zuzuhören, ist die Möglichkeit gegeben, sich selbst und andere zu verstehen.

Der Buddha lehrt einen einfachen Weg für eine liebevolle und aufgeschlossene Kommunikation – in Gedanken, Worten und Taten –, wenn er sagt: »Lasse davon ab, Schlechtes zu tun, lerne Gutes zu tun, läutere deinen eigenen Geist« (*Dhammapada* 183). Schlechte Handlungen vermeidet man immer häufiger, wenn man aufmerksam und bewusst mit seinen eigenen Schwächen umgeht. Und Gutes tut man, indem man – zunächst in der Meditation – »liebende Güte« entfaltet. Darunter ist die Haltung zu verstehen, die eine Mutter ihrem Kind entgegenbringt. Sie stellt ihre eigenen Interessen zurück, um ihr Kind zu versorgen. Sie füttert, badet und windelt es, ohne böse darüber zu sein, dass es das Essen wieder ausspuckt oder die

Windeln wieder voll sind; sie wacht bei ihm, wenn es krank ist; sie stellt es wieder auf die Beine, wenn es bei seinen ersten Laufversuchen hinfällt usw. Ebenso wie diese Mutter hat sich auch der Buddha um seine Schüler gekümmert: liebe- und verständnisvoll. In gleicher Weise kümmern sich auch heute noch in Südostasien die buddhistischen Mönche um ihre Novizen und Laienanhänger. Sie helfen ihnen liebevoll, freuen sich mit ihnen über ihre Fortschritte und stehen ihnen in persönlichem Leid bei. Diese sind ihnen ebenso dankbar wie die Kinder ihrer Mutter dankbar sind.

Diese Einsicht in die gegenseitige Abhängigkeit und Bedingtheit (*paticcasamuppāda*) nicht nur von Mutter und Kind, Mönchen und Laien, sondern aller Phänomene untereinander, fördert das Gefühl der Verbundenheit und das Bewusstsein, nicht nur für sich selbst, sondern auch für alle anderen Wesen verantwortlich zu sein. So wird auch die achtsame liebevolle oder hasserfüllte Haltung jedes Einzelnen Auswirkungen auf alle Phänomene haben: auf die (bereits stark zerstörte) Natur, auf die (friedfertige oder hasserfüllte) Kommunikation der Menschen untereinander, auf den Ausbruch von Kriegen oder auf ein (fast) friedliches Miteinander. Deshalb ist das Buch *Achtsamkeit zueinander finden. Die buddhistische Sprache der Liebe* von Werner Heidenreich mit den zahlreichen praktischen Anleitungen zur Selbsterkenntnis gerade in unserer zerrissenen Welt so wertvoll.

Mögen mit Hilfe dieses Buches viele Menschen dazu beitragen, die Welt etwas glücklicher zu gestalten!

Bhante Puññaratana
Mainz, Juni 2006

EINLEITUNG

Wir alle wollen unsere Liebe ausdrücken und sie mit dem anderen teilen. Aber wir leben das Gegenteil. Dort, wo wir Liebe leben wollen, von Liebe sprechen und auf sie hoffen, erfahren wir Trennung und Sprachlosigkeit. Die tiefsten Verletzungen fügen wir uns oft in Beziehungen zu. Manchmal ist die Kluft zwischen unserer Liebe und dem, was wir kommunizieren, so groß, dass wir über uns selbst erschrecken und verstummen möchten. Das gilt für Partner in ihren Liebesbeziehungen ebenso wie für Eltern mit ihren Kindern, für Verwandte und Freunde untereinander. Manche Beziehungen entwickeln sich zu einem fortwährenden Krieg, der nur Verlierer übrig lässt. Oder wir entscheiden uns für die Flucht, wählen die Trennung, die der Heilung und der Liebe keine Chance lässt.

Es gibt einen Weg, der uns aus diesem Dilemma befreit, der den Krieg beendet und die Flucht erübrigt. Er beginnt bei uns selbst, indem wir lernen unsere Liebe zu entfalten und auch in widrigen Zeiten stabil zu halten. Wir können lernen, mit Hilfe der Achtsamkeit eine Sprache zu sprechen, die unser Herz ausdrückt. Wir können Ohren haben, die fähig und offen genug sind, um den anderen wirklich zu verstehen.

Ich selbst habe sehr viel Erfahrung mit diesem Weg sammeln können und möchte von meiner eigenen Geschichte berichten. Es begann damit, dass ich wieder einmal auf meinem Bett lag, mein Gesicht im Kissen vergrub und gegen meine Tränen kämpfte. Verzweifelt und zutiefst enttäuscht kreiste die Frage in meinem Kopf: »Warum reagiere ich immer wieder so wütend und aggressiv auf ihn?« Der vierjährige Sohn meiner damaligen Freundin schaffte es, mich derart zu reizen, dass ich hilflos meiner explodierenden Wut ausgeliefert war und mich zu wüsten Beschimpfungen, Strafen und sogar Schlägen hinreißen ließ. Wutausbrüche ließen nur seinen Ärger anwachsen und brachten uns in einen eskalierenden Kreislauf von gegenseitigen Aggressionen, die am Ende zwei verletzte Seelen hinterließen: ihn versteckt in seinem Zimmer und mich mit Tränen der Verzweiflung im Bett vergraben. Mir war klar, meine Wutausbrüche waren nicht mit seinem provokanten und vorlauten Auftreten zu rechtfertigen. Ich war nicht Opfer seiner Widerborstigkeit, sondern ich wurde geritten von meinen ungebändigten Emotionen. Für diese trug ich und nicht er die Verantwortung. Es waren meine Emotionen und die Ohnmacht gegenüber diesen Gefühlen. Ohnmacht, weil ich diese Ausbrüche von Wut nicht haben und sie schon gar nicht gegen ein Kind ausleben wollte und sie dennoch nicht stoppen konnte.

In einem Vortrag des englischen Meditationslehrers Christopher Titmus hörte ich, wie er über die Kluft sprach, die zwischen unserer wahren tiefen Buddha-Natur und dem besteht, wie wir unseren Alltag leben. »Mind the gap!«, beachtet die Kluft, die in der veralteten Londoner U-Bahn zwischen Bahnsteigen und Zügen klafft, und so gefährlich breit ist, dass bei jedem Halt eine Durchsage die Passagiere daran erinnert. So eine Warnung hätte ich damals gebrauchen können, wenn wieder Wut und Ärger mich ergriffen und explodieren ließen wie eine fremdgesteuerte Rakete.

Meine Tränen ließen mich die schier bodenlose Kluft zwischen meiner tief vergrabenen wahren Natur, der im Herzen verborgenen wahren Liebe und dem, was ich lebte, spüren. Verzweifelt auf dem Bett liegend hörte ich in mir die leise Stimme meines Herzens, die sagte: »Das ist nicht mein wahres Leben! Ich möchte liebevoll mit ihm und allen anderen Menschen umgehen und Freude und Glück mit ihnen erleben.«

Als ich damals auf meinem Bett lag, war es mein größter Wunsch, die Kluft zwischen dem, was mein Herz wollte und dem, was ich tat, zu schließen. Alle guten Vorsätze, alle Techniken und Tricks schützten mich nicht davor, immer wieder abzustürzen und in den Strudel meiner Emotionen gesogen zu werden, der mich bis auf den tiefsten Grund meiner Verzweiflung wirbelte.

Ein Buchtitel kam mir in den Sinn: »Die große Befreiung. Einführung in den Zen-Buddhismus« von Daisetz Teitaro Suzuki (Fischer Taschenbuch). Das Buch stand schon lange bei meinen Zen-Büchern. Ich hatte irgendwann einmal darin gelesen, ohne aber tiefer davon berührt worden zu sein. Doch jetzt ließ mich der Titel nicht mehr los. Ja, Befreiung suchte ich, die Befreiung aus der Knechtschaft innerer Zwänge und Gewohnheiten, um zu meinem wahren Wesen zurückzukommen. Ich suchte nach einer Befreiung aus dem Sog meiner Emotionen, die mir erlaubte auch in kritischen Situationen in meiner Mitte zu bleiben und von dort aus mein Leben zu entfalten. Ein Leben, das meinem wahren Sein entsprach und den verkapselten Samen der Liebe in mir zur Entfaltung kommen ließ. Ein Samen, der zur Blüte reifen sollte. Ich wollte mein Mitgefühl, meine Liebe und Freude leben und war und bin fest davon überzeugt, dass das die eigentliche Bestimmung meines Seins ist: Ein Leben, das die inneren Kämpfe beendet, Frieden schenkt und zwischen meinem Herzen und meinem Handeln keine Kluft mehr aufkommen lässt.

Ich las nun mit ganz anderen Augen dieses und andere buddhistische Bücher und fand in ihnen einen Weg beschrieben, der mir Hoffnung machte. Einen Weg, der den »wilden Geist« zähmt und zu einem Freund werden lässt, der auch in Krisen ein Verbündeter unseres Herzens bleibt. Ich begab mich auf den Zen-Weg, meditierte fortan täglich und suchte in den folgenden Jahren verschiedene buddhistische Gruppen und Lehrer auf. Die Jahre wurden zu einem fortlaufenden Geistestraining, das bis heute andauert.

Wir trainieren unseren Geist durch die Meditation, die ihn konzentrierter, ruhiger und stabiler werden lässt. Geistestraining basiert auf Achtsamkeit, die unseren Geist in seinem Fühlen und Denken beobachtet und trainiert. Ähnlich wie die Meditation schafft Achtsamkeit eine Präsenz, die unsere Denkmuster und Emotionen positiv beeinflusst. Diese Präsenz und die Beobachtung unserer Geistesregungen gibt uns zugleich die Möglichkeit, unheilsame, uns und andere schädigende Geistesregungen zu beenden und stattdessen heilsame und aufbauende Gedanken und Gefühle zu fördern.

Dieses Buch und die hier vorgestellte Praxis der achtsamen Kommunikation können als Grundlage für ein solches Geistestraining genutzt werden. Ich beschreibe die Achtsamkeit und stelle ihre Praxis besonders in der Kommunikation ausführlich vor. Achtsamkeit trägt im Sinne des Buches dazu bei, dass wir zu einer Herzenssprache, einer Kommunikation der Liebe kommen können. Gelingt uns das, trainiert die liebevolle Kommunikation wiederum unseren Geist, um in ihm die vielleicht noch verkapselten Samen von Liebe und Mitgefühl zu wecken und zu entfalten.

Als ich meinen Weg begann, war meine Kommunikation zu dem Sohn meiner Freundin gestört. Wir konnten unsere Herzen nicht verbinden und waren nicht fähig, uns zu verstehen und Liebe fließen zu lassen. Nicht nur im Kontakt mit ihm erlebte ich die Kluft in meiner Kommunikation: Ich kommunizierte meistens nicht von meinem Herzen her und war nicht in der Lage, das auszudrücken, was mich wirklich bewegte. Daher bezog ich mein Geistestraining von Anfang an auch auf meine Kommunikation. Mit der Zeit wurde mir klar, dass alle Übungen, die wir in den Meditationsphasen anwenden, auch in der Kommunikation geübt werden können, selbst das Schweigen. Die Stille ist in der Begegnung mit anderen eine manchmal zutiefst kraftvolle Kommunikation, die allen Worten und Gesten überlegen ist.

Besonders durch die klaren Aussagen des Zen über die lebenden und toten Worte lernte ich zu unterscheiden, was meine innere Wahrheit ist, was ich fühle oder denke und was nur erdacht oder interpretiert ist. Eine lebende Sprache zu finden war mein erster Übungsschritt und führte dazu, dass auch meine geistigen Aktivitäten sich nicht mehr in Fantasien und Abschweifungen über Vergangenes oder Zukünftiges verloren. Der erste Schritt zeigte mir deutlich die gegenseitige Befruchtung der Übung: Dadurch dass ich auf mein Sprechen achte, achte ich zugleich auch auf meinen Geist, und dadurch, dass ich meinen Geist trainiere, wandelt sich mein Sprechen.

Der zweite Schritt war für mich das »achtsame Sprechen«, wie ich es von dem vietnamesischen Zen-Meister Thich Nhat Hanh und seinen Schülern und Schülerinnen kennen lernte. Achtsame Kommunikation legte noch mehr Wert auf die hinter den Worten liegende Geisteshaltung, sie kultiviert bewusst die wohlwollenden und liebevollen Einstellungen. Durch die »Umarmung der Gefühle«, wie es bei Thich Nhat Hanh heißt, leitet sie einen Prozess ein, der die unheilsamen Geistesregungen beruhigt, entschärft und zum Erlöschen bringt.

In den letzten Jahren gaben mir die »GFK«, die gewaltfreie Kommunikation des amerikanischen Psychologen Dr. Marshall B. Rosenberg und »der Dialog« des englischen Professors für Theoretische Physik David Bohm wesentliche Impulse für mein Verständnis und meine Praxis der achtsamen Kommunikation. Bei Bohm war es sein von dem indischen Lehrer Jiddu Krishnamurti geprägter spiritueller Ansatz, Kommunikation und den Umgang mit unserem Denken zu betrachten. Bei Rosenberg war es die präzise Methode, mit der lebendig und einfühlsam kommuniziert wird.

Bei meiner ersten persönlichen Begegnung mit Thich Nhat Hanh fiel mir seine sanfte und liebevolle Sprechweise auf. Es war auf einem Retreat in Deutschland und er sprach über seine Kriegserfahrungen in Vietnam. Er erzählte, wie er sich gegen den zerstörerischen Krieg einsetzte, eine Schule für Sozialarbeit gründete, deren Mitglieder von beiden Kriegsparteien verfolgt wurden. Seit 1966 durfte er nicht mehr zurück nach Vietnam, und dennoch blieben seine Worte frei von Hass und Ärger. Er war fähig, von Liebe und Vergebung zu sprechen. Während ich ihm zuhörte, dachte ich an meinen verstorbenen Vater, der im Familienkreis immer mit bittersten, von Wut und Hass durchdrungenen Worten über seine Kriegserfahrungen und Vertreibung sprach. Auch nach vielen Jahren hatte er keinen Frieden mit der Vergangenheit schließen können und mir schien, dass er durch die Art, wie er über die erlittenen Leiden sprach, immer wieder aufs Neue seine Wunden aufriss, statt einen Heilungsprozess zuzulassen. Die Art Thich Nhat Hanhs über sein Leiden zu sprechen, wies mir einen anderen Weg. In meiner täglichen Praxis sowie in meinen Seminaren und Achtsamkeitskreisen bin ich diesem Weg gefolgt. Dabei habe ich erfahren, wie die Teilnehmer meiner Gruppen durch diese achtsame Kommunikation ihre negativen Emotionen verwandeln und ihre Verletzungen heilen konnten. Dies ließ mich die große Bedeutung von Achtsamkeit für die Kommunikation erkennen. Achtsamkeit im Sinne von Gewahrsein dessen, was im Augenblick gerade in und um uns herum geschieht. Während wir hören und sprechen vergegenwärtigen wir uns, dass wir gerade hören und sprechen. Dies hilft, uns darüber bewusst zu werden, was und wie wir gerade sprechen und lässt uns offener und einfühlsamer werden beim Hören.

Diese Praxis führte mich zu der weiteren Erkenntnis, wie entscheidend die Geisteshaltung für das Gelingen von Kommunikation ist. Sie prägt und färbt unsere Worte und Gedanken. Die im Buch vorgestellte achtsame Kommunikation ist zugleich ein Training für unsere Geisteshaltung. Ein Training, weil wir durch die Achtsamkeit heilsame Worte und Gedanken fördern und unheilsame unterlassen.

Von Beginn meiner buddhistischen Praxis an war die Entfaltung vom Metta (Liebe) oder wie sie auch beschrieben wird, »Bodhi-citta«, dem erwachten mitfühlenden Geist, eine wichtige Übung für mich. Mit ihrer Hilfe wecke und fördere ich auch heute noch meine leider manchmal sehr versteckte »wahre Natur«, meine »Buddha-Natur«, deren Entfaltung ich als die Essenz des Buddhismus und aller spirituellen und religiösen Wege betrachte. In diesem Buch stelle ich diese Liebe vor, die wesentlich mehr ist und tiefer geht als das flüchtige Verliebtheitsgefühl. Liebe ist eine Qualität unseres Geistes, die sich in allen unseren Handlungen manifestiert und prägt. Somit ist unsere Kommunikation das Feld, auf dem wir unseren Metta-Geist wirken und zugleich dank der Kommunikation stärken und wachsen lassen können.

Ich möchte Ihnen die achtsame Kommunikation als einen Weg zu unserer Liebe vorstellen. Sie können dieses Buch als eine Anleitung zum Liebenlernen verstehen und die Kommunikation als das Mittel dazu. Wir finden im Buddhismus exakte Beschreibungen, was Liebe ist, und erhalten konkrete Methoden, unseren Geist zu dieser Liebe zu führen. Ein lichter, von Liebe getragener Buddhismus, der unseren Alltag erhellt und unsere häufigste und wohl wichtigste Tätigkeit, die Kommunikation, zu ihrer Blüte führt.

Eine der wichtigsten Tugenden im Buddhismus ist Khanti, Geduld, die auch unsere Praxis braucht. Training impliziert bereits einen zeitlichen Prozess, der für unser Geistestraining besonders wichtig ist, weil wir es hier mit oft jahrzehntelang eingeübten Gewohnheiten zu tun haben, die wir nicht von heute auf morgen wieder ablegen können. Daher empfehle ich, dieses Buch und alle seine Anregungen mit langem Atem zu lesen und umzusetzen. Die »Sprache der Liebe« erlernen wir nicht an einem Tag und es braucht unsere fortlaufende Achtsamkeit, sie nicht wieder verstummen zu lassen, weil wir sie schlicht vergessen haben und unser Geist der alten Gewohnheit folgend wieder auf die um uns herum herrschende Alltagssprache zurückgreift. Haben Sie Geduld mit sich und entwickeln Sie eine Stetigkeit in der Praxis, die Sie erreichen, wenn Sie sich über Ihre Motivation klar geworden sind.

Meine Motivation zu Beginn meines Weges war es, die Kluft zwischen der in meinem Herzen verkapselten Liebe und meinem von einem wilden Geist gesteuerten Denken, Fühlen und Handeln zu schließen. Im Kapitel Liebe erkläre ich, dass für mich unsere wahre Natur und die wahre Natur allen Seins Liebe ist. Die Diskussion darüber, ob wir nicht auch den Ärger und den Hass bräuchten, dieser nicht genauso zu unserer wahren Natur gehöre, geht an unserem und dem allumfassenden großen Sein völlig vorbei. Alle die unsere Liebe beeinträchtigenden Geistesregungen sind immer ein Hadern mit der Realität, ein vom Ich ausgehendes Nein zu dem, was ist, und die Unfähigkeit anzunehmen, Ja zu sagen und sich der Quelle, der alles entstammt, hinzugeben. Unser wahres Leben ist Liebe, alles andere entsteht aus der Täuschung, die auf unserer Ich-Illusion beruht.

Das Buch führt den Leser zu den Themen Liebe, Achtsamkeit und Kommunikation. Alle Kapitel gehören zusammen und sind die Grundlagen für unsere »Sprache der Liebe« und dem dazugehörigen Geistestraining. Zugleich steht jedes Kapitel für sich. Sie können beim Lesen dem Aufbau des Buches folgen oder aber frei nach Ihrem Interesse und Ihren Fragen einzelne Themen herausgreifen. Das Buch ist kein Arbeitsbuch, das nach einem Plan abzuarbeiten ist, sondern eher ein Begleiter, der uns immer wieder hilft, uns an die wichtigsten Punkte auf unserem Weg zu einer liebevollen Kommunikation zu erinnern. Ein Buch, das unsere Liebe nähren und uns ermutigen möchte, den Weg zu beschreiten der uns den Frieden im Herzen erreichen lässt.

Im »Sutra der Liebenden Güte«, dem Metta-Sutra, heißt es: »Wem klar geworden ist, dass der Friede des Herzens das Ziel seines Lebens ist, der übe sich in folgenden Tugenden: …« Die Klarheit bezieht sich auf die Erkenntnis: Das Ziel meines Lebens ist Liebe, denn nichts anderes ist mit dem Frieden des Herzens gemeint. Dieses Buch möchte Ihnen helfen, Ihr Leben auf dieses Ziel auszurichten, Liebe in Ihrer Kommunikation zum Klingen und die Herzen Ihrer Mitmenschen zum Schwingen zu bringen.

Ich wünsche mir von ganzem Herzen, dass dieses Buch Ihnen Hilfe und Ermutigung ist, den Weg zu gehen und Sie Ihren inneren Buddha wecken und lächeln lassen, damit er in dieser düsteren Welt zu einem Licht der Hoffung und Zuversicht wird.

Werner Heidenreich
Köln 2006

»Alles was wir hienieden tun können, verschwindet an Wert neben der Liebe, der herzerlösenden. Gleichwie die Sonne am reinen, wolkenlosen Himmel, wenn sie emporsteigt, alles Dunkel verscheucht und leuchtet, ebenso verschwindet alles, was wir hienieden tun können, an Wert neben der Liebe, der herzerlösenden. Die Liebe, die herzerlösende, nimmt alles andere in sich auf und leuchtet und glänzt und strahlt.«

Buddha[1]

VON DER LIEBE

Nichts ist so groß und so bedeutend wie die Liebe. Oft wird die Sonne das höchste Vorbild für Liebe genannt. Der Buddha nahm sie und ihr alles überstrahlendes Licht als Gleichnis für die überragende Bedeutung von Liebe. Wir alle sind Kinder dieser Liebe, denn alles Leben verdankt letztlich seine Existenz dem Licht der Sonne. Öffnen wir uns der Liebe, werden wir selbst zu Trägern dieses Lichts. Alles Bemühen um weltliche Verdienste wie Reichtum, Erfolg und Sicherheit verliert seinen Sinn durch die Vergänglichkeit. Es bleibt nichts bestehen, was auch immer wir im Weltlichen aufbauen und erreichen. Liebe zu schenken und zu empfangen ist der einzige Sinn unseres Daseins. Sollte es denn eines Tages ein Jüngstes Gericht geben, dann bin ich mir sicher, dass nur nach einem Kriterium geurteilt werden wird: »Wie viel Liebe hast du gelebt?«

Liebe strebt immer zur Einheit, findet ihre Erfüllung in der Einheit. Dieser Einheit steht das Gefühl von Trennung und Einsamkeit entgegen. Wir kommen zur Einheit, wenn wir unser wahres Selbst erkennen, das unpersönlich ist. Unpersönlich, weil alles das, was wir als Ich erleben, in Wirklichkeit nichts anderes ist, als das nicht getrennte, sich in allem manifestierende eine Leben. Alle Lebensformen sind Manifestation des einen Lebens, ob sie als Pflanze, Tier oder Mensch erscheinen. Wir kommen nicht nur aus dem Licht der Sonne, wir sind alle aus den gleichen Bausteinen des Lebens zusammengesetzt. Auch unsere Intelligenz, alle unsere Gedanken und Gefühle und unser Bewusstsein gehören zu diesem einen umfassenden, nicht getrennten, sich gegenseitig bedingenden Leben.

Liebe entsteht, wenn wir diesen Zusammenhang realisieren und erkennen, dass die Geburt einer Rosenblüte und das Sterben einer Mücke unsere eigene Geburt und unser eigenes Sterben sind. Geburt und Tod verlieren zugleich ihre Schrecken, denn aus der Erfahrung der kosmischen Verbundenheit, des umfassenden Einsseins, gibt es kein Geborenwerden und Sterben mehr.

Wahre Liebe kennt keine Trennung, keine Unterschiede, kein nah und fern, sondern ist das Gewahrsein der Einheit. Im Metta-Sutra beschreibt der Buddha diese allumfassende Liebe mit den Worten: »Genau so, wie eine Mutter ihr einziges Kind liebt und unter Einsatz ihres Lebens schützt, öffne auch ich mein Herz für alle Wesen, wo immer sie sich auch befinden mögen. Der große deutsche Buddhist Nyanaponika drückt es mit folgenden Worten aus: »Liebe, die nicht besitzen will, weil sie weiß, dass es in Wirklichkeit keinen Besitz und keinen Besitzer gibt, das ist die höchste Liebe. Liebe, die nicht ›ich‹ sagt, weil sie das ›Ich‹ als Täuschung erkennt.«

Liebe in der Welt

Dunkelheit trennt uns von der Liebe. Wir verschließen unsere Augen oder achten zu wenig auf das Licht, das Leben spendende, und entwickeln eine düstere Sicht, die das Leben als einen ewigen Kampf ums Überleben sieht. Gefangen in dieser Sicht, entwickeln wir ein Bewusstsein, das Trennung und Feindseligkeit ausbreitet. Vieles, was um uns herum in der Welt geschieht, entspringt einer solchen Sicht. Tiefe geistige Gräben durchfurchen unseren Planeten und es scheint manchmal, als hätte Liebe keinen Platz auf ihm.

Wie tief auch immer die Gräben sind, wie dunkel uns die Welt auch erscheinen mag, letztlich kommt immer wieder das Licht der Liebe zum Strahlen. Wir können das im Großen und Kleinen beobachten: Hass und Feindseligkeit schwelen manchmal sehr lange, doch schon während der Krisen gibt es immer auch Handlungen und Zeichen der Liebe. Der kambodschanische Mönch und Friedensaktivist Maha Ghosananda begann in dem völlig zerrütteten Kambodscha seinen Einsatz für den Frieden mit Flugblättern, auf denen zur Praxis der Liebe aufgerufen wurde. Das war der Beginn einer bis heute währenden Friedensarbeit in einem Land, in dem Millionen von Menschen durch politischen Fanatismus getötet und die Überlebenden in unsägliches Leid gestürzt wurden.

In zwischenmenschlichen Konflikten erleben wir uns oft isoliert von den anderen und werden geleitet von Wut, Ablehnung und Aggression. Solange kein Raum für Vergebung, Versöhnung und Akzeptanz vorhanden ist, werden wir auch als Sieger nicht glücklich und frei, auch wenn wir glauben, Recht zu haben und uns im Konflikt erfolgreich durchsetzen. Das Rad von Gewalt und Gegengewalt, von Hass und Feindseligkeit wird sich immer weiter drehen. In vielen Regionen der Welt können wir beobachten, wie es sich über Generationen hinweg dreht und nicht zum Stillstand kommt. Ethnische oder religiöse Konflikte brechen aus, werden niedergeschlagen, um nach Jahrhunderten erneut auszubrechen, wenn nicht eine echte, von gegenseitigem Respekt und Akzeptanz getragene Versöhnung stattfindet. Auch persönliche Konflikte leben weiter, solange wir keinen Frieden finden, der von Versöhnung und Vergebung getragen wird. Wir beenden unser eigenes Leiden, das durch Groll und Schmerz erfahren wird, wenn wir loslassen und unser Herz befreien und wieder öffnen können für unsere ehemaligen Feinde oder Widersacher. »Hass beendet niemals Hass«, sprach einst der Buddha, »nur die Liebe beendet Hass.«

Diese Liebe braucht Kraft und muss aus unserem Herzen kommen. Manchmal benötigt eine solche Liebe Geduld und viel Metta-Praxis, in der wir immer wieder neu mit einer wohlwollenden freundlichen Haltung uns die andere Person vergegenwärtigen. Mitgefühl für das Leiden des anderen, uns daran zu erinnern, dass auch der andere die gleichen grundlegenden Bedürfnisse nach Wohlergehen, Sicherheit und Kontakt hat, helfen unsere feindseligen Emotionen abzubauen. Mitgefühl kann uns auch helfen, die Schwächen und Fehler des anderen, seinen Ärger und Hass, in einem anderen Licht zu sehen, ihn als Opfer seiner Täuschungen und Schwächen zu verstehen.

Mit einer solchen Liebe werden wir fähig zu verzeihen. Verzeihen beendet unseren Hass, bringt uns in die Gegenwart und heilt erlittenes Unrecht, Verletzungen oder Enttäuschungen endgültig aus. Verzeihen beginnt damit, uns bewusst zu machen, dass wir uns mit unseren alten Vorwürfen und Emotionen an ein bereits vergangenes Geschehen fesseln. Im nächsten Schritt geben wir der Gegenwart die Chance, uns zu befreien, indem wir uns fragen, was von dem Erlebten jetzt noch lebendig ist. Wir werden als einziges Lebendige des damaligen Geschehens unsere Erinnerung finden, selbst wenn wir vielleicht noch heute durch den damaligen Konflikt beeinträchtigt sind. Diese Beeinträchtigung ist unsere Gegenwart geworden, Teil unseres Lebens und braucht nicht Anlass zu sein, weiter gefangen in unseren Vorwürfen und Emotionen zu leben. Immer wieder berichten die Medien von spektakulären Fällen, in denen Opfer schlimmster Verbrechen in der Lage waren den Tätern zu verzeihen, um sich vom Erlebten zu befreien und so ihre eigene Zukunft nicht von Groll und Hass zu überschatten. Mich hat die Geschichte eines Ehepaares tief beeindruckt: Der Ehemann hatte aus Eifersucht seine Frau angeschossen. Sie überlebte mit viel Glück und war von diesem Zeitpunkt an gelähmt und trug weitere körperliche Gebrechen von der Verletzung davon. Dennoch war sie es, die ihrem völlig verzweifelten Mann verzeihen konnte und so den Weg ebnete, um wieder zusammenzufinden und ihre Ehe für beide glücklich fortzusetzen.

Immer wieder wurde und wird viel Geld in heroische Kriegerdenkmäler investiert und eine Sprache gesprochen, die von militärischen Begriffen und Denkweisen geprägt ist und die ganz wesentlich mit dazu beiträgt, dass fürchterliche und sinnlose Kriege geführt werden. Immer wieder, leider auch in unserer Zeit, droht Feindseligkeit und Aggression die Oberhand zu gewinnen. Terror ist ein Weltproblem geworden, rassistische und gewalttätige Übergriffe finden immer wieder statt. Auch im privaten und beruflichen Alltag begegnen wir Aggression und mentaler, manchmal sogar körperlicher Gewalt. Geben wir unter diesen Einflüssen unsere Sanftheit auf, unser Verstehen und Mitgefühl, werden wir Sklaven einer weltweit um sich greifenden Gewaltspirale. Daher ist es wichtig, uns nicht von einer solchen aggressiven Stimmung anstecken zu lassen. Die Weltgesundheitsbehörde WHO (World Health Organisation) hat unter anderem die Aufgabe, gefährliche Viren weltweit ausfindig zu machen und deren Verbreitung zu stoppen. Wir bräuchten eine ähnliche Organisation, die geistige Viren in Form von Ideologien, Fanatismus und religiösem Wahn sucht, beobachtet und deren Verbreitung verhindert. Sie könnte ein globaler Schutz für Mitgefühl, Verstehen und Toleranz sein.

Oft wird gefragt: »Bleibt in dieser Welt überhaupt Platz für Metta?« Ja in unseren Herzen, die unser Denken und Handeln leiten! Metta ist eine Herzensqualität, die in jedem Herzen vorhanden ist. Dass Menschen sie nicht leben, sich ganz anders verhalten, liegt an den Umständen, in denen sie leben, und den Prägungen, die sie empfingen. Ungerechtigkeit, Verzweiflung, blinder Hass oder falsche Sichtweisen wie Fanatismus oder religiöser Wahn schaffen Aggression und Gewalt. Menschen werden zu Trägern und Sklaven dieser zerstörerischen Geisteshaltungen, sind Opfer dieser kranken Bedingungen. Doch lebt auch in ihnen noch der Metta-Geist, der geweckt werden kann. Es gibt immer wieder Beispiele von Menschen, die im Nachhinein ihre gewalttätigen und menschverachtenden Taten zutiefst bereuen, fortan gewandelt mit einem ganz anderen, von Metta geprägten Geist leben. Nicht der Mensch an sich, sondern die Geisteshaltungen, die Verblendungen wie Gier, Hass und Fanatismus sind die Feinde der Liebe.

Hingabe

Liebe handelt, indem wir geben statt ergreifen. Sie darf nicht mit Besitzen oder Anhaften verwechselt werden. Zumindest theoretisch weiß das jeder. Geben ist nicht auf materielle Güter beschränkt. Unsere Aufmerksamkeit und unser Interesse sind bereits Taten der Liebe und ein großes Geschenk für unsere Mitmenschen. Besonders in unserer heutigen von Hektik, Isolation und Anonymität gekennzeichneten Kultur sind Zeit, Zuwendung und Interesse kostbare Güter. Wer glaubt, er habe nichts zu geben, sei zu arm dafür, kann doch immer sich selbst zum Geschenk machen. Unsere Existenz, einfach nur unser Sein ist bereits ein Wunder und ein Geschenk des Lebens, das wir weitergeben können. Es ist wie das Blühen einer Blüte. Sie ist aus sich heraus ein Geschenk für alle, die sehen und riechen können. Jeder von uns ist eine einzigartige Blüte im Beet der Menschheit und wir können uns bei jedem, wie es im Kloster von Thich Nhat Hanh üblich ist, für sein oder ihr Sein bedanken: »Danke für dein Sein.« Haben wir uns als etwas Liebenswertes, Wunderbares wahrgenommen und anerkannt, dann wissen wir, dass wir mit unserer Präsenz und wohlwollenden Zuwendung ein kostbares Juwel für die anderen sein können. Manchmal verbringen wir viel Zeit mit unseren Mitmenschen ohne aber füreinander wirklich da zu sein. Jeder mit sich beschäftigt, leben wir nebeneinander her, ohne uns angemessen wahrzunehmen. Zu lieben beginnt oft damit, sich zeitlich und geistig für den anderen frei zu machen.

In Partnerschaften besteht die Gefahr der Gewöhnung. Beiden ist die Gegenwart des anderen so selbstverständlich, dass sie sie nicht mehr ausreichend wertschätzen und nicht mehr präsent sind füreinander. Erst wenn eine Trennung eintritt, bemerken sie, was der anderen ihnen bedeutet und wie sehr er ihnen fehlt.

Wer einmal erlebt hat, wie ihn Menschen in ärmeren Ländern mit ihrer offenherzigen Freundlichkeit, ihrem Lächeln und ihrer Anteilnahme beglückten, weiß, dass es wirklich keinerlei Reichtums bedarf, um Liebe und Glück zu schenken. Ist es nicht Reichtum und die damit verbundene soziale Ungleichheit, die uns hindern, spontan und mit offenen Herzen aufeinander zuzugehen. Eine Teilnehmerin einer Pilgerreise quer durch die USA berichtete, dass ihre Pilgergruppe in den reichen Gegenden oft auf erhebliche Schwierigkeiten stieß. Sie waren mit Angst und Ablehnung konfrontiert, wenn sie eine Übernachtungsmöglichkeit suchten. In den ärmeren Gebieten dagegen wurden sie meist freundlich und zuvorkommend empfangen. Gastgeber rückten zusammen, um ihnen im eigenen Haus Schlafmöglichkeiten bieten zu können, während Reiche noch nicht einmal bereit waren, ihre oft großen Garagen für eine Nacht zur Verfügung zu stellen.

Manchmal fürchten Menschen sich durch Liebe zu verausgaben, sich zu übernehmen und dabei selbst zu kurz zu kommen. Aber die Erfahrung lehrt etwas anderes: Je mehr wir geben und helfen können, um so glücklicher und reicher fühlen wir uns, sehr viel reicher und glücklicher, als es materieller Reichtum allein zu geben vermag. Das ist die Paradoxie der Liebe. Der Dalai Lama sagte einmal, dass der größte Egoist, um seines eigenen Glückes willen, ein großer Spender sein müsse. Denn je mehr er gibt und hilft, umso glücklicher und reicher fühlt er sich selbst.

Heute sind viele Menschen überfordert: Hektik, Stress und zu viel Verantwortung zehren an ihren Kräften und lassen sie verzweifeln und krank werden. Manchmal glauben Betroffene, diese Auszehrung sei eine Folge von zu viel Liebe, weil sie sich für ihre Alltagspflichten aufopfern würden. Tatsächlich ist es aber meistens eine Überforderung, die durch die Lebensumstände und Arbeitsbedingungen herbeigeführt wird. Manchem fehlt der Mut, bei Überforderungen auch »Nein« sagen zu können, oder das Selbstvertrauen, nicht alles perfekt machen zu müssen und zu den eigenen Grenzen zu stehen. Ihnen fehlt die Liebe zu sich selbst, eine Liebe, die hilft, sich gegen widrige Umstände zu wehren, sie zu verändern, um sich vor Leiden und Krankheit zu schützen.

Die Kraft der Liebe verzehrt sich nicht, sondern wird stärker, je mehr wir lieben. Thich Nhat Hanh verglich dieses stete Wachstum der Liebesfähigkeit mit einer in Vietnam vorkommenden Pflanze, die, je mehr sie geschnitten wird, umso stärker wächst. Wer einmal in den Strom der Liebe eingetreten ist, weiß von ihrer Kraft und Dauer und dass er sich diesem Liebesfluss ganz anvertrauen kann. Ohne besondere Bemühung trägt ihn der Strom der Liebe zu ungeahnten Kräften und Fähigkeiten.

Liebe und Leiden

Zu Buddhas Lebzeiten unterstellte ein König seiner Gemahlin blinden Glauben an die Lehre des Buddha. Er hielt ihr vor, dass der Buddha gesagt habe, Liebe würde zu Leiden führen und er würde daher Lieblosigkeit den Vorrang geben. Die Frau schickte einen Angestellten des Hofes zu Buddha, um sich dessen liebesfeindliche Aussage erläutern zu lassen. Der Buddha erklärte, dass wir durch Liebe im umgangssprachlichen Sinn, also einer Liebe mit Anhaftung immer dann zum Leiden kommen, wenn es der geliebten Person schlecht geht oder diese uns verlässt. Der Bedienstete kam zurück und erklärte es der Prinzessin, die sofort die Bedeutung verstand und am Abend ihren Mann fragte: »Du leidest nicht, wenn unsere Tochter erkrankt?« »Oh, natürlich empfinde ich Leid, wenn es unserer Tochter schlecht ergeht, schließlich liebe ich sie!«, erwiderte der König. »Dann leidest du also doch, weil du liebst«, hielt die Frau dem König nun vor.

Der König verstand und revidierte seine Meinung über Buddhas Aussage. Was der Buddha ansprach und was wir in Liebesbeziehungen immer wieder erleben, ist die weltliche Liebe, die uns mit den geliebten Menschen so verbindet, dass wir von ihrem Schicksal mitbetroffen werden. Diese Form der Liebe bringt uns in Abhängigkeit und macht verletzlich. Aber wir sollten diese Form nicht rundum ablehnen und können sie nicht einfach ablegen. Im Gegenteil, es ist naiv zu glauben, sich nur auf die absolute, immer frei bleibende Liebe beschränken zu können. Die Geschichte zeigt uns nur die Ambivalenz von weltlicher Liebe, über die wir uns im Klaren sein sollten.

Erfahren wir Unglück, Krankheit oder andere Katastrophen, neigen wir zu Verzweiflung und fragen oft nach dem Warum. Warum muss das mir passieren, warum muss ausgerechnet ich so leiden? Dahinter steckt die anthropozentrische Hoffnung und der Glaube, dass wir Menschen ein Anrecht auf ein paradiesisches leidfreies Leben hätten. Wir entwickeln eine Vorstellung, wie die Welt zu sein hat, damit wir uns in ihr wohl fühlen können. Wir stellen an uns, unsere Mitmenschen und den Verlauf des Lebens sehr konkrete Erwartungen. Wir sehen nicht die wahre Natur des Lebens, das immer mit Leiden verbunden ist, wie es der Buddha in seiner ersten Wahrheit zum Ausdruck brachte: »Das Leben ist unvollkommen, ist Leiden.« Erst wenn wir diese Erkenntnis mit ganzem Herzen verstanden und akzeptiert haben, sind wir fähig, das Leben in seiner Unvollkommenheit anzunehmen und wahre Liebe zu entwickeln.

Der Pali-Begriff für Leiden lautet *dukkha*. Dukkha bedeutet wörtlich übersetzt eine unrunde Felge auf einer Radnabe. Ein Bild, das Unvollkommenheit ausdrückt, etwas, was nicht wirklich »rund läuft«. Unser Leben, alles Leben ist immer auch von einer Schattenseite begleitet. Ein bezaubernd schöner Mensch mag uns faszinieren, doch er oder sie hat auch Seiten, die uns Schwierigkeiten bereiten und eher abstoßen. Betrachten wir uns selbst, finden wir positive und negative Aspekte. Wir mögen meist freundlich und zuvorkommend sein, dennoch reagieren wir manchmal aggressiv oder ignorant, sind gereizt und überfordert. Wir mögen uns gesund ernähren und körperlich fit halten, doch können wir Krankheit und Alter nicht verhindern. Mit unserm Wachsen und Reifen nähern wir uns zugleich unserem Altern und Sterben. Der Versuch perfekt zu werden, hat keinen Sinn. Auch alles Unvollkommene, alles Negative ist untrennbar mit uns verbunden. Es gehört zum Leben, ist das Leben.

Es gibt eine Meditation, in der wir uns bewusst auf die Vergänglichkeit und auch auf die schmutzigen, unangenehmen Seiten unseres Körpers konzentrieren.Ich verstehe diese Meditation als eine Übung unserer Liebesfähigkeit. Wir lernen, alle unsere Anteile mit Klarblick zu sehen und zugleich all unsere positiven und negativen Aspekte anzunehmen. Wir geben die Hoffnung auf, uns durch Abtrennen, Wegschneiden oder Verleugnen annehmbarer, besser und reiner machen zu wollen. Erst wenn uns bewusst ist, dass wir diese dunklen Seiten wie Kompost für das Helle in uns benötigen, wir nicht anders sind als die so wunderbar sauber erscheinende Lotusblüte, die im modrigen Schlamm des Teichs wurzelt, trennen wir nicht mehr zwischen rein und unrein, hell und dunkel, angenehm und unangenehm, sondern sehen Unvollkommenes als Bestandteil des Vollkommenen. Wir werden fähig, die Wesen und das Leben mit all seinen Facetten nicht nur anzunehmen, sondern Liebe zu empfinden und das Warten und Hoffen auf den Traumpartner oder die Trauminsel aufzugeben.

Ob Krankheit, Tod, Trennung oder andere Krisen, es geht immer um unsere Reaktion und unsere Antwort auf das Leben. Diese Antwort kann aus einem Geist der Verzweiflung, des Ärgers oder Hasses kommen oder aber eine Antwort der Liebe sein. Liebe antwortet mit Hingabe, Mitgefühl und lässt uns konstruktiv auf alle Herausforderungen des Lebens reagieren. Wahre Liebe ist allumfassend, urteilt nicht und stellt keine Erwartungen. Sie ist in vollständiger Akzeptanz gegenüber dem Leben. Eines der vier großen Gelöbnisse im Zen lautet: »Das Leiden der Welt ist unendlich, ich gelobe alles Leiden zu beenden.« Dieses

Paradox drückt unsere tiefe Einsicht aus, »das Leiden ist unendlich«, und erinnert uns zugleich an unser grenzenloses Mitgefühl, das sich ohne Aussicht auf ein Ende des Leidens in der Welt diesem zuwendet und Antwort gibt. Diese umfassende Liebe macht uns weder naiv noch fatalistisch, sondern lässt uns alle Erscheinungen als Ausdruck und untrennbaren Bestandteil des Lebens sehen und lieben. Dies ist kein abgehobenes Ideal, in allen Kulturen und Religionen gibt es immer wieder Menschen, die einen solchen Zustand vollkommen verwirklicht haben. Einige wurden zu heiligen Narren, andere große Poeten oder gaben sich in beispielhafter Weise für Ausgestoßene, Unterdrückte, Kranke oder leidende Menschen hin, ohne zu glauben, dadurch das Leiden ganz abschaffen zu können.

Liebevolles Verweilen

Liebe hat viele Facetten, die wir in den so genannten vier »Brahmaviharas« beschrieben finden. *Brahma* steht für göttlich oder edel, *vihara* (Pali) bedeutet Zuflucht oder Unterstand. Das Wort beschreibt einen erhabenen, friedvollen Zustand, der uns vor emotionalen Stürmen schützt und uns nicht in die Reiche von Hass und Verzweiflung abstürzen lässt. Alle vier Brahmaviharas sind wie Äste am Baum der Liebe, die unser Bewusstsein emporträgt zu den Brahmas, den befreiten Wesen in den himmlischen Welten. Metta, Sanftmut und Güte, ist das erste Vihara, Karuna steht als zweites Vihara für den liebenden Geist, der sich dem Leiden der Wesen zuwendet, und das dritte Vihara ist Mudita, die Liebe, die sich am Gedeihen und Glück der anderen erfreut. Das vierte Vihara ist Upekkha, der offene, unbegrenzt liebevolle Geist, fähig, alle Wesen und alle Ereignisse, ob angenehm oder unangenehm, in Liebe anzunehmen. Upekkha ist in seiner vollen Blüte ein erwachter Geist, der das Treiben des Lebens mit ruhigem Blick beobachten kann, ohne vor Unangenehmem weglaufen zu wollen oder sich von Angenehmem mitreißen zu lassen.

Metta, die Güte, und der stabile, offene Upekkha-Geist sind die Grundlagen, auf denen wir Mitgefühl (Karuna) und Mitfreude (Mudita) entwickeln. Alle vier werden als eine Zuflucht (Vihara) bezeichnet, weil ein Geist, der in der Liebe verankert und von ihr erfüllt ist, sie auch in stürmischen Zeiten nicht verliert. Alle vier Viharas sind Grundlagen aktiver Liebe: Güte gibt, Mitgefühl hilft, Mitfreude unterstützt und grenzenlose Liebe nimmt alle Wesen liebevoll auf.

Alle vier Viharas können wir als Übungsfelder unseres Geistes betrachten. Beim ersten Vihara entwickeln wir ein generelles Wohlwollen, lassen den Geist sanftmütig werden. Wir üben uns darin, alle unsere Handlungen mit diesem wohlwollenden Geist auszuführen. Ich werde später ausführlicher darauf eingehen. Die Gefahr der Metta-Übung besteht darin, dass unser Geist an den Personen und Dingen anhaftet, sein Wohlwollen in Begehren umschlägt. Das zweite Vihara beschreibt den für das Leiden der anderen offenen Geist. Das ist eine sehr hohe Geistesqualität, denn wir haben oft die Tendenz, dem Leiden auszuweichen, und brauchen eine gewisse innere Stabilität, um uns dem Leiden stellen zu können. Bei diesem zweiten Vihara, Karuna, besteht die Gefahr der Aversion. Wir wenden uns zwar nicht von der Person und ihrem Leiden ab, aber wir sind nur deshalb dem anderen zugewandt, um die Angelegenheit möglichst schnell wieder loszuwerden oder zu beenden, weil wir den Anblick nicht länger ertragen können oder uns überlastet fühlen. Eine noch feinere Geistesqualität ist Mudita, die Mitfreude. Denn sich wirklich mit anderen mitzufreuen, ihnen ihren Erfolg und ihr Glück von ganzem Herzen zu gönnen, ohne in Eifersucht und Neid zu fallen, ist eine große Leistung unseres in Liebe trainierten Geistes. Upekkha, der offene Geist, ist in seiner Liebe unbedingt und grenzenlos. Viele vermeintliche Liebesakte sind in Wirklichkeit Handelsbeziehungen. »Weil du nett und sympathisch bist und mich magst, mag auch ich dich.« »Liebst du mich nicht mehr, dann liebe ich dich auch nicht mehr.« Solche »Liebe« ist keine Liebe und ihr fehlt Upekkha, der offene Geist, der einfach gibt ohne aufzurechnen, was er dafür zurückerhält. Upekkha macht keinen Unterschied in der Liebe, wie der Buddha sagte: »Wie eine Mutter ihr Kind liebt, lieben wir gleich alle Kinder.« Wir lieben vielleicht unsere Partner und Kinder, doch fremden, uns nicht nahe stehenden Personen begegnen wir distanziert und mit Vorbehalten. Es kann schwierig sein, den eigenen Kindern und Verwandten liebevoll zu begegnen. Aber diese Begegnung liegt uns sehr viel näher, als mit der gleichen Liebe allen Menschen und allen Wesen entgegenzutreten. In Amerika gab oder gibt es vielleicht noch eine Bewegung, die Menschen dazu animierte, ganz unerwartete, spontane Akte der Liebe an für sie fremden Menschen zu vollziehen und dabei selbst anonym zu bleiben, so dass auch kein Verdienst und keine Ehrung entstehen konnte. Sie begann in San Francisco damit, dass ein Autofahrer die Brückengebühr für die nachkommenden Fahrzeuge mitbezahlte. Später bezahlten Gäste ihren eigenen und die nächsten fünf oder zehn Kaffees, andere halfen Fremden beim Be- und Entladen von Fahrzeugen, stellten Blumen oder Brötchen vor fremde Türen oder ließen sich andere »spontane Akte« einfallen. Wichtig war, dass sie sich auf fremde Menschen bezogen, die diese Hilfen möglichst unerwartet erhielten. Vielleicht ist das auch für Sie eine Anregung auf diese Weise Ihren Upekkha-Geist zu trainieren?

Liebe und Partnerschaft

Eine der häufigsten Fragen, die in meinen Gruppen und Seminaren gestellt wird, ist die Frage nach dem Zusammenhang zwischen wahrer Liebe und Partnerschaft. In Beziehungen erfahren wir sehr viel Glück, Nähe und Intimität, aber auch Verletzung, Enttäuschung, Trennung und Schmerz. Viele glauben, Liebe fände nur in einer Partnerschaft ihre Erfüllung. Harmonieren die Partner, dann gilt auch die Liebe als stabil. Kriselt oder scheitert die Beziehung, dann gilt auch die Liebe als erloschen. Diese Liebe bedürfte eigentlich eines eigenen Namens, um nicht mit der oben beschriebenen offenen, alle Wesen umfassenden und vor allem nichts erwartenden, absichtslosen Liebe verwechselt zu werden. Im Lateinischen wird zwischen Agape und Eros unterschieden. Agape steht für die sich hingebende Liebe, Eros für das erotische, auf Lust und sexuellem Begehren basierende Trachten. Im Pali sind es die Worte *pema* für die anhaftende und *metta* für die unbedingte Liebe. Die Worte sind Unterscheidungen, die nur klassifizieren und noch keine Wertung darstellen. Eine rein begriffliche, semantische Trennung einer Realität, die nur schwer und nie exakt zu trennen ist. Denn auch die erotische Liebe basiert auf der großen umfassenden Liebe und kann als einer ihrer Aspekte verstanden werden. Nur wer wirklich liebt, kann sich auch in der Beziehung zum anderen, in Intimität und sexueller Vereinigung ganz hingeben. Die sinnliche Liebe schließt Begehren, Lust und Erwartungen ein. Das ist das wesentliche Unterscheidungsmerkmal zwischen diesen beiden Arten der Liebe. Die sinnliche Liebe ist nicht frei von Leiden. Sie kennt Enttäuschung, Angst, Schmerz und Verlust. Wahre Liebe leidet nicht, weil sie als eine dem Wohlergehen und Glück aller zugewandte Geisteshaltung nichts begehrt, fordert oder erwartet.

Ein weiterer wichtiger Aspekt in einer Partnerschaft ist neben der Zuneigung die Übereinstimmung unserer Lebensgewohnheiten und -umstände, unserer Interessen und Bedürfnisse. Diese Ebene wird oft unterschätzt, weil Verliebtheitsgefühle alles überschatten. Wir glauben, weil wir einander so sehr lieben, wird sich alles andere von allein richten. Ein Trugschluss, den u. a. Shakespeares berühmtes Drama »Romeo und Julia« widerlegt: Die große Liebe endet im Selbstmord beider, weil die familiären und politischen Umstände eine Beziehung nicht zulassen. Es ist nicht nur die Liebe, die zum Gelingen einer Partnerschaft beiträgt, sondern auch ganz alltägliche Faktoren, unsere Lebensumstände, Interessen und kulturellen Eigenheiten, unsere Beziehungsfähigkeit und die Bereitschaft, dem Partner ausreichenden Raum und Verständnis für seine Bedürfnisse zu gewähren.

In einer Partnerschaft wirken drei wichtige Faktoren: Unsere Liebe im Sinne von Metta, unsere erotische Liebe und unsere alltäglichen Bedürfnisse und unsere Vorstellungen vom Leben. Wenn eine Partnerschaft gelingen, unsere Liebe nicht enttäuscht werden soll und wir nicht verzweifeln und leiden wollen, dann ist Kommunikation über diese Aspekte notwendig. Wir leben von und mit einem Austausch, der tiefes Verstehen, gegenseitigen Respekt und Wohlwollen auch bei unterschiedlichen Bedürfnissen und Ansichten braucht. Diese Art von Kommunikation wird zum Nektar, der unser Zusammenleben nährt und gedeihen lässt.

Ob im Falle eines Scheiterns oder Endens einer Partnerschaft Verletzungen und Leiden auftreten oder auch in einer solchen Phase Verstehen und Wohlwollen beibehalten werden, wird auch von der Art unserer Kommunikation beeinflusst. Achtsame Kommunikation macht es möglich, die drei Aspekte einer Partnerschaft auseinander zu halten und in einer Krise die nicht betroffenen Aspekte davon freizuhalten. Ein solches behutsames Miteinanderumgehen braucht nicht nur unsere Achtsamkeit und unser Mitgefühl, sondern auch Weisheit und eine gewisse Übung im harmonischen Umgang miteinander.

Thich Nhat Hanh bedauert, dass junge Menschen in der Schule zwar sehr viel Wissen vermittelt bekommen, aber sie nicht darin unterrichtet werden, eine Partnerschaft erfolgreich führen zu können. Anscheinend gehen viele Verantwortliche davon aus, dass Beziehungsfähigkeit und achtsamer Umgang miteinander eine Tugend ist, die uns nicht beigebracht werden muss. Doch leider zeigen uns nicht nur die hohen Scheidungsraten, sondern auch die schlimmen Verletzungen und das Leiden vieler Menschen in ihren Beziehungen, wie wichtig eine solche Vorbereitung ist.

Liebe als Geisteshaltung

Die allumfassende Liebe zeichnet sich durch Warmherzigkeit, Güte und Verbundenheit aus. Sie ist eine grundsätzlich freundlich gesonnene, am Wohlergehen aller Wesen interessierte Grundhaltung, die frei von Aggression und Feindseligkeit ist und unser gesamtes Denken, Fühlen und Handeln prägt. Wir können diese Grundhaltung auch als Charakter oder Typ bezeichnen. Jeder von uns hat Neigungen, Verhaltensmuster, Denkgewohnheiten und ein emotionales Profil. Es gibt ruhige oder laute, forsche oder zurückhaltende Charaktere. Manche Menschen sind oft sorgenvoll, andere eher gelassen, manche neigen zu Großzügigkeit, andere sind eher geizig, einige reagieren mitfühlend, andere eher aggressiv. Im Kapitel »Von der Achtsamkeit« werden wir über die drei heilsamen und die drei unheilsamen geistigen Wurzeln für unser Denken, Reden und Handeln nachdenken. Liebe ist eine der Wurzeln, letztlich die Hauptwurzel für alle mitfühlenden und friedvollen Geistesregungen und Handlungen.

Von wahrer Liebesfähigkeit können wir sprechen, wenn sie unseren Charakter ausmacht und alle Gedanken und Emotionen von ihr geprägt sind. Diese Liebe schwindet nicht immer wieder mit wechselnden Gefühlen. Sie ist fest in unserem Herz-Geist, dem *bodhicitta*, dem – wörtlich übersetzt – »erwachten Geist«, verankert. Er trägt uns über unsere Alltagsgefühle hinweg und lässt uns auch in tiefen Krisen liebesfähig bleiben. Je wacher und größer dieser Geist ist, umso besser können wir unangenehme, störende und uns belastende Situationen und Ereignisse ertragen und mit dem Bodhicitta-Geist reagieren.

Der Buddha machte das anhand eines Gleichnisses deutlich. Er fragte seine Mönche und Nonnen, ob das Wasser in einem Becher noch genießbar wäre, wenn er in diesen einen Klumpen Salz geben würde. Natürlich verneinten die Mönche und Nonnen das. Auch das Wasser einer Schüssel würde durch einen dicken Klumpen Salz ungenießbar. Doch die gleiche Menge Salz in einen See geworfen, würde sein Wasser nicht spürbar verändern. Der See ist so groß, dass er das Salz ohne Veränderung absorbieren könnte. Ebenso ist unsere Herzenskapazität danach zu messen, mit wie viel Leiden, Ärger, Aggression und Kummer wir umgehen können, ohne unsere Liebe zu verlieren und selbst ungenießbar, sprich leidend und aggressiv zu werden. Der Geist der Liebe bleibt sanft, flexibel und fähig zu Geduld und Nachsicht.

Für mich sind u. a. der Dalai Lama, der vietnamesische Zen-Meister Thich Nhat Hanh und der kambodschanische Mönch Maha Ghosananda lebende Beispiele für diese große liebevolle Geisteshaltung. Ihre Völker und teilweise auch sie persönlich, ihre Familien oder enge Schüler und Schülerinnen haben schweres Leiden und Unrecht erlitten. Doch alle drei blieben in der Geisteshaltung der Liebe und predigen nicht etwa Hass und Vergeltung, sondern Mitgefühl, Vergebung und einen Neuanfang in Liebe und gegenseitigem Verstehen und Respekt. Dabei sprechen sie furchtlos über das Unrecht und Leiden und fordern die Verantwortlichen zur Abhilfe auf.

Diese Haltung trägt auch im persönlichen Bereich. Wenn uns Menschen enttäuschen oder verletzen, beginnen wir manchmal am Sinn der Liebe zu zweifeln und stellen die Frage, ob und wie wir liebevoll bleiben können. Verstehen wir Liebe als grundlegende Geisteshaltung, bleiben wir, wie die großen Vorbilder, auch in unseren alltäglichen kleinen Konflikten in der Liebe und entwickeln so unsere Antworten auf Konflikte und Herausforderungen. Wir werden weiter unten Methoden und Übungen vorstellen, mit denen wir auf unseren Geist, unsere Denkmuster und Gefühle Einfluss nehmen können, um unseren Herz-Geist wecken und stärken zu können.

Sich entscheiden

Den Weg der Liebe zu gehen, ist eine Entscheidung, die wir für uns zu treffen haben. Wir entscheiden uns, unsere Augen für die Liebe zu öffnen, unseren »Herz-Geist« zu wecken und unser Leben im Licht der Liebe zu leben.

Der erste Schritt auf dem Weg zur Entfaltung von Liebe besteht darin, sich über den Grund unserer Suche klar zu werden. Im »Sutra der liebenden Güte« heißt es: »Wem klar geworden, dass der Frieden im Herzen das Ziel seines Lebens ist, der bemühe sich um folgende Gesinnung …« Ist der Frieden des Herzens unser Lebensziel? Vertrauen wir darauf, unser Leben mit allen seinen manchmal sehr aggressiven Herausforderungen aus einer Haltung der Liebe leben zu können? Wir nehmen Kontakt zu unserem Innersten auf und hören und spüren dem nach, was unser eigentliches Sehnen ist. Dieser Vorgang ist eine tiefe Kontemplation, ein inneres Lauschen und Wahrnehmen, kein intellektuelles Nachdenken und Argumentieren. Wir brauchen dafür Ruhe und Zeit, manchmal sogar sehr viel Zeit, um in diesen Dialog mit uns treten zu können und Antworten bzw. Klarheit zu erhalten. Manchmal zieht sich so ein Prozess über Wochen oder Monate hin, bis wir wirklich zu unserer Wahrheit gekommen sind und eine stabile Verbindung mit ihr knüpfen konnten.

Nur mit einer deutlichen Klarheit und Entschiedenheit über unser inneres Anliegen können wir Ausdauer, Vertrauen und Kraft für diesen Weg entwickeln. Deshalb ist dieser Schritt sehr wichtig. Wir benötigen Ausdauer, weil wir immer wieder zurückfallen oder zurückgeworfen werden und uns erneut auf den Weg begeben müssen. Das Vertrauen hilft uns, wenn wir zweifeln, ob wir auf dem richtigen Weg sind. Kraft brauchen wir nicht nur um durchzuhalten, sondern auch um die manchmal sehr viel anstrengenderen und mutigeren Handlungen der Liebe zu finden und durchzuführen. Durch die Handlungen der Liebe widersetzen wir uns den eigenen Gewohnheiten. Das fordert unsere Kräfte. Zugleich müssen wir den Mut aufbringen, mit dem vermeintlichen Feind, dem Widersacher, in Kontakt zu treten und eine Verbindung aufzunehmen. Nur gemeinsam mit ihm können wir eine friedvolle, vom Geist der gegenseitigen Achtung und des Respekts getragene Lösung finden. Zurückschlagen oder Brüllen, Druck und Gewalt anwenden bedarf dagegen keiner besonderen intellektuellen Leistung oder Überwindung.

Mir fällt immer wieder auf, wie oft Diskussionen über die Grenzen der Liebe aufkommen: »Lässt uns dieser Weg nicht zu naiven Lämmern werden, die sich freiwillig zur

Schlachtbank führen lassen?« Vermutlich könnten die Bedenken argumentativ widerlegt werden. Doch das verschafft uns keine Sicherheit darüber, ob unsere Entscheidung richtig war. Entschiedenheit bedeutet, dass wir uns Klarheit über »das Ziel unseres Lebens« verschafft haben, bereit sind uns einzulassen und der Praxis der Liebe und des Verstehens vertrauen, weil wir ihre heilsame Wirkung bereits geprüft und erfahren haben. Stehen wir ganz am Anfang des Weges und haben wir noch keine Erfahrungen gesammelt, können wir rückblickend entdecken, wie uns liebevolle Zuwendungen unterstützt und aufgebaut haben und wie sehr uns Aggression und Kampf belasteten. Wir können uns als Anfänger auch an lebenden Personen orientieren, die bereits Fortschritte auf dem Weg der Liebe gemacht haben und sie so lange als Anlass unseres Vertrauens nehmen bis wir zu unseren eigenen Erfahrungen gekommen sind. Oder wir beginnen mit der Praxis der Liebe und setzen uns eine Zeit, vielleicht von einem oder zwei Jahren, um dann erneut zu prüfen, ob wir diesen Weg weitergehen möchten oder nicht.

Monthy Roberts wollte Pferde ohne Einsatz von Gewalt zähmen und dressieren und hat so eine neue gewaltfreie Methode im Umgang mit Pferden entwickelt. Mich beeindruckt seine Geschichte. Er war aufgrund seines klaren Entschlusses bereit, das anscheinend Unmögliche zu erreichen. Er hatte einen so tiefen Kontakt zu seinem inneren Beweggrund, dass er ausreichend Kraft und Ausdauer entwickelte, lange und aufwändig nach einer geeigneten Form zu forschen.

Ähnlich entschlossen und konsequent bemühte sich der amerikanische Psychologe Marshall Rosenberg um eine Form von gewaltfreier Kommunikation. Beide, Roberts und Rosenberg, erreichten ihre Ziele. Ihre Methoden fanden weltweit Anerkennung und Nachahmer. Das heißt leider nicht, dass fortan keine Pferde mehr mit Peitsche und Druck erzogen werden und auch nicht, dass die Gewalt überall aus unserer Kommunikation verbannt wäre. Dennoch haben beide ihr Anliegen verwirklicht, konsequent umgesetzt und Zeichen der Hoffnung für viele Menschen weltweit gesetzt.

Frieden wählen

Neben dem Frieden des Herzens als Ziel unseres Lebens gibt es weitere konkrete Gründe, die uns veranlassen, eine Geisteshaltung der Liebe zu entwickeln. Gerade in Zeiten der Bedrängnis, in Krisen und großen Herausforderungen ist es wichtig, sich der genauen Gründe für unseren Weg bewusst zu sein.

»Hass wird nicht durch Hass besiegt« lautet ein berühmt gewordener Ausspruch des Buddha. Wenn wir die Gewalt besiegen wollen, dann bleibt uns nur der Weg der Liebe, wie der Buddha weiter ausführte. Gewalt und das daraus entstehende Leiden zu beenden, ist sicherlich einer der kraftvollsten Gründe, sich um eine Metta-Gesinnung zu kümmern. Frieden ist nicht einfach die Abwesenheit von Krieg, Frieden muss gelebt und auch geübt werden. Krieg ist immer das Ergebnis einer zuvor aufkommenden kriegerischen Haltung, einer Bereitschaft oder gar Vorbereitung zur Gewaltanwendung. Auch in unseren persönlichen Kontakten liegt es an uns, wie wir auf Hass und Feindseligkeit reagieren und ob wir selbst zu Trägern eines gewalttätigen Geistes werden. Ein konkreter Grund für die Praxis der Liebe ist der Wunsch, unsere Kinder, unseren Lebenspartner und auch andere Mitmenschen nicht zu verletzen und ihnen Leiden zu schaffen. Darum behandeln wir sie wohlwollend und freundlich. Gerade in Auseinandersetzungen und Konflikten kann diese Haltung helfen, statt Gewalt und Ärger zu leben, unseren Geist und unser Handeln friedvoll werden zu lassen und uns bewusst um friedvolle Reaktionen zu bemühen. Anfangs werden wir vielleicht fast reflexartig in den vertrauten Reaktionsmustern von Gewalt und Gegengewalt, von Vorwürfen und Drohungen reagieren. Die Gewohnheitsenergien beeinflussen unsere Handlungen stark. Je bewusster wir jedoch einen anderen Weg gehen, weil wir Gewalt überwinden und in unseren Beziehungen Feindseligkeiten und Verletzungen vermeiden wollen, entsteht ein Anker, der hält, wenn unsere aufsteigenden Emotionen und die Konfrontation mit Gewalt und Hass uns fortreißen.

Als einst der Buddha von einem Brahmanen geschmäht und beschimpft wurde, fragte er den Brahmanen, ob er bei sich zu Hause auch Gäste bewirte. Als dieser bejahte, fragte der Buddha, ob das Essen, das die Gäste nicht angenommen hätten, bei ihm bleiben würde. »Ja«, antwortete auch hier der Brahmane, und der Buddha erklärte: »So auch deine Schmähungen, die du gegen mich richtest, der nicht schmäht und deine Worte nicht annimmt, sie bleiben bei dir, fallen auf dich zurück.« Der Buddha blieb bei sich, ließ sich von den aggressiven Worten nicht anstecken, wurde nicht wütend und antwortete zur Überraschung des Brahmanen nicht mit Schmähungen oder Streit. Das gilt auch für uns, auch wenn wir noch keine vollkommenen Buddhas sind: Gerade in Konflikten hilft uns das Bewusstsein, einen friedvollen Geist zu haben und auch in provokanten und ärgerlichen Situationen halten zu wollen. Der Buddha hat in dieser Situation seine Würde behalten, seinen Stil nicht verloren. Das kann auch für uns ein Grund sein, den Weg der Liebe zu gehen, um unsere Würde nicht zu verlieren. Wer in die Gesichter von wütenden und hasserfüllten Menschen schaut, kann bereits auf der körperlichen Ebene sehen, wie es aussieht, die Würde und damit die eigene Schönheit und mentale Stabilität zu verlieren.

Metta-Praxis führt zu einer bestimmten Art von Geist, unsere Einstellung und Lebensweise verändern sich. Es ist vergleichbar mit unserer Kleidung. Wir bestimmen, in welchem Stil wir uns kleiden, in welcher Weise wir gern erscheinen möchten. Ebenso wählen wir eine bestimmte Art von Geisteshaltung aus. Ein Leben aus dem Metta-Geist, das wurde bereits beschrieben, führt zu mehr Lebensfreude und wir erfahren dank dieser Geisteshaltung auch in problematischen Situationen Glück und Frieden. Wer schon einmal Schritte auf diesem Weg gemacht hat, weiß, dass wir dank unseres Herzensfriedens zu einem freudvolleren Alltag kommen: Wir erleben weniger belastende Situationen und Konflikte. Und sie führen seltener zu Verletzungen und Leiden. Es ist, als hätten wir uns für ein Leben in mehr Wohlstand und Glück entschieden. Wer den Metta-Geist entfaltet hat, lebt glücklicher und zufriedener als mit einem harten kämpfenden Geist.

Aus buddhistischer Sicht gibt es einen weiteren Grund, sich um einen Metta-Geist zu bemühen: das Karma. Karma ist ein sehr missverständlich genutzter Begriff. Er bedeutet, dass alle Absichten, die unsere Handlungen auslösten, eine Wirkung hinterlassen. Karma bezieht sich auf die Absicht, auf unsere Geisteshaltung, in der wir etwas tun. Eine liebevolle Haltung schafft grundsätzlich gutes Karma, selbst dann, wenn unsere Handlungen misslingen, wir Fehler machen. Karma setzt sich in die Zukunft fort. Es beeinflusst unsere und die Zukunft unserer Mitmenschen. Ohne tiefer in die nicht leicht verständliche Karma-Lehre einzusteigen, kann jeder aus seiner eigenen Erfahrung die Nachwirkungen seines Denkens und Handelns erkennen. Weniger deutlich sind die Nachwirkungen unserer Denkgewohnheiten auf unsere Psyche. Aggressives Denken und Fühlen verhärtet unseren Geist, wir leiden und werden verhärmter und rau in unserem Denken. Umgekehrt öffnet uns ein liebevoller Geist, macht uns ›sanft‹, leicht und freudvoll.

Liebe vertrauen

Vertrauen (Pali: *saddha*) wird im Buddhismus zu den fünf Kraftquellen der Praxis gezählt. Bevor wir aus unserem Vertrauen Kraft schöpfen können, muss es groß und stabil sein. Es gibt verschiedene Möglichkeiten, um das Vertrauen wachsen zu lassen: Wir können unsere Praxis immer wieder auf Richtigkeit und Wirkung überprüfen. Dann leben wir aus dem »überprüften Vertrauen«. Das ist das stärkste Vertrauen. Wir beobachten und überprüfen die Wirkungen und Resultate unserer Praxis. Stellen wir fest, dass uns ein Handeln aus dem Bodhicitta-Geist zu einem Ergebnis führte, das uns und die anderen glücklich und zufrieden werden ließ, dann hilft uns diese Erfahrung, unser Vertrauen wachsen zu lassen. Je häufiger wir auf diese Weise Erfahrungen sammeln, umso mehr wächst unser Vertrauen. Wir brauchen dieses Vertrauen, um Kraft zu haben, wenn Zweifel, heftige Emotionen und Unwillen gegen die Metta-Praxis aufkommen. Wut und Aggression steigen in einem untrainierten und noch nicht erwachten Geist sehr viel schneller auf als Wohlwollen und Mitgefühl. Daher brauchen wir Vertrauen, um mit diesen Gegenkräften umgehen zu können. Manchmal werden die Übenden wie Wagenlenker dargestellt, die mit aller Kraft die wilden Pferde auf der Spur halten. Dazu gehört auch die Kraft des Vertrauens, die uns hilft, den wilden Pferden der richtigen Weg zu weisen.

Nur wenn Vertrauen und Entschiedenheit uns tragen, können wir auf dem Weg bleiben. Auf einer längeren Wanderung brauchen wir Klarheit bzw. den Entschluss, wirklich wandern und durchhalten zu wollen. Zugleich brauchen wir das Vertrauen, dass der eingeschlagene Weg uns zum gewünschten Ziel führen wird. Fehlen diese Voraussetzungen, straucheln wir bereits bei kleineren Hemmnissen oder folgen falschen Abzweigen, weil uns Zweifel über die Richtigkeit unseres Weges plagen. Klarheit setzt eine innere Kraft frei, die im Buddhismus als »rechte Anstrengung« bezeichnet wird. Wir erfahren sich selbst freisetzende Kräfte zum Beispiel, wenn wir verliebt sind oder uns etwas begeistert. In diesen Zuständen verfügen wir plötzlich über eine große Energie und bewältigen große Aufgaben mit Leichtigkeit. Für unsere Mettapraxis gilt das Gleiche: Haben wir Vertrauen und Klarheit über den Weg, entfalten sich unsere inneren Kräfte und wir kommen fast mühelos in die »rechte Anstrengung«, die uns hilft, den Weg zu gehen und durchzuhalten.

Praxis der Liebe

Wenige Menschen verweilen ohne besondere Übungen immer im »Großmuttergeist«, wie er manchmal im Zen genannt wird. Die Großmutter, die ohne eigene Interessen sich ganz um das Wohl ihrer Enkel sorgt. Wie kommen wir zu diesem Geist, ohne erst »Großmutter« werden zu müssen?

Metta-Meditation

Die Metta-Meditation (*metta* bedeutet sanft) ist wohl die grundlegendste und in bestimmten buddhistischen Schulen am häufigsten eingesetzte Methode, um eine sanfte und liebevolle Haltung zu entwickeln. Der Palibegriff, der unserem Wort Meditation zugrunde liegt, heißt *bhavana* und bedeutet entfalten oder entwickeln. Eine Meditation, die in uns den Metta-Geist entfalten möchte.

Im ersten Schritt sammeln wir den Geist und lassen ihn

ruhig und klar werden. Unser Geist wird ruhig, wenn wir unsere geistigen Aktivitäten reduzieren. Wir lassen die Gedanken los und konzentrieren uns auf die Beobachtung unseres Atems. Ein entspanntes, waches und absichtsloses Beobachten, als säßen wir im Schatten an einem Flussufer und würden das Fließen des Wassers beobachten. Nach wenigen Minuten entsteht in uns innere Ruhe und Stille. In dieser Stille wecken wir mit Hilfe von kurzen Formeln verschiedene Stimmungen, die alle Aspekte von Liebe sind. Wir wünschen allen Wesen Glück, Gesundheit, Sicherheit und ein möglichst unbeschwertes leidfreies Leben. Die Grundformeln sind kurz und schlicht: »Mögen alle Wesen glücklich sein.« »Mögen alle Wesen gesund sein.« »Mögen alle Wesen in Sicherheit leben.« »Mögen alle Wesen unbeschwert sein.« Nacheinander mit einigen Minuten Abstand rezitieren wir innerlich diese verschiedenen Sätze. Wir können die einzelnen Sätze in den Zwischenzeiten ständig wiederholen, sie rezitieren wie ein Mantra. Ich empfehle, die Sätze nur einige Male geistig zu wiederholen, um dann das damit entstandene Gefühl in uns wirken zu lassen. Es ist wie bei einer Erinnerung an ein schönes Urlaubserlebnis. Mit der Erinnerung steigt zugleich die damalige angenehme Stimmung in uns auf. Haben wir das Gefühl entfaltet, können wir die Erinnerung loslassen und weiter in dem wohligen Gefühl schwelgen. Ist in der Metta-Meditation ein freundlicher, auf das Glück aller Wesen gesonnener Geist aufgestiegen, lassen wir die Formel los und kultivieren diese liebevolle Haltung. Ist sie nicht mehr stabil genug, erinnern wir uns wieder an die einzelnen Formeln.

Sutra über die allumfassende Liebe

Wer Frieden erlangen möchte, sei aufrichtig und bescheiden, sei fähig zu liebevollem Sprechen. Er oder sie wird wissen, wie man einfach und glücklich leben kann – mit ruhigen Sinnen, ohne Habsucht und unbeeinflusst von den Gefühlen der Mehrheit. Nichts sollte eine solche Person tun, das von den Weisen missbilligt werden könnte.

Und dies wird sie sich stets vergegenwärtigen:

Mögen alle Wesen glücklich und wohlbehalten sein und mögen ihre Herzen von Freude erfüllt sein. Mögen sie alle in Sicherheit und Frieden leben – ob sie nun schwach sind oder stark, lang oder kurz, groß oder klein, sichtbar oder unsichtbar, nah oder fern, bereits geboren oder noch nicht geboren. Mögen sie alle in vollkommener Gelassenheit weilen. Kein Wesen verletze je ein anderes, noch gefährde es das Leben eines anderen; kein Wesen wünsche einem anderen aus Ärger oder Übelwollen je Kummer oder Leid.

Genauso, wie eine Mutter ihr einziges Kind liebt und unter Einsatz ihres Lebens schützt, sollten auch wir grenzenlose, allumfassende Liebe für alle Lebewesen entwickeln, wo immer sie sich auch befinden mögen. Unsere grenzenlose Liebe sollte das ganze Universum durchdringen, nach oben, nach unten und überallhin. Unsere Liebe wird keine Hindernisse kennen, und unsere Herzen werden vollkommen frei von Hass und Feindseligkeit sein. Ob wir stehen oder gehen, sitzen oder liegen – solange wir wach sind, sollten wir diese liebende Achtsamkeit in unseren Herzen bewahren.

Das ist die vornehmste Lebensweise. Frei von falschen Ansichten, von Gier und sinnlichem Verlangen sind die, die grenzenlose Liebe praktizieren; sie leben in Schönheit, verwirklichen vollkommenes Verstehen und werden mit Gewissheit über Geburt und Tod hinausgelangen.

Freund und Feind

Unsere Metta-Meditation richten wir auf verschiedene Personengruppen aus. Wir beginnen mit unserer eigenen Person. Ohne eine liebevolle Haltung uns selbst gegenüber können wir auch keine liebevolle, vom Herzen kommende Haltung gegenüber anderen entwickeln. »Möge ich glücklich sein«, lautet die erste Formel, und die anderen werden entsprechend weitergeführt.

Danach wählen wir eine uns sehr nahe stehende Person, zu der wir ein gutes Verhältnis haben und meditieren mit dieser Person: »Möge sie glücklich sein.« Alle genannten Wünsche richten wir nun auf diese Person, danach wählen wir eine für uns eher neutrale Person wie z. B. die Verkäuferin im Supermarkt und dann eine Person, mit der wir Schwierigkeiten haben. Zum Abschluss dann richten wir uns auf alle Wesen aus. Wir können den Wechsel der Personengruppen innerhalb einer Meditation vornehmen oder, was meiner Praxis entspricht, uns bei jeder Meditation immer nur auf eine Person beziehen. Das lässt die Tiefe und Wirkung der Metta-Haltung zu dieser Person größer werden, als wenn wir innerhalb einer Meditationsphase die Personen wechseln.

Wir stellen uns die gewählten Personen konkret vor, möglichst ohne dabei in ablenkende Gedanken und Gefühle zu rutschen wie erotische Anziehung, Groll oder Wut. Wir sind ganz in der reinen Betrachtung, verweilen in unserer wohlwollenden Gemütsverfassung und denken möglichst nicht über die Person nach oder führen imaginäre Dialoge mit ihr. Es geht um die Entwicklung einer Geisteshaltung, die wir gegenüber der meditierten Person einnehmen und nicht um ein Nachdenken über sie.

Ich möchte noch einmal daran erinnern, dass Liebe die Quelle unseres Handelns ist und wir uns bei der Metta-Meditation nur um diese Quelle und nicht schon um die Aktivitäten, die aus dieser liebevollen Haltung entspringen, kümmern.

Augen der Liebe

Liebe fängt immer bei uns selbst an. In einer Formulierung der Metta-Meditationsformeln von Thich Nhat Hanh lautet ein Satz: »Möge ich fähig sein, mich selbst mit den Augen der Liebe und des Verstehens zu betrachten.« Manchmal sagen Teilnehmer, es fällt ihnen schwerer, für sich ebenso wie für andere Liebe zu empfinden. Was uns hindert, sind unsere Erwartungen und Ansprüche an uns, unsere Ideen und Konzepte über das, was und wie wir eigentlich sein sollten. Wir finden keinen Frieden mit uns, führen eine Art inneren Krieg.

Dahinter steht ein kritischer, manchmal schon fast feindseliger Geist, der sich darauf konzentriert, alles zu erblicken, was bei uns schief läuft. Der Blick eines strengen inneren Richters oder Anklägers, mit dem wir uns das Leben selber schwer machen.

Fähig sein, sich selbst mit den Augen der Liebe zu betrachten heißt, unser Herz für uns zu öffnen, »Ja« zu uns zu sagen und den Krieg mit uns zu beenden. Der Blick der Liebe nimmt uns mit allen Stärken und Schwächen an, schließt Frieden mit unserer Unzulänglichkeit. Es ist ein Ankommen bei uns selbst, wir brauchen nicht mehr den eigenen Ansprüchen und Idealen nachzujagen und vor unseren Schwächen und dunklen Seiten wegzulaufen. Die Flucht ist aussichtslos, denn wir können nicht auf Dauer vor uns selbst weglaufen bzw. werden nie Frieden finden und auch nie wirklich lieben können, wenn wir nicht Frieden und Liebe in uns selbst finden.

Im Zen wird von der Vollkommenheit aller Wesen gesprochen. Damit werden nicht etwa unsere Schwächen geleugnet oder der ersten der vier »Edlen Wahrheiten«, der Wahrheit von der Unvollkommenheit allen Lebens widersprochen. Nein, wir wissen, das Leben ist Wandlung, Leiden und Tod unterworfen, kann nie aus sich selbst heraus existieren, sondern untersteht dem Gesetz von Werden und Vergehen und ist aus dieser Sicht unvollkommen. Unsere Geburt ist der Beginn unseres großen langen Sterbens. Und dennoch gibt es einen Blick auf uns, der uns von allen Zielen, allen Schwierigkeiten und Unzulänglichkeiten frei macht. Wenn wir mit den Augen der Liebe schauen, erkennen wir die in jedem Augenblick neu enthaltene Vollkommenheit unseres Seins. Das Kleinkind ist ein vollkommenes Kleinkind, ein Greis ein vollkommener Greis. Das Kind muss nicht älter und der Greis nicht wieder jünger werden, sie sind in jedem Augenblick in ihrem Sein vollkommen. Werden und Vergehen bestimmen uns, doch wenn wir den Augenblick berühren, das Lebendige im Hier und Jetzt betrachten, dann ist dieses Leben das einzigartige, vollkommene Leben, das sich uns durch uns selbst zeigt und erleben lässt. Ein solcher auf unsere Vollkommenheit ausgerichteter Blick sieht unsere Freude und Schönheit, unser Lachen und Weinen als Manifestation des Lebens, das existiert, damit wir es lieben können.

Stolz aufgeben

Es gibt sehr verschiedene Auffassungen von dem, was wir mit dem Wort »Stolz« umschreiben. Oft wird darunter eine Zufriedenheit mit der eigenen Leistung und die Freude über das Erreichen von selbst gesteckten Zielen verstanden. Viele haben ein eher positives Verhältnis zu Stolz. Sie halten ihn für wichtig, um ihre Erfolge genießen zu können.

Mit eingehenderer Betrachtung stellen die Teilnehmerinnen fest, dass Stolz immer eine Komponente von Ich-Bezogenheit hat. Stolz erleben wir, wenn unser *Ich* etwas erreicht oder geschafft hat. Wir sind stolz auf unseren Schulabschluss, unsere sportliche Leistung, unsere Haare oder schönen Augen, unseren Körper, unsere Bildung, unsere Auffassungsgabe oder Charaktereigenschaften. Manche sind stolz auf Sportler, Fußballmannschaften oder Politiker. Doch auch hinter dem Stolz auf andere steckt immer eine Identifizierung unseres Egos mit diesen Menschen oder Gruppen. Sie sind unsere Stellvertreter, ihr Sieg ist unser Sieg, ihre Niederlage unsere Niederlage. Während auf der einen Seite eines Stadions die Menschen frenetisch jubeln, fließen auf der anderen Seite Tränen der Enttäuschung.

Stolz entsteht aus einer Sicht, die unsere Vollkommenheit und Unvollkommenheit als ein individuelles persönliches Verdienst oder Versagen betrachtet und unterstellt, dass besondere Fähigkeiten, Erfolge und Lebensglück das Ergebnis der eigenen Leistung sind, Verdienste unseres Ichs. Eine solche Sichtweise wird deutlich und zugleich ad absurdum geführt, wenn wir einen jungen reichen Erben betrachten, der stolz auf *seinen* Reichtum ist. In der Zeit, als ich mit psychisch und körperlich kranken und behinderten Menschen in engerem Kontakt stand, wurde mir immer wieder deutlich: Meine Intelligenz und körperlichen Leistungen sind ein Geschenk der Natur und nicht ein Verdienst meines Ichs, meines Willens oder meiner Anstrengung. Statt Stolz ergriff mich im Kontakt mit behinderten Menschen, besonders mit geistig behinderten, oft ein Gefühl von Demut.

Stolz trennt uns aus den Lebenszusammenhängen, macht uns glauben, die alleinige Ursache unserer Erfolge zu sein. Wir erleben uns als Einzelkämpfer, die alles aus sich selbst heraus erreichen können und erreichen müssen. Diese Sicht widerspricht der Realität unseres Seins. Wir sind Produkte unserer Umwelt und des ganzen Kosmos sowohl auf der physischen als auch auf der psychischen Ebene. Nichts in uns existiert aus uns selbst heraus. »Dieses ist, weil jenes ist«, lautet Buddhas kurze Formel, die die Verbundenheit aller Dinge ausdrückt. Weil alles von allem abhängt gibt es kein unabhängiges, sich selbst bestimmendes Ich, das stolz auf sich sein könnte.

Sind wir stolz auf unsere Erfolge, betrachten sie als eine persönliche lobenswerte Leistung, sind wir in Gefahr, unser Scheitern, unsere Unzulänglichkeit ebenso persönlich zu nehmen und mit Scham oder Selbstvorwürfen zu reagieren. Beide Reaktionen gehören zusammen wie zwei Seiten einer Medaille. Wenn wir uns mit unseren Erfolgen identifizieren, identifizieren wir uns auch mit unseren Misserfolgen und entwickeln entsprechend Unzufriedenheit und Ablehnung gegen uns selbst.

Stolz fördert eine Atmosphäre von Trennung und Konkurrenz. Haben wir Erfolg und sind stolz darauf, trennen wir uns bewusst oder unbewusst von unseren Mitmenschen. Wir trennen uns, weil Stolz eine Haltung ist, die unser Schicksal zu einem persönlichen Verdienst werden lässt, wie eine Belohung für gute Taten. Aus einer solchen Sicht sind alle, die nicht erfolgreich oder unzulänglich sind, Versager oder Menschen, die sich fehl verhalten haben. Sie werden zu Menschen, denen sich das Schicksal verschließt, offensichtlich, weil sie es nicht verdient haben, sie nicht gut genug sind.

Stolz wird im Metta-Sutra als ein Hindernis für die Entfaltung von Liebe und einem friedlichen Geist genannt. Wir können uns das ganze Ausmaß unseres Glücks jeden Tag vergegenwärtigen, Freude an uns und unseren Mitmenschen erfahren, indem wir das Leben und unser Sein lieben. Diese Liebe braucht keinen Stolz und kann mit unseren Erfolgen und Misserfolgen gleichermaßen gut umgehen. Eine Liebe, die uns mit den anderen Wesen verbindet und mitfühlen lässt.

Mudita, die Mitfreude, ist einer von vier Aspekten der Liebe und bezieht sich auf die Freude am Gedeihen und Glück anderer, weil es keinen Unterschied mehr gibt zwischen dem eigenem Gelingen und den Erfolgen der anderen. Liebe ist realisierte Einheit im Leiden (Karuna) und in der Freude (Mudita). Mitgefühl und Mitfreude sind nicht moralische Ansprüche, die eine ansonsten trennende Sicht aufheben möchten, sondern erwachsen aus der Verbundenheit, die wir mit allen Wesen haben und die uns durch die getäuschte Sicht unseres Egos nicht bewusst ist.

Werden wir verletzt, beleidigt oder ungerecht behandelt, ist es oft unser Stolz, der uns hindert, eine Klärung zu suchen und unsere Verletzungen mitzuteilen. Wir sind zu stolz, um unser Leiden zuzugeben. Dieser Stolz stellt ein großes Hindernis für unsere Kommunikation dar. Wir neigen zum beleidigten und eisigen Schweigen, verstecken unsere wahren Gefühle und Bedürfnisse dem anderen gegenüber und riskieren so einen völligen Abbruch bis hin zur Trennung der Beziehung. Bei vielen Trennungen von Partnerschaften war es Stolz, der eine Heilung und Aussprache verhinderte und letztlich die Ursache für das Scheitern der Beziehungen war.

Liebe absorbiert unseren trennenden Stolz, öffnet unser Herz, das unsere Verletzungen und Schwächen annehmen kann und uns befähigt, unserem Partner diese mitzuteilen. Der erste Schritt ist, uns bedingungslos anzunehmen mit unseren Schwächen und unserer Verletzlichkeit. Diese Selbstannahme ist nur möglich, wenn wir nicht vor lauter Stolz unfähig sind, unseren Blick auch auf diese schwache Seite von uns zu richten. Haben wir uns angenommen, sprechen wir im zweiten Schritt über unser Leiden, teilen uns unserem Partner mit. Dieser Schritt braucht oft Mut, weil wir Angst vor ihm haben. Wir haben Angst uns zu offenbaren, uns noch angreifbarer und durchschaubarer zu machen. Doch wenn wir uns wirklich in Liebe angenommen und Frieden mit uns haben, dann schämen und ängstigen wir uns nicht mehr davor, über uns zu sprechen, selbst wenn die Gefahr besteht, dass der andere unsere Offenheit missbrauchen könnte. In dieser Phase ist achtsame, respektvolle und einfühlende Kommunikation besonders wichtig. Haben wir in unserer Beziehung eine solche Kommunikation in harmonischen Zeiten entwickelt, vertrauen wir auf sie in Krisenzeiten und können uns öffnen und dem anderen unser Befinden mitteilen ohne etwas zurückhalten zu wollen. Diese Offenheit führt bei unserem Partner, selbst wenn er noch verstockt und verschlossen sein sollte, zu einer anderen gemäßigteren Haltung. Vielleicht nicht sofort, doch mit der Zeit spürt er unser Vertrauen, unseren Wunsch, zu Frieden und zu einer neuen Verbindung zu kommen. Selbst wenn er kein Gespür dafür entwickelt und uns weiter brüskiert und angreift, dank unserer Liebe sind wir nicht mehr so leicht verletzlich. Wir haben statt dem Stolz, der ständig verteidigen und zurückschlagen möchte, eine Geisteshaltung, die die Ursachen des Leidens sieht, weiß, warum unser Partner leidet und ihn daran gefangen hält und uns befähigt, Mitgefühl und Nachsicht zu entwickeln.

Alltagspraxis

Meditation hat dann einen Nutzen, wenn ihre Wirkung unseren Alltag erfasst. Unser Alltag kann als Übungsfeld gesehen werden und ist sicherlich für die meisten Menschen die einzige Gelegenheit, eine relevante Praxis zu entwickeln. Alltagspraxis muss weder kompliziert noch anstrengend sein. Sie braucht unsere Entschlossenheit, tiefes Vertrauen und Geduld mit uns selbst. Im Buddhismus wird von Geistestraining gesprochen. Dem liegt die Erfahrung zugrunde, dass unser Geist nicht von allein in den Zustand kommt, in dem wir ihn gern haben möchten. Bei der Metta-Meditation ist es wie mit allen Meditationen, sie müssen regelmäßig und dauerhaft gemacht werden. Nur dann stellt sich eine Gewöhnung in unserem Geist ein. Der Geist wird so sehr an diese Zustände gewöhnt, dass er mit der Zeit auch ohne Meditation oder eine besondere Anstrengung in diese Haltung kommt. Die Zustände werden immer mehr verinnerlicht und entfalten sich von ganz allein. Es erinnert mich manchmal an eine ZIP-Datei im Computer, die sich durch einmaliges Anklicken selbst öffnet.

So reagiert auch unsere Geisteshaltung: eine kurze Erinnerung, und der Geisteszustand entwickelt sich wie von selbst. Die Selbstentfaltung der Liebe ist das Ziel der Praxis. Solange wir uns um Liebe bemühen müssen, wir Lieben als eine Anstrengung erleben, solange ist unser Geist noch nicht gewandelt und zu einem Metta-Geist gereift. Entwickeln wir eine fortlaufende Metta-Praxis, wird jeder Moment eine Einladung und Chance, Liebe zu leben. Ein Prozess beginnt, der ein stetes Wachsen unserer Liebe bewirkt, die unser gesamtes Denken, Reden und Handeln prägt und unsere Sicht und unser Verhalten grundlegend verändert. Anfangs mag die Metta-Übung unnatürlich und aufgesetzt erscheinen, doch mit der Zeit werden wir mit ihr vertraut. Es ist ähnlich wie bei einer Fremdsprache, die wir lernen. Anfangs stottern wir und sind gehemmt, doch mit der Zeit und fortgesetzter Übung wird unser Sprechen flüssiger. Irgendwann haben wir sie vielleicht so weit verinnerlicht, dass wir in der Fremdsprache denken und sie ohne besondere Anstrengung sprechen. Üben wir Metta in unserer Kommunikation, findet ein ähnlicher Prozess statt. Eine gegenseitige Beeinflussung und Unterstützung zwischen unserem Denken und Sprechen entwickelt sich. Das Sprechen prägt das Denken, das Denken prägt das Sprechen. Gelingt es uns, eine liebevolle Kommunikation zu entwickeln, trainieren wir mit dieser gleichzeitig unsere Liebesfähigkeit. Je öfter wir in einer liebevollen Haltung kommunizieren, umso stärker und stabiler wird diese Haltung. Je stabiler und öfter wir in dieser Haltung sind, umso häufiger haben wir eine liebevolle Kommunikation. Diese zwei Aspekte sind wichtig für dieses Buch. Zum einen ist unsere Kommunikation Ausdruck unserer Liebe, zum anderen ist sie die Übung für unsere Liebe.

Konkrete Übungen

Die Übungen sind schlicht und ihre Schwierigkeiten liegen in der Regel darin, sie nicht zu vergessen und bereit zu sein, sie umzusetzen bzw. anzuwenden. Um unsere Übungen nicht zu vergessen, können wir uns bestimmte Gewohnheiten zulegen und die »Achtsamkeitsglocken« (vgl. S. 104 ff.) auch als Erinnerung für unsere Metta-Praxis nutzen.

Es ist hilfreich, die Metta-Formeln während des Tages, besonders in Konfliktsituationen, im Geist zu memorieren, um immer wieder den Metta-Geist zu wecken und zu stabilisieren. Sind wir auf jemanden ärgerlich und wollen unserer Wut Ausdruck verleihen, können wir uns mit der Frage Einhalt gebieten: »Was würde die Liebe sagen?« Mit dieser Frage erinnern wir uns daran, dass es noch eine andere, von Liebe und Mitgefühl getragene Sicht und Reaktion geben kann. Wir halten an mit unserer augenblicklichen Aktivität und lassen Achtsamkeit aufsteigen, mit deren Hilfe wir eine andere, freundlichere Haltung entwickeln.

Manchmal sind unsere Verletzungen und unsere Wut so groß, dass wir nicht stoppen können oder uns nicht auf eine andere Sicht einlassen wollen. Wir sind so von Ärger erfasst, dass es kein Halten für uns gibt. Uns bleibt auch dann noch die Gelegenheit, dank der Achtsamkeit wahrzunehmen, wie unser Handeln Leiden weiter fortsetzt statt es zu beenden. Betrachten wir uns selbst mit einer gewissen Distanz, erkennen wir: Unser gewohnheitsmäßiges, zwanghaftes Handeln ist nur eine von vielen möglichen Reaktionen in Konflikten. Wir wenden die Praxis der Liebe nur deshalb nicht an, weil wir Gefangene unserer eigenen Gewohnheitsmuster sind. Manchmal hilft es, wenn wir uns in die Sicht eines unbeteiligten Dritten versetzen. Streiten sich zwei Personen, dann sieht ein Dritter in der Regel viel klarer, was beide Seiten antreibt und sieht auch Lösungsmöglichkeiten, die die Streitenden aufgrund ihrer Verwicklung nicht wahrnehmen können.

Eine weitere Vorstellung kann uns helfen, unsere Liebe zu wecken: Wir sehen uns als ideale Mutter oder idealen Vater des Menschen, mit dem wir einen Konflikt austragen, und wünschen ihm trotz seines Fehlverhaltens ein glückliches Leben. Mit dieser Vorstellung ändert sich tatsächlich, manchmal sehr schnell, unsere Haltung zum anderen. Wir werden nachsichtiger und unsere Aggressionen verringern sich. Wir können uns auch daran erinnern, dass dieser Mensch wie alle Wesen die Buddhanatur hat und wir mit jedem aggressiven Akt auch den innewohnenden Buddha schädigen. In Konflikten hilft es mir, wenn ich versuche, mich in den anderen hineinzuversetzen. Das ermöglicht Einfühlung und erleichtert das Verstehen. Und vor allem lindert es meine Ablehnung und Kampfbereitschaft.

In einem Kommunikationskurs erlebte ich einmal, wie stark ein Paradigmenwechsel helfen kann: Eine Teilnehmerin spielte in einem Rollenspiel ihren Mann, mit dem sie seit Jahren einen tiefen Konflikt austrug. Nach knapp fünf Minuten brach sie in Tränen aus und erklärte, dass sie in dieser Rolle seine Gefühle nachempfände und ihn so zum ersten Mal richtig verstehen könne.

In Vers drei der acht Verse zur Geistesumwandlung heißt es: »Bei allem, was ich tue, werde ich meinen Geist beobachten und mich darin üben, konflikterzeugende Geistesregungen, da sie mir und anderen schaden, gleich bei ihrem Entstehen energisch und gründlich zu bekämpfen.«[4] Bekämpfen meint hier, dass wir entschlossen versuchen, harte und raue Gedanken aufzugeben. In der Kommunikation bedeutet das zum Beispiel, auf harsche und verletzende Worte zu verzichten und wirklich innezuhalten, wenn diese uns sprichwörtlich auf der Zunge liegen. Dieses Anhalten fühlt sich wie ein Kampf an, denn wir müssen oft heftig gegen unsere blinden Emotionen kämpfen, die uns antreiben wollen und zu sehr unsanften aggressiven Handlungen verführen möchten.

Lächeln schenkt uns einen sanften, friedlichen Geist und ist eine wunderbare Praxis zur Unterstützung des Metta-Geistes. Als ich Thich Nhat Hanh kennen lernte, sprach er ständig von der Notwendigkeit des Lächelns. Er bezeichnete es als »Mundyoga« und machte deutlich, dass selbst ein aufgesetztes Lächeln unseren Geisteszustand verändern könne. Seit Jahren hängt eine Kalligrafie von ihm in unserem Meditationsraum, die lautet: »Peace begins with your beautiful smile.« – »Liebe beginnt mit deinem wundervollen Lächeln.« Wenn Sorgen und Ärger in uns aufsteigen möchten oder wir einen Menschen als sehr schwierig erleben, dann kann Lächeln, auch wenn es nur ein inneres Lächeln ist, wie ein Rettungsanker wirken.

Im Metta-Sutra lautet eine Zeile: »Ob ich stehe oder gehe, sitze oder liege, achtsam entfalte ich diese Gesinnung, dies ist mein himmlisches Weilen.« Diese Gesinnung ist der sanfte Geist, der achtsam bei jeder unserer Handlungen entfaltet wird.

Liebe im Sinne eines sanften, warmen Geistes bezieht sich nicht nur auf andere Personen und Objekte, sondern ist eine Haltung, die wir bei allen unseren Handlungen haben und üben können. Manchmal kommen asiatische Mönche in unser Kölner Zentrum. Ihre freundliche, sanfte Art, wie sie gehen, sitzen und schauen, erwärmen bereits die Herzen der Anwesenden. In der Gehmeditation berühren wir mit den Füßen sanft den Boden. Es gibt ein Bild von einem Fußabdruck des Buddha, in dem Lotusblüten blühen. Weil der Buddha seinen Fuß liebevoll auf den Boden setzte, erblühen die Blüten in seinem Fußabdruck. Thich Nhat Hanh empfiehlt unser Geschirr abzuwaschen, als ob wir einen Baby-Buddha baden. Wenn wir essen, können wir das auf eine ruhige, liebevolle Weise tun. Reden können wir ebenfalls mit einem freundlichen, sanften Geist, der uns aufbauende, unterstützende und freundliche Worte finden lässt. Wie wir eine Tür öffnen und schließen, jemanden grüßen, ein Fahrrad abstellen oder eine Tasse auf den Tisch stellen, kann Ausdruck unserer Liebe sein. Wir können in allen unseren Tätigkeiten einen sanften Geist entfalten und jede Handlung zu einer Praxis und zugleich zu einer Übung der Liebe werden lassen.

Metta-Meditation ist ein eigener Praxisweg. Ausführlichere Betrachtungen würden den Rahmen unseres Buches sprengen. Wer tiefer einsteigen möchte, dem empfehle ich weitergehende Literatur zum Thema zu lesen oder einen kompetenten Lehrer, eine kompetente Lehrerin aufzusuchen. Für Menschen, die wenige oder noch gar keine Erfahrung mit Meditation haben, kann die hier vorgestellte kurze Einführung helfen anzufangen, das eigene Herz zu öffnen, selbst wenn die Form nicht korrekt ausgeführt wird. Es geht allein darum, sich immer wieder, möglichst täglich und am besten mehrmals am Tag, bewusst in eine liebevolle Stimmung zu versetzen, zumindest solange wir nicht schon von allein in einer solchen Haltung getragen werden.

Liebe nähren

Unser Körper lebt und wird von körperlicher Nahrung beeinflusst, unser Geist lebt und wird von »geistiger Nahrung« geprägt. Damit sind alle täglichen Impulse, Informationen und Beschäftigungen gemeint, denen wir uns aussetzen und die unseren Geist formen und bestimmte Haltungen und Einstellungen »nähren«. Selbst wenn wir versuchen, uns bewusst dagegen zu wehren, werden wir stark vom geistigen Klima unserer Umwelt, den Menschen, Medien und den Dingen, mit denen wir uns beschäftigen, beeinflusst.

Das können wir gut an Kindern beobachten. Sie zeigen Verhaltensmuster und entwickeln Ansichten, die ihrem jeweiligen Umgang entsprechen. Auch Erwachsene werden von Freunden, Gesprächen, Filmen und Umgangsformen geprägt – sehr viel mehr als ihnen in der Regel bewusst wird. Wie sehr Zeitgeist und Kultur Menschen manipulieren und vereinnahmen können, zeigt die Geschichte, aber auch die aktuelle Weltlage und die vielen unterschiedlichen Gruppen in unserer Gesellschaft. Mitglieder einer Gruppe oder die Bewohner eines Landes zeigen das jeweils für die Gruppe oder Land typische Denken und Verhalten. Je nach Umfeld und den vorherrschenden Meinungen entwickelt sich das Denken des Einzelnen. Besonders intensiv erleben wir unsere Verwurzelung in der eigenen Kultur, wenn wir ins Ausland reisen und Menschen begegnen, die ganz anderen Verhaltensnormen und Denkweisen folgen.

Wollen wir einen Metta-Geist entfalten und wachsen lassen, müssen wir uns um die richtige Nahrung kümmern. Das beginnt damit, dass wir die geistige Kost untersuchen, die wir zu uns nehmen. In welchen Kreisen bewegen wir uns? Welche Art von Gesprächen führen wir? Welche Bücher lesen, welche Filme sehen wir? Diese Fragen helfen uns dabei, unsere geistige Nahrung zu bestimmen. Achten wir auf die Art unserer Gespräche mit Kollegen, wird uns vielleicht bewusst, dass wir viel zu viel Tratsch und übles Gerede über unsere Mitmenschen aufnehmen. Beobachten wir unseren Fernsehkonsum, dann stellen wir fest, dass wir zu viel Häme, Aggression, Feindseligkeit und andere belastende Stimmungen konsumieren. Jeden Tag füttert uns das Fernsehen mit Morden, von denen viele – zu viele – als »erfolgreich« im Sinne einer Vollstreckung gegen das Böse dargestellt werden. Wir nehmen Gewalt und andere feindselige Geisteshaltungen auf und lassen sie, oft unbewusst, zu unserer eigenen werden, während unsere Liebe verhungert. Wir drohen so abgestumpft, kaltherzig und aggressiv zu werden.

Wenn unsere Liebe leben und wachsen soll, braucht sie Nahrung und wir können uns den Nachrichten und Menschen, Gesprächen und Medien zuwenden, die uns diese Nahrung geben.

Wir müssen deshalb nicht vor schwierigen und belastenden Einflüssen flüchten. Im Gegenteil: Um sie auszuhalten und ihnen zu begegnen, um sie wandeln zu können, muss unsere Liebe genährt und kräftig sein. Retreats und Meditationsgruppen sind für unsere Metta-Praxis hilfreich und nähren unsere Liebe. Kontakte mit Menschen, die inneren Frieden und Sanftmut ausstrahlen und den Weg der Liebe und des Mitgefühls gehen, aufzunehmen und zu pflegen, unterstützt unsere eigene Liebesfähigkeit. Es gibt Bücher, Filme und Zeitschriften, die uns mental aufbauen und unsere Haltung der Liebe stärken. Sehr viele Gäste im Kloster von Zen-Meister Thich Nhat Hanh besuchen es nicht nur, weil sie dort Thich Nhat Hanh sehen und hören können – was nur sehr begrenzt möglich ist –, sondern aufgrund der dort überall spürbaren freundlichen, warmherzigen Atmosphäre, die anregt und motiviert, selbst liebevoll und offen zu werden. Bei manchen wirkt diese Stimmung noch über Wochen und Monate nach und es gelingt ihnen, besonders wenn sie auch zu Hause Menschen haben, die sie darin unterstützen, diesen Metta-Geist beizubehalten.

Wir können unsere Liebe nähren, indem wir sie mit liebevollen Gedanken speisen. Liebevolle Gedanken entstehen, wenn wir uns auf die schönen, erfreulichen und liebenswerten Aspekte unseres Lebens konzentrieren. Es nährt unser Glück und unseren liebevollen Geist, im Verlauf des Tages immer wieder aufzumerken und der in diesem Moment gerade schönen und liebevollen Elemente gewahr zu werden. Wir leben in einer so genannten Überflussgesellschaft, in der sogar der Bundeskanzler seine Mitbürger dazu aufruft, möglichst viel zu konsumieren. Die Haltung des Überflusses, des Verbrauchens um des Verbrauchenwillens verstopft unseren Geist. Vor lauter Konsum und Wohlstandsdenken wird uns nicht mehr bewusst, dass das Leben und alles, was dieses Leben ermöglicht, nichts anderes als ein riesiges kosmisches Geschenk ist. Wir können uns mit der oben erwähnten Wertschätzung nicht nur jedem Menschen, sondern jedem Augenblick zuwenden und Gedanken der Dankbarkeit und der Liebe entwickeln. Es geht um unsere Sicht, um unsere Wahrnehmung. Worauf schauen wir? Was ist uns wichtig? Was machen wir uns bewusst?

Eine Bekannte beaufsichtigte einen Tag lang die Tochter eines hohen saudischen Regierungsbeamten. Als er am Abend nach Hause kam, setzte er sich zur auf ihn wartenden Familienrunde und bat meine Bekannte, ihm und den Anwesenden ein schönes Erlebnis mit seiner Tochter zu erzählen. Mit einer erfreulichen Geschichte beginnen zu sollen überraschte meine Bekannte, war sie es doch aus Deutschland gewohnt, zuerst nach den schwierigen, negativen Erfahrungen gefragt zu werden.

Wir nähren unsere Liebe in der Partnerschaft durch eine bevorzugte Sicht auf die positiven Seiten unseres Partners, unserer Partnerin und die liebevollen, beglückenden Begegnungen in unserer Beziehung. Anfangs mag das etwas bemüht sein, doch mit der Zeit gewöhnen wir uns daran, immer erst das Nährende und Positive zu betrachten und somit auch unserem Bewusstsein einzuprägen. Sie werden überrascht sein, wie viele Momente jeder Tag bietet, um uns daran zu erfreuen und unsere freundliche, liebevolle Haltung zu nähren. Sie können in einer Beziehung Gesprächszeiten vereinbaren und in ihr über die Sie erfreuenden und beglückenden Erfahrungen und Erlebnisse sprechen. Das nährt nicht nur Ihre Liebe, sondern zugleich die Beziehung.

Wir nähren unsere Liebe natürlich besonders mit den glücklichen, mit Liebe erfüllten Augenblicken. Ein spielendes Kind, Zärtlichkeit, freundliche Worte oder andere uns liebevoll berührende Momente lassen unsere eigene Liebe wachsen. Sie wächst, wenn uns diese Momente wirklich bewusst werden, wir mit Hilfe der Achtsamkeit dieses Augenblicks und seiner Schönheit gewahr sind und sie auch wirklich wie eine köstliche Speise in uns aufnehmen.

Wunscherfüllendes Juwel

Der erste von den »Acht Versen zur Geistesumwandlung« des tibetischen Gelehrten Geshe Langri Thangpa lautet: »Alle Lebewesen sind für mich höher zu schätzen als das wunscherfüllende Juwel. Mit einem Geist, der nach dem höchsten Nutzen strebt, werde ich mich ihnen gegenüber in der höchsten Wertschätzung üben.«[2] Das »wunscherfüllende Juwel« gilt den Tibetern als das höchste Gut. Wenn es jemals gefunden wird, kann man sich mit ihm seine größten Wünsche erfüllen. Liebe lässt uns alle Lebewesen als ebenso wertvoll erscheinen und wir entwickeln den großen Wunsch, dass alle Wesen glücklich seien und wir zu diesem Glück beitragen mögen. Wir können uns immer wieder an diese wertschätzende Sicht erinnern und in dieser Haltung die uns begegnenden Menschen betrachten. Das ist eine Übung, der wir uns regelmäßig unterziehen sollten. Sie kann unsere Grundhaltung ganz wesentlich verändern, weil wir jedem Menschen mit größter Wertschätzung entgegentreten. Besonders in der Kommunikation hilft uns das offene und interessierte Zuhören und der Wille, den anderen von ganzem Herzen zu verstehen.

Der bereits erwähnte buddhistische Mönch Nagasena erklärt diese allumfassende Liebe dem Griechenkönig Milindapanha am Beispiel eines Baumes.

Der Baum

»Drei Eigenschaften des Baumes, sagst du, ehrwürdiger Nagasena, habe man anzunehmen: welches sind diese?«

»Gleich wie, o König, der Baum Blüten und Früchte trägt: so auch soll der Yogi, der Yogabeflissene, gesegnet sein mit den Blüten der Erlösung, gesegnet mit den Früchten der Asketenschaft. Das, o König, ist die erste Eigenschaft des Baumes, die er anzunehmen hat.

Wie ferner, o König, der Baum den ihn aufsuchenden Menschen Schatten bietet: so auch soll der Yogi, der Yogabeflissene, gegen die Menschen, die ihn aufsuchen und zu ihm kommen, sich liebevoll erweisen, sei es durch weltliche Hilfe oder durch geistigen Beistand. Das, o König, ist die zweite Eigenschaft des Baumes, die er anzunehmen hat.

Wie ferner, o König, der Baum hinsichtlich seines Schattens keinen Unterschied macht: so auch soll der Yogi, der Yogabeflissene, bei keinem von allen Wesen einen Unterschied machen und soll selbst gegen Räuber und Diebe, Mörder und Feinde genau dieselbe Liebe entfalten wie gegen sich selber, denkend: ›Ach, möchten doch diese Wesen frei sein von Hass und Bedrückung, und ein leidloses, glückliches Leben führen!‹ Das, o König, ist die dritte Eigenschaft des Baumes, die er anzunehmen hat. Auch der Ordensältere Sariputta, o König, der Feldherr des Gesetzes hat gesagt:

Seis's auch der Mörder Devadatt,
der Raubmörder Angulimal,
sei's Dhanapal, sei's Rahula,
zu allen ist der Buddha gleich.«[3]

Im Buddhismus werden fünf grundlegende Verhaltensnormen genannt, die uns im Alltag helfen können, friedliche, freundliche und für alle unterstützende Handlungen auszuführen. Diese Gebote oder »Achtsamkeitstrainings« bieten eine Orientierung für unser alltägliches Handeln und trainieren und schützen unseren Metta-Geist. Die Gebote sind in ihrer Grundform kurz und bezeichnen Handlungen, die wir unterlassen sollen: 1. nicht töten, 2. nicht stehlen, 3. kein sexuelles Fehlverhalten, 4. nicht lügen und 5. keine schädlichen Stoffe konsumieren. Zugleich können wir auch die positiven Handlungen benennen: Leben schützen, Offenheit und Aufrichtigkeit beim Sprechen, Fürsorge und Umsicht bei intimen Kontakten, achtsamer Umgang mit unserer Nahrung und unserem Konsum.

Mit diesen Übungen können wir unsere Liebe konkret werden lassen. Wann immer wir zu Gewalt oder Unterdrückung neigen, auch uns selbst gegenüber, werden wir durch die erste Übung davon abgehalten, auf dem Weg der Gewalt weiterzugehen. Wir werden daran erinnert, eine andere Haltung und andere Wege zu finden, um unsere Probleme zu lösen. Unser Geist wird daran gewöhnt, grundsätzlich diese fünf Aspekte zu beachten, also immer auf Gewalt zu verzichten oder niemals etwas entwenden zu wollen. Wir legen uns ein heilsames, auf unserer Liebe zu allen Wesen basierendes Verhaltensmuster an, das uns mit der Zeit unterstützt und verhindert, dass wir in problematischen Situationen uns oder andere schädigen und lieblos handeln. Wir können diese Übungen für unser Leben immer tiefer und umfassender werden lassen. In einigen Meditationsgruppen rezitieren wir sie regelmäßig und tauschen uns über unsere Erfahrung mit ihnen aus. Wir können lernen zu lieben, und diese fünf Übungen sind Mittel für ein solches Lernen und Umsetzen unserer Liebe.

Zuflucht nehmen

Unser Alltag basiert sehr häufig auf guten Vorsätze. Alltagspraxis braucht Stabilität und Ausdauer. Um unsere Metta-Praxis kraftvoll durchzuhalten, können wir uns Unterstützung von Menschen holen, die uns Vorbild sein können, oder Gleichgesinnten, die uns Beistand geben. Zuflucht brauchen wir, weil wir allein im rauen Alltag nur schwer bestehen können. Liebe zu entwickeln ist einerseits unsere ganz persönliche Aufgabe, doch es ist zugleich ein Handeln, das auf die Unterstützung von außen angewiesen ist. Im Buddhismus gilt Sangha, die Gemeinschaft, als eine von drei Zufluchtnahmen.

Ich erlebe selbst und bei den Teilnehmern und Teilnehmerinnen meiner Gruppen, wie wichtig unser Zusammentreffen und zugleich die Inspiration und Verbindung zu weiteren Übenden und besonders zu Lehrern und Lehrerinnen sind. Wer glaubt, allein durch einen guten Vorsatz ans Ziel zu kommen, der ist sicherlich zu optimistisch. Metta wirklich als feste Geistesqualität zu entfalten, sie im sehr belastenden Alltag beizubehalten und als Grundlage des Handelns nehmen zu wollen, überfordert eine isoliert praktizierende Person. Wir können mit unseren nächsten Menschen beginnen und sie mit einbeziehen in unsere Übung. Es gibt zudem Gruppen und Kreise, die möglicherweise nicht explizit Liebe als Praxis haben, aber dennoch eine liebevolle Atmosphäre und Unterstützung für unser Anliegen bieten. Es gibt nicht nur im Buddhismus populäre Lehrer und Lehrerinnen die uns, wenn anfangs auch nur über Bücher oder Filme, inspirieren und orientieren können. Es gibt ein großes Angebot entsprechender Bücher, DVDs und Vorträge.

Fazit

Die Praxis der Liebe beginnt nicht mit großen Sprüngen und pathetischen Proklamationen, sondern subtil. Sie benötigt eher Stetigkeit und Präsenz als kurzatmigen Aktionismus. Liebe zu leben, einen liebevollen Geist zu fördern, beginnt unspektakulär. Alles läuft darauf hinaus, unseren wilden, uns beherrschenden Geist zu zähmen und ihn zu einem Freund und einer Quelle von Liebe werden zu lassen. Der Buddhismus kennt vier Anstrengungen, die wir immer, also auch im unspirituellen Alltag unternehmen können und sollten, wenn wir unseren Geist reinigen möchten: Erstens die unheilsamen Geistesregungen nicht aufsteigen lassen, zweitens aufgestiegene möglichst bald zu beenden, heilsame Regungen zu fördern und aufgestiegene möglichst lang zu erhalten. Wir lassen unheilsame Geistesregungen gar nicht erst aufsteigen, wenn wir im Vorfeld Situationen meiden bzw. verhindern, die uns zu solchen führen könnten. In der Kommunikation heißt das: Wir verzichten bewusst auf aufwühlende und uns ärgernde Gespräche. Wir beenden bereits laufende Gespräche möglichst schnell, wenn wir durch sie aggressiv und ungeduldig werden. Wir versuchen, förderliche Gespräche zu entwickeln und geben ihnen ausreichend Raum und Zeit. Das macht unseren Geist freier, sanfter und fähig, eine liebevolle Haltung zu entwickeln und zu leben. Jeder kleine Schritt bringt uns dem wahren Geist der Liebe näher. Ich bin immer wieder überrascht, wie einfach und schnell eine solche Veränderung eintreten kann: Eine Teilnehmerin berichtete nach dem ersten Abend eines Kurses über liebende Güte, dass sie bereits einen Tag später einen heftigen, seit langem schwelenden Konflikt mit einer nahen Verwandten beilegte und eine seit Jahren für sie nicht akzeptable Lebenssituation endlich annehmen konnte.

VON DER ACHTSAMKEIT

Achtsamkeit ist die Essenz des Buddhismus Wir entwickeln sie immer dann, wenn wir einen Augenblick bewusst wahrnehmen. Achtsamkeit ist eine Übersetzung des Pali-Wortes *Sati*. *Sati* kann man auch mit »sich erinnern« oder »sich etwas vergegenwärtigen« wiedergeben. Achtsamkeit bedeutet demzufolge, gegenwärtig zu sein für das augenblickliche Geschehen. Womit wir auch beschäftigt sein mögen, wir sind uns dessen bewusst: Wir erleben Freude oder Ärger mit einem wachen, konzentrierten Geist. Ebenso hören oder betrachten wir, ohne uns ablenken zu lassen. Achtsamkeit ist ein Gewahrsein, das jeden Augenblick mit einem offenen, freundlichen Geist beobachtet. Viele Momente, Dinge und Begegnungen, die wir nicht beachtet hätten, werden uns bewusst und lassen uns im anscheinend Belanglosen und Beiläufigen einzigartige Begegnungen entdecken, die uns immer wieder aufs Neue glücklich und dankbar machen können.

Vor einigen Jahren reiste ein reicher Mann als Gast mit in einer Raumfähre zum Mond und erfüllte sich so seinen Lebenstraum von einer Reise ins All. Als er nach seiner Rückkehr befragt wurde, was das beglückendste Ereignis auf seiner Reise gewesen sei, meinte er, das schönste Gefühl habe er gehabt, als er, wieder zurück auf der Erde, grünes Gras sah. Wenn es uns auch nicht möglich sein sollte, zum Mond zu fliegen, grünes Gras sehen wir jeden Tag. Unsere Vorstellungen vom Glück hindern uns, das vorhandene Glück zu erkennen. Zu viele Beschäftigungen und die Hektik des Alltags machen uns rastlos und oberflächlich. Ich lebe in einer Großstadt und erlebe, wie sehr Menschen auf einer ständigen Suche nach Faszination, nach Spektakulärem und Außergewöhnlichem sind. Die Veranstaltungen werden immer größer und immer lauter, um ein Gefühl von Fülle und Zufriedenheit zu vermitteln. Letztlich sind alle diese Scheinwelten Ablenkungen von unserem eigenen, dagegen sehr bescheiden wirkenden Leben.

Wir kommen nicht in Kontakt mit dem vorhandenen Glück, unser Leben rauscht an uns vorbei, ohne dass es uns tiefer berühren und erfreuen könnte. Es ergeht uns wie manchen Eltern, denen erst richtig bewusst wird, wie viel Glück und Freude sie mit ihren Kinder hatten, als diese bereits groß geworden und dabei sind, das elterliche Haus zu verlassen. Es ist wichtig zu verstehen, dass es die Achtsamkeit ist, die unser Glück, unseren Reichtum uns erst wirklich bewusst und damit erlebbar macht. Wir können noch so reich und in noch so wunderbaren Lebensumständen weilen, solange wir uns dessen nicht gewahr werden, leben wir, wie Hakuin es in seinem berühmten Chorgesang ausdrückte, wie jemand, der im Wasser schwimmend vor Durst schreit. Wir sind blind und taub für unser kostbares Leben. Achtsamkeit öffnet uns den Blick für das Wunder des Lebens und das Glück lebendig zu sein.

Halten wir an, stoppen unsere Suche nach dem nächsten Kick, ist es, als ob lange, sehr laut abgespielte Musik plötzlich ausgestellt wird. Ein Gefühl von Entspannung stellt sich ein, wir kommen zu uns und erkennen jetzt erst, wie laut und grell es vorher gewesen war und wie wenig wir uns dabei selbst gespürt haben.

Der große buddhistische Mönch und Philosoph Nagasena verglich einst Achtsamkeit mit einem Schatzmeister, der den König immer wieder an seinen Reichtum erinnere oder anders ausgedrückt, dem König helfe, sich seines

Glücks immer wieder bewusst zu sein. In einem berühmt gewordenen Dialog, den er vor über 2000 Jahren mit dem Griechenkönig Milindapanha (gr. Menandros) führte, erklärte er: »Es ist gerade so, o König, wie wenn der Schatzmeister eines Weltherrschers seinen Fürsten früh und spät an seine Macht erinnern möchte, indem er spräche: ›So viele Elefanten, Pferde, Wagen und Soldaten hast du; so viel beträgt dein Geld, Gold und Reichtum. Möge sich das der Herr vergegenwärtigen!‹ Und auf solche Weise ließe er dem Könige die Erinnerung an seinen Reichtum nicht aus seinem Gedächtnis entfahren. Genau so, o König, hat die Achtsamkeit die charakteristische Eigenschaft, nichts aus dem Gedächtnisse (Bewusstsein) entfahren zu lassen.«[4]

»Dieser Augenblick – wunderbarer Augenblick« lautet ein Atem-Mantra, das der vietnamesische Zen-Meister Thich Nhat Hanh für die Achtsamkeitspraxis empfiehlt. Wir können im Rhythmus unseres Atems diesen Spruch vergegenwärtigen. Wir erkennen in jedem Augenblick seine Einzigartigkeit und das Wunder, dass es diesen Augenblick gibt. Ein wunderbarer Augenblick ist er auch dann, wenn wir Krisen erleben und uns gar nicht wunderbar fühlen. Achtsamkeit bewertet und urteilt nicht, kennt kein richtig oder falsch, sondern nimmt als neutraler Beobachter den Verlauf unseres Lebens wahr. Ein Bekannter erzählte mir, dass er eine schwere Krankheit, die ihn zeitweise nur noch seinen Atem hat spüren lassen, mit diesem Mantra durchgehalten habe. Je stärker die Krankheit ihn erfasste, umso wichtiger wurde ihm das Mantra. Es gab ihm Kraft durchzuhalten und erinnerte ihn immer wieder daran, wie wertvoll und einzigartig jeder einzelne Atemzug ist. Solange wir atmen ist das Wunder des Lebens manifest und wir haben die Möglichkeit, es dank unserer Achtsamkeit zu erfahren.

Achtsamkeit und Konzentration

Als ich vor einer Gruppe von Chemikern über Achtsamkeit sprach, wurde mir die Frage gestellt: »Wo liegt der Unterschied zwischen dem, was Sie unter Achtsamkeit verstehen und unserer Arbeit, bei der wir doch ständig sehr achtsam sein müssen im Umgang mit Chemikalien und Rezepturen?« Ich antwortete: »Achtsamkeit ist ein Bewusstsein, das neben unserer alltäglichen Aufmerksamkeit und Konzentration besteht.« Ist ein Chemiker sich bewusst, dass er gerade sehr konzentriert auf die korrekte Zusammenstellung einer Rezeptur oder die Durchführung einer Untersuchung achtet, dann hat er Achtsamkeit im Sinne von *Sati* entfaltet. Er wird zu einem Beobachter seiner selbst. Eine Artistin, die auf einem Seil tanzt, muss ein hohes Maß an Konzentration entwickeln, doch sie muss nicht unbedingt achtsam sein. Ist sie sich während ihrer Vorführung ihrer Darbietungen bewusst, hat sie auch Achtsamkeit entwickelt. Es ist vergleichbar mit dem Blick eines Regisseurs, der einen Spielfilm anschaut. Er sieht nicht nur wie ein unbedarfter Zuschauer die eigentliche Handlung des Films, sondern ihm sind auch die technischen und anderen Aspekte des Films bewusst.

Eine Kalligrafin erzählte mir einmal von ihrem Aufenthalt in einem japanischen Kloster. Sie gab dort auch Kalligrafie-Unterricht. Der Unterrichtsraum befand sich im Untergeschoss, darüber lag der Meditationsraum. Nach der Meditation verhielten sich die Mönche sehr laut und störten so den Unterricht. Als sie über dieses Problem mit dem Abt sprach, meinte dieser bedauernd, seine Mönche übten leider nur Konzentration und vernachlässigten die Achtsamkeit. Konzentration können wir zu viel entwickeln, so dass der Geist verspannt und überanstrengt wird, Achtsamkeit dagegen ist etwas, was nie zu viel praktiziert werden kann.

Unsere wahre Natur

Achtsamkeit nimmt eine zentrale Rolle in der buddhistischen Praxis ein. Je länger und tiefer wir sie praktizieren, umso größer wird unsere Weisheit. Weisheit lässt uns die »wahre Natur« des Lebens realisieren. Wir erlangen sie nicht durch Ansammlung von Wissen. Sie ist keine verstandesmäßige Erkenntnis, sondern eine aus tiefer Einsicht erwachsene direkte Erfahrung der nicht beschreibbaren Realität. Für die Sprache der Liebe ist u. a. die Erkenntnis unserer unpersönlichen (anatta) Natur bedeutend. In der Kommunikation mit anderen wird tiefes Verstehen erst möglich, wenn uns das Unpersönliche in allen Erscheinungen, ganz besonders bei unseren Emotionen und Gedanken, bewusst ist. »Angst ist in mir, aber die Angst bin nicht ich. Ärger ist da, aber dieser Ärger bin nicht ich. Ein Gedanke ist vorhanden, aber dieser Gedanke bin nicht ich!« Die Natur unseres Geistes ist es, auf jede Situation mit einer mentalen Reaktion zu antworten. Wir neigen dazu, die anderen für unsere Gefühle verantwortlich zu machen, ihnen vorzuwerfen, dass sie uns ärgern oder traurig machen. Mit Achtsamkeit und Weisheit erkennen wir, dass es allein unser Geist ist, der bestimmt, wie wir auf Situationen und Herausforderungen reagieren. Unser Geist ist es, der glücklich, freudig, traurig oder ärgerlich wird. Aus dieser Erkenntnis heraus kümmern wir uns mehr um unseren Geist und sein Befinden als die Lösung unserer Probleme im Außen zu suchen. Ist unser Geist nicht stabil, sind wir nicht in unserer Mitte, neigen wir – trotz positiver Umstände – dennoch zu negativen Reaktionen. Ebenso gilt: Sind wir stabil, können uns auch große Widrigkeiten und Herausforderungen nicht aus der Ruhe bringen.

Manchmal werfen wir Kindern ihr unruhiges Verhalten vor und sehen nicht, dass sie möglicherweise selbst unter ihrem Verhalten leiden, weil sie von ihrem unruhigen Geist getrieben werden. Erkennen wir die Wurzel des Verhaltens, können wir uns ihr zuwenden. Bei unruhigen Kindern beispielsweise schimpfen wir nicht und verlangen Unmögliches von ihnen, sondern helfen ihnen, ihren Geist zu beruhigen, zum Beispiel durch Spiele oder durch die Möglichkeit, sich austoben zu können, damit sie danach ruhiger werden können.

Die unpersönliche Natur eines Menschen zu erkennen, bedeutet die Bedingungen und Zusammenhänge zu sehen, die einen Menschen so werden lassen, wie er uns im Augenblick begegnet. Wir können in der Kommunikation dem anderen auf einer tieferen Ebene begegnen und ihn besser verstehen. Wir sehen, dass ein ärgerlicher Mensch Opfer seines Ärgers ist, dass er durch die Natur seines Geistes und seine Konditionierungen ärgerlich geworden ist. Wenn dies beiden Partnern klar und bewusst ist, wird Kommunikation zu einem sehr offenen und wohlwollenden Austausch über unsere Reaktionen, frei von gegenseitigen Schuldzuweisungen, Vorwürfen und Forderungen.

Freiheit des Augenblicks

Die moderne Verhaltensforschung kommt zu der Erkenntnis, dass unser freier Wille eine Täuschung sei. Unbewusste Faktoren seien es, die unser Denken, Fühlen und Handeln bestimmen. Diese Erkenntnis entspricht exakt der buddhistischen Lehre. Beobachten wir unsere mentalen Prozesse genauer, erkennen wir, dass wir von unseren Denk- und Verhaltensmustern geführt werden. Wir können dem nur schwer entgehen. Triebe und Bedürfnisse leiten uns ebenso wie mentale und emotionale Prozesse. Manchmal machen wir aus der Not eine Tugend, indem wir diese Zwänge als unseren Willen ansehen und uns selbst vormachen, wir wollten das jetzt so. Doch etwas tiefer geschaut, ist erkennbar, dass es nur geistige Erscheinungen sind, aus vielen Impulsen entstanden, die in unserem Inneren oder von außen auf uns wirken und nicht von unserem Willen gesteuert werden. Wir erkennen den Reiz-Impuls-Mechanismus, der uns führt.

Aus buddhistischer Sicht ist einzig die Achtsamkeit der Ort, der sich aus diesen Zwangsläufigkeiten erheben und frei machen kann. Es ist, als würden wir mit einem Flugzeug über den Wolken fliegen: Wir sind unbehelligt von der aktuellen Wetterlage. Achtsamkeit und die aus ihr erwachsene Weisheit geben uns die Möglichkeit, tatsächlich so etwas wie einen freien Willen zu entwickeln. Frei, weil wir uns bewusst machen, welche Prozesse uns gerade steuern wollen und wir von dieser höheren Bewusstseinsstufe aus entscheiden können, ob und wie wir folgen wollen. Mit Weisheit und Achtsamkeit erschließen sich uns sehr viel mehr Möglichkeiten, als die, die der gefangene Geist zu erkennen vermag und werden frei von den uns normalerweise bestimmenden Zwängen und Mustern. Wir beobachten unsere alltäglichen, immer wiederkehrenden Probleme, Krisen und belastenden Emotionen. Weisheit kann sich entfalten und lässt uns dem Rat Buddhas folgen, Unheilsames zu meiden und Heilsames zu fördern.

Der Rahmen der Freiheit ist nicht allzu groß und muss jeden Augenblick aufs Neue aufgebaut werden. Ein japanischer Zen-Meister und Philosophieprofessor verglich diesen Zustand mit einer Kugel auf einer dünnen Rasierklinge: Die Kugel wird von der Klinge fallen, denn sie gibt ihr nicht genug Halt. Rechts und links neben der Klinge wirken nicht von der Kugel bestimmte Gesetzmäßigkeiten. Die Kugel kann sich diesen Gesetzten nicht entziehen, doch sie kann immer wieder aufs Neue entscheiden, ob sie sich rechts oder links von der Klinge fallen lässt. Man kann es aber auch mit einem Kinobesuch vergleichen: Wir haben keinen Einfluss auf den Ablauf und die Handlungen der gezeigten Filme, aber wir können wählen, in welchen der Filme wir gehen wollen.

Besonders wenn wir anderen Menschen begegnen, ist es hilfreich, sich an diese Freiheit zu erinnern. Wir können wählen, auf welche Weise wir kommunizieren. Aber wir sind nur dann frei, wenn wir Achtsamkeit entfaltet haben und sie aufrechterhalten können.

Achtsam leben

Achtsamkeit braucht einen Raum, in dem sie sich entfalten kann. Wenn wir uns ständig hetzen, uns immer unter Druck setzen und mit allen möglichen Dingen ablenken, kann sich Achtsamkeit nicht entfalten. Wir brauchen zumindest am Anfang günstige Bedingungen, damit unsere Achtsamkeit kraftvoll und beständig wird. Daher empfiehlt es sich, unseren Alltag zu prüfen, ob er uns ermöglicht, ausreichend achtsam zu sein. Eine populär gewordene Bewegung nennt sich: »Simplify your life.« Das kann auch das Motto sein, um zu einem achtsamen Leben zu finden. Oft ist eine ruhigere Lebensweise der erste und wichtigste Schritt, um in unserem Bewusstsein Raum für Achtsamkeit zu schaffen. Sie braucht keine raffinierte Technik oder angestrengtes Bemühen, sondern schlicht unsere Präsenz, unsere mentale Anwesenheit. Es geht darum, unseren Alltag, wie auch immer dieser sein mag, so zu gestalten, dass er uns diese mentale Anwesenheit ermöglicht. Unsere Achtsamkeit erfasst dann immer mehr unserer Handlungen. Wir können es mit einem Tropfen Öl vergleichen, der auf eine Tischdecke tropft und sich nun langsam immer weiter im Tuch ausbreitet. Am Anfang mögen es kleine überschaubare Schritte sein, die wir machen, um eine etwas achtsamere Lebensweise zu erlangen, doch mit der Zeit entsteht daraus ein Weg und durchzieht unseren gesamten Alltag. Es geht dabei um Raum für Gewahrsein und um weniger Hektik und Ablenkungen. Damit ist kein spezieller Lebensstil, keine buddhistische oder achtsame Lebensform gemeint, die es einzuhalten gilt, sondern unser ganz normales Leben mit all seinen lichten und dunklen Seiten.

Zufluchtsort

Ist unsere Achtsamkeit stabil, wird sie zu einem Zufluchtsort, der uns in den Stürmen des Lebens Halt gibt. Die letzte Empfehlung, die der sterbende Buddha seinen Mönchen und Nonnen gab, lautete: »Nehmt Zuflucht zur Insel in euch selbst!« Diese Insel ist kein Organ oder geheimer Ort in unserem Körper, sondern Achtsamkeit. Sie gibt uns Halt und schützt uns vor den inneren und äußeren Stürmen. Im Buddhismus werden acht so genannte »Winde der Emotionen« gezählt, die an uns zerren und uns mitreißen wollen: Lob und Tadel, Gewinn und Verlust, Erfolg und Misserfolg und Glück und Unglück. Gut verankert auf unserer Insel der Achtsamkeit sind wir diesen Winden nicht mehr hilflos ausgeliefert. Tadelt uns der Chef, streiten wir mit unserem Partner, stürzen wir nicht gleich in eine Krise, sondern bleiben gefasst. Dank dieser Fassung haben wir die Möglichkeit, angemessener zu reagieren als einfach nur wegzulaufen, böse zurückzuschlagen oder wehrlos einzustecken.

Im Alltag treten die acht Winde oft ganz unvorhergesehen auf. Wir sind bereits mitten im Sturm, bevor wir uns dessen bewusst werden. In diesen Momenten rettet uns Innehalten und bewusstes Atmen. Wir halten mit unseren geistigen und auch körperlichen Aktivitäten an und konzentrieren uns auf unseren Atem. Es reichen meist zwei bis drei Atemzüge und unsere geistige Verfassung hat sich geändert. Wir sind dann in der Lage, achtsam zu sein und uns unserer Situation bewusst zu werden. Was auch immer uns gerade noch getrieben haben mag, es hat seine Macht verloren und wir haben die Möglichkeit neu mit der Situation umzugehen.

Kraftfeld

Der Weg der Achtsamkeit ist kurvig und schlängelt sich durch das Leben. Selbst die großen Mystikerinnen und Mystiker berichten immer wieder von Phasen der Dunkelheit, in denen ihre Praxis wie erloschen erschien. Wir wissen nicht, warum. Unser Geist hat seinen eigenen Rhythmus. Trotz allen Bemühens, größter Disziplin, engster Verbindung zu unserem inneren Zufluchtsort und höchster Motivation, verhalten wir uns genau entgegengesetzt zu dem, wie wir uns eigentlich verhalten wollen. Es ist, »als würde uns der Teufel reiten«. Unsere Kommunikation kann so gereizt und feindselig werden, dass wir sie aus ganzem Herzen ablehnen und dennoch, manchmal sogar über einen längeren Zeitraum hinweg, beibehalten. Gerade weil wir achtsam sind, werden uns diese Phasen besonders bewusst und wir leiden unter ihnen, wenn wir nicht bereit sind, auch diese dunklen Zeiten zu akzeptieren.

Wir nehmen uns an mit unseren Schwächen und entwickeln Vertrauen auf unsere positiven Kräfte und unsere Motivation. Es ist wie beim Säen: Wir haben die Samen in den Boden gebracht und vertrauen nun auf die Kräfte der Natur. Wir haben unserem Geist eine Richtung gegeben und wir vertrauen nun auf seine Kräfte und seine Weisheit. Das Wichtigste in solchen Phasen ist, sich immer wieder seiner Motivation zu erinnern und wenn irgend möglich, dieses Erinnern durch gute Freunde, die auch diesen Weg gehen, zu stärken.

Ist unsere Achtsamkeit stabil, wird sie zu einem »*balani*« (Pali), einem Kraftfeld, wie es übersetzt lautet. Zum einen ist unsere Achtsamkeit so kraftvoll geworden, dass sie präsent bleibt, wir nicht immer wieder ins Vergessen fallen, und zum anderen haben wir Kraft, unserer Einsicht und Weisheit zu folgen, statt mitzutreiben im Strom unserer Reaktionen und Triebe. Ist unsere Achtsamkeit zu einem Kraftfeld geworden, können wir uns vertrauensvoll auf sie verlassen. Statt zu kämpfen oder etwas überwinden zu wollen, setzen wir die Kraft der Achtsamkeit ein.

Vor einigen Jahren fasste ich einen Entschluss: »Ich höre auf, Zucker zu essen!« Ich machte mir bewusst: Die Grundlage meines Entschlusses ist der tiefe Wunsch, gesund und fit zu bleiben. Ich verließ mich allein auf die Hilfe meiner Achtsamkeit. Ich musste noch nicht mal Süßes aus meinem Umfeld verbannen. Immer wenn starkes Verlangen nach Zucker oder meine Gewohnheitsenergie mich drohten rückfällig werden zu lassen, war meine Achtsamkeit so kraftvoll, dass ich mir der Gefahr rechtzeitig gewahr wurde. Es reichten in der Regel wenige bewusste Atemzüge und mir wurde der Widersinn meines Handelns bewusst und eine andere geistige Haltung stieg auf, die mich davon abhielt, wieder Zuckerprodukte zu essen.

In meinen Meditationskreisen haben Teilnehmerinnen und Teilnehmer ähnliche Erfahrungen gemacht. Sie konnten ohne große Überwindung mit dem Rauchen aufhören, eine ganz neue und anfangs für sie sehr ungewohnte Art des Kommunizierens praktizieren, kein Fleisch mehr essen oder sonstige Gewohnheiten oder »Süchte« ablegen bzw. ändern. In der Kommunikation hilft uns eine kraftvolle Achtsamkeit, anhalten zu können, wenn unser Sprechen und auch Hören unheilsam werden, wenn Verstehen und Verstanden-Werden nicht mehr möglich sind. Eine kraftvolle Achtsamkeit ist besonders wichtig für die Kommunikation, denn hier ist die Gefahr außerordentlich groß, uns in Emotionen und gedanklichem Abgleiten zu verlieren.

Wir können unsere Achtsamkeitspraxis durch eine bewusste Entscheidung kräftigen. Entscheidungen fällen wir ständig, um sie meist nach kurzer Zeit zu hinterfragen, umzuwerfen oder zu vergessen. Um eine endlose Diskussion mit uns selbst zu vermeiden, ob wir überhaupt weitermachen möchten oder ob jetzt der richtige Zeitpunkt für unsere Praxis ist, empfiehlt es sich, *einmal* eine bewusste Entscheidung zu treffen und ihr für einen längeren Zeitraum zu folgen, ohne sie immer wieder aufs Neue zu hinterfragen. Wir lassen so den zaghaften und trägen Geistesregungen keine Chance sich zu entfalten. Wann immer Zögern oder Widerstand auftreten, erinnern wir uns unserer Entscheidung und folgen ihr zumindest so lange, bis wir unsere Entscheidung ernsthaft überprüfen wollen. Folgen wir auf diese Weise, ersparen wir uns die aufreibenden und ermüdenden Ausreden, Vorbehalte und Zweifel. »Bin ich nicht heute zu müde für die Meditation?« »Ich bin zu aufgeregt.« »Das schaffe ich nie!« »Ich mache das falsch.« Diejenigen, die es geschafft haben, über Jahre regelmäßig zu den Meditationskreisen zu kommen, haben fast alle sich am Anfang ihrer Mitgliedschaft zu dieser Entscheidung durchgerungen und von der daraus entstehenden Kraft und Klarheit über Jahre profitiert.

Praxis der Achtsamkeit

Achtsam zu sein ist keine Tätigkeit, kein Aufwand, den wir uns zu unserem ohnehin anstrengenden Alltag aufbürden. Achtsamkeit ist ein müheloses Gewahrsein, eine Präsenz, die entspannt statt anstrengt und uns hilft, Anspannungen und Verkrampfungen zu lösen. Achtsamkeit stellt sich ein, wenn wir uns an sie erinnern. Daher ist die erste Voraussetzung für Achtsamkeit das Erinnern an die Achtsamkeit. Wir benötigen dazu Erinnerungshilfen. Glocken sind wunderbar geeignet und werden nicht nur im Buddhismus eingesetzt, um uns an den gegenwärtigen Augenblick und unsere Achtsamkeit zu erinnern. Ein Glockenton erinnert den herumschweifenden Geist an die Gegenwart. Zen-Meister Thich Nhat Hanh empfiehlt auch andere Geräusche, Handlungen oder Situationen des Alltags als »Achtsamkeitsglocken« einzusetzen. Es liegt an uns, welche Geräusche oder Begebenheiten wir als Achtsamkeitsglocken bestimmen. Neben unseren Kirchenglocken sind beispielsweise Autohupen, Straßenbahngeräusche, Telefon- oder Türklingeln oder das Zwitschern eines Vogels als Achtsamkeitsglocken geeignet.

Poetisch veranlagte Personen können sich auch mit Hilfe von kurzen Sprüchen und Versen, die sie bei bestimmten Handlungen geistig rezitieren, an die Achtsamkeit erinnern. Ein Vers von Thich Nhat Hanh hängt über meinem Spülbecken und lautet: »Geschirr spülen ist wie einen kleinen Buddha baden. Das Profane ist das Heilige. Der Geist des Alltags ist der Geist des Buddhas.«[13] Für das Gehen habe ich einen eigenen Spruch entwickelt: »Frei von allen Zielen genieße ich meine sanften, mühelosen Schritte.« Solche Sprüche erinnern uns an die Achtsamkeit und lassen unseren Geist ruhiger und sanfter werden.

Ist Achtsamkeit entfaltet, wollen wir sie möglichst lange aufrechterhalten. Der Buddha nannte uns Anker, an die wir die Achtsamkeit binden können. Der erste und sicherlich wichtigste Anker ist der Atem. Wir spüren unseren Atem und sind uns jedes Atemzugs bewusst. Einatmend spüren wir, dass wir einatmen, und ausatmend spüren wir das Ausatmen. Diesen Kontakt zum Atem lassen wir nicht wieder los, egal womit wir uns gerade beschäftigen. Wir können das mit einem in der Luft fliegenden Papierdrachen vergleichen. Solange das Seil den Drachen mit dem Boden verbindet, geht er uns nicht verloren. Ebenso kann unser an den Atem gebundene Geist nicht weiter umherschweifen und bleibt so gesammelt und wissensklar. Anfangs mag das bewusste Atmen wie eine Anstrengung erscheinen, doch mit der Zeit erleben wir, wie unsere mentalen Aktivitäten klarer, effektiver und leichter werden, wenn wir unseren Geist mit Atemwahrnehmung binden. Alle die unnötigen Gedanken, die uns sonst ermüden und belasten, weichen und übrig bleiben nur die Gedanken, die mit unserer aktuellen Beschäftigung zu tun haben.

Geisteshaltungen beobachten

Unser Denken, Fühlen und Handeln wird von unserer geistigen Haltung bestimmt. Geisteshaltungen sind Wurzeln, aus denen unsere Gedanken und Empfindungen entspringen. Achtsamkeit gibt uns die Möglichkeit, die jeweilige Geisteshaltung zu erkennen, die unserem Denken und Fühlen zugrunde liegt.

Im Buddhismus gibt es drei heilsame Wurzeln (kusala mula), Freigebigkeit, Liebe und Einsicht, und drei unheilsame (akusala mula), Gier (Greifen), Hass (Ablehnung) und Täuschung (Ignoranz). Ist unser Herz von Liebe erfüllt, dann sind auch unsere Gedanken und Gefühle liebevoll. Sind wir dagegen von Zorn und Abneigung erfüllt, steigen ablehnende Gedanken und Gefühle in uns auf. Heilsam und unheilsam bezieht sich auf die Wirkung, die unsere Gedanken und Gefühle in uns auslösen. Gier, Hass oder Fanatismus (Täuschung) bringen uns zu Handlungen, die uns und unsere Mitmenschen leiden lassen. Wir hätten die Leiden lieber vermieden. Jeden Tag erleben wir Situationen, in denen wir die zerstörerischen Folgen von Gier, Hass und Ignoranz erleben. Doch gibt es auch jeden Tag Momente, in denen wir die Früchte von Liebe und Mitgefühl erleben. Menschen schenken uns ein Lächeln, zeigen Nachsicht, wenn wir einen Fehler gemacht haben, sind großzügig und hilfsbereit.

Wir werden später im Zusammenhang mit der Kommunikation ausführlicher auf die Beobachtung von und den Umgang mit unseren verschiedenen Geisteshaltungen eingehen. Hier sei darauf hingewiesen, dass Achtsamkeit der Schlüssel zur Erkenntnis dieser Wurzeln ist und es zugleich zur Achtsamkeitspraxis gehört, auf sie zu achten. Gelingt uns das, sind wir in der Lage, alle unsere Probleme an der Wurzel zu lösen. Wir brauchen nicht mit unseren negativen Gedanken zu streiten, unsere Emotionen umständlich unter Kontrolle halten zu wollen oder unsere falschen Sichtweisen zu diskutieren, sondern wir gehen an die Grundlagen dieser Phänomene und können durch ein Wecken der heilsamen Quellen sehr viel effektiver Abhilfe schaffen. Wie bei einer Wasserfontäne stellen wir am Wasserhahn das Wasser ab, statt uns damit aufzuhalten, gegen die Fontäne zu kämpfen.

Achtsame Kommunikation

Achtsamkeit bezieht sich auf alle Aspekte unseres Lebens, von denen Kommunikation eines der häufigsten und wichtigsten ist. Die Art und Weise, wie wir kommunizieren, bestimmt unser eigenes und das Glück unserer Mitmenschen. Achtsamkeit in der Kommunikation verhilft uns zu tiefen Begegnungen und gegenseitigem Verstehen. Ich habe bereits ausgeführt, dass uns Achtsamkeit den Reichtum und das Glück unseres Lebens bewusst werden lässt. Das gilt ganz besonders für die Kommunikation. Achtsame Kommunikation öffnet unseren Geist und schärft unser Bewusstsein für die Einmaligkeit, die jede Begegnung darstellt. Mit diesem Bewusstsein erleben wir den Austausch miteinander und unsere Mitmenschen als wunderbare Geschenke, die unser Leben bereichern und lebenswert machen. Eine innere Haltung entsteht, die sich um Verstehen bemüht und anderen Wertschätzung und Respekt entgegenbringt. Eingeschlafene, als langweilig empfundene Beziehungen werden wieder lebendig und erfüllend, schwere jahrelange Krisen entschärft, wenn sich beide Seiten mit Achtsamkeit begegnen und austauschen. Ein friedvolleres Leben wird möglich.

Manchmal reduzieren Übende ihre Zeit der spirituellen Praxis allein auf die Zeiten, in denen sie still auf ihrem Kissen meditieren oder andere spezielle Übungen machen. Aus dieser Sicht besteht meistens ein großer Mangel an Zeit, da unser Alltag selten ausreichend Möglichkeiten bietet, uns zurückzuziehen und alle anderen Verpflichtungen liegen zu lassen. Mit achtsamer Kommunikation verlegen oder erweitern wir unsere spirituelle Praxis in den Alltag.

Jede Begegnung bietet die Gelegenheit zur Praxis und wird zu einer Übung. Besonders Menschen, die viel beschäftigt sind und wenig Zeit zum Meditieren haben, finden hier eine wunderbare und im Grunde intensivere Alternative. Sie ist intensiver, weil wir in der Ruhe, geschützt auf dem Meditationskissen, der Selbsttäuschung erliegen können. Davon berichtet eine alte Zen-Geschichte: Ein Mönch zog sich für Monate in eine einsame Höhle zurück und meditierte dort Tag und Nacht. Eines Tages war er sicher, den Punkt erreicht zu haben, an dem er von allen unheilsamen Geisteszuständen befreit sei. Glücklich und zufrieden machte er sich auf den Weg zurück ins Dorf. Eine alte Bäuerin, die Reisig sammelte, begegnete ihm. Als sich beide auf dem schmalen Weg trafen, stellte sich die alte Frau ein wenig ungeschickt an und streifte mit ihrem auf den Rücken gebundenen Reisig den Mönch, so dass er von diesem arg gekratzt wurde. Der Mönch wurde zornig und schimpfte mit der armen Frau. Nachdem er seinem Ärger freien Lauf gelassen hatte, bemerkte der Mönch die Täuschung über seine vermeintliche innere Stabilität. In der einsamen Höhle konnte er gelassen sein, da ihn niemand reizte und ärgerte. Doch kaum aus der Höhle, ergriffen ihn bei der ersten Widrigkeit Ärger und Wut und brachten ihn dazu, eine alte Frau böse zu beschimpfen.

Soll unsere spirituelle Praxis nicht ein Hobby oder zeitlicher Luxus sein, dann gehört sie in unseren Alltag. Achtsame Kommunikation können wir als eine Art Sprech- oder Hörmeditation betrachten. Diese Praxis stabilisiert ebenso wie Meditation unsere Achtsamkeit und wirkt zugleich auf unsere innere Haltung und unsere Kommunikation, die sanfter, friedlicher und tiefer werden.

Unbedachte Worte

Achtsamkeit schützt uns vor Reaktionen und Handlungen, die uns und anderen schaden könnten. Besonders in unserer hektischen Welt, in der oft sehr schnell und spontan kommuniziert wird, ist Achtsamkeit ein wichtiger Schutz vor unbedachten und verletzenden Worten. Es wird von den Tuareg erzählt, dass sie Schals um ihren Mund tragen, damit aus ihm kein unbedachtes Wort falle. Sie prüfen, ob die Worte wahr, notwendig und vor allem, ob sie freundlich sind, bevor sie sie aussprechen. Wir haben sicherlich schon alle erlebt, wie schwer es ist, ein verletzendes Wort oder eine unangemessene Reaktion wieder ungeschehen zu machen. Statt im Nachhinein den entstandenen Schaden mühselig und oft vergebens ausbessern zu wollen, lassen wir es dank der Achtsamkeit erst gar nicht dazu kommen. Der Buddha ermahnte seinem Sohn Rahula, immer mit Hilfe der Achtsamkeit auf die Wirkung seiner Worte zu achten. Er verglich Achtsamkeit mit einem Spiegel, in dem er sich und seine Wirkung betrachten könne. Ebenso sollten wir vor dem Sprechen die Wirkung unserer Worte betrachten, ob sie heilsam oder unheilsam sind, zu Leiden führen oder uns und anderen Kummer bereiten.

Jede Kommunikation verlangt ein hohes Maß an Aufmerksamkeit. Jemanden zu verstehen, uns auf die richtige Weise auszudrücken und das Thema zu verfolgen, beansprucht sehr viel geistige Kapazität. Wie können wir da noch Achtsamkeit entwickeln? Wenn wir, wie bereits ausgeführt, Achtsamkeit als Gewahrsein dessen verstehen, was gerade im Augenblick passiert, dann bindet Achtsamkeit nicht unsere geistigen Potenziale und beansprucht nicht unsere intellektuellen Fähigkeiten. Es mag für jemanden paradox klingen, doch während wir denken oder uns konzentrieren, können wir uns dessen zur gleichen Zeit auch bewusst sein.

Denken wird meist als eine mentale Anstrengung angesehen. Tatsächlich aber fließen die Gedanken und steigen unsere Emotionen auf, ohne dass wir dazu eine Anstrengung vollbringen müssten. In der Meditation wird es als anstrengend erlebt, nicht zu denken, wir erleben, wie ohne unser Zutun ein Gedanke nach dem anderen aufsteigt. Anstrengend ist es, diesen Gedanken zu folgen, uns mit ihnen zu beschäftigen und uns so in einem Strudel von weiteren, meist um sich selbst kreisenden Gedankenkaskaden zu verlieren.

In der achtsamen Kommunikation gibt es ein Gewahrsein für das Geschehen und das Geschehen selbst. Wir können beobachten, wie in einem Gespräch die Gedanken aufsteigen, meist viel zu viele und zerstreut, und es einer Anstrengung bedarf, sie zu reduzieren und zu bündeln. Wenn wir diesen Vorgang des automatischen Reagierens und Denkens verstanden haben, können wir entspannter kommunizieren. Uns ist klar geworden, dass wir uns nicht um das Entstehen von Gedanken bemühen müssen, sondern aus der Fülle wählen und ordnen können. Achtsamkeit ist wie ein Manager, der die Prozesse steuert. Ohne Achtsamkeit ist der Verlauf einer Konversation schnell sehr weitschweifig und unklar. Es ist, als würden wir auf einem Pferd reiten ohne die Zügel zu benutzen. Das Pferd bestimmt die Richtung, und wenn wir Glück haben, erreicht das Pferd einen Ort, mit dem auch wir zufrieden sind. Achtsamkeit hält die Zügel und leitet das Pferd zum gewünschten Ziel.

Achtsamkeitsanker setzen

Wir spüren unser Ein- und Ausatmen und werden so mit unserer Aufmerksamkeit in die Gegenwart geführt. Auch während der Kommunikation ist der Atem eine wichtige Hilfe, um achtsam zu bleiben. Dies gilt besonders für die Zeiten, in denen wir zuhören. Um unsere Achtsamkeit in allen Phasen der Kommunikation aufrechterhalten zu können, brauchen wir weitere Anker. Sie geben unserer Aufmerksamkeit während einer Kommunikation zugleich eine Orientierung. Die wohl wichtigsten Anker sind:

- darauf zu achten, unter welchen Bedingungen, in welchem Umfeld oder Rahmen eine Kommunikation geführt werden soll
- welcher Bewegrund bzw. welche Motivation oder Anlass uns zu dem Gespräch führt
- über welchen Inhalt bzw. welches Thema wir sprechen
- auch hilfreich ist es, sich über den Verlauf im Klaren zu bleiben, damit wir nicht abdriften und den Faden verlieren.

Diese Anker sind zugleich wichtige Bedingungen, die erfüllt und klar sein müssen, damit unsere Kommunikation erfolgreich und harmonisch verlaufen kann. Wir richten unsere Achtsamkeit jeweils auf eine dieser Bedingungen. Es geht darum, dass wir während eines Gesprächs, in dem uns viele Aspekte ablenken oder emotional wegreißen können, Halt haben und wissen, worauf wir achten können, um Stabilität und Klarheit zu erlangen bzw. zu behalten.

Beweggrund finden

Wir können Motivation als den tiefer in uns liegenden Beweggrund, die Quelle unserer Anliegen und unseres Handelns verstehen. So verstanden ist sie das, was uns antreibt, unsere Bedürfnisse schafft, uns zum Handeln führt. Als Quelle gelten die bereits vorgestellten drei heilsamen und die drei unheilsamen Geisteshaltungen. Heilsame Motivation ist alles, was aus dem Geist des Gebens (dana) kommt: Möchten wir jemanden unterstützen oder anderen helfen? Die zweite Quelle ist der wohlwollende (metta) Geist, der auch als Geist der Liebe verstanden werden kann: Sind wir am Wohlergehen aller Wesen interessiert und zielt unser Handeln darauf, für andere Wesen mit unserer Zuwendung, Freude und unserem Frieden da zu sein? Die dritte Quelle ist Weisheit (panna) und bedeutet, dass wir die Dinge sehen, wie sie wirklich sind. Weisheit wird oft mit einem Licht verglichen, das uns dazu verhilft, die wahre Beschaffenheit der Dinge zu erkennen. Weisheit lässt unser Handeln und Streben angemessen und weise werden und befähigt uns, den anderen mit geschickten Mitteln (upaya) helfen zu können.

Die drei unheilsamen Quellen sind die Umkehrung der heilsamen Quellen. Aus Gebefreudigkeit wird Greifen und Gier (loba), aus Wohlwollen Ablehnung und Hass (dosa) und die Weisheit wird zu Täuschung (moha) und Ignoranz.

In Konflikten und schwierigen Aussprachen können wir nur dann friedlich und einvernehmlich kommunizieren, wenn wir eine der drei heilsamen Geisteshaltungen eingenommen haben. Sind wir im Ärger, leiten uns Wut und Ablehnung, ist es besser, eine Aussprache zu verschieben, bis wir von diesem Ärger frei geworden sind und eine heilsame Geisteshaltung angenommen haben. Wollen wir nicht nachgeben, halten an etwas fest und sind verschlossen für die anderen, stehen wir in der greifenden Haltung, die uns von den anderen trennt, weil wir in diesem Augenblick nur unsere Interessen sehen und glauben, unbedingt bekommen zu müssen, wonach wir uns sehnen.

Der Umgang mit dem Geist und seinen Wurzeln ist eine eigenständige Praxis, die auf Geistestraining und Meditation beruht und Zeit und Ausdauer bedarf. Aber es ist auch dem Ungeübten möglich – allein durch Achtsamkeit auf seine emotionale Stimmung und ihre Wurzeln –, zu erkennen, welche innere Haltung ihn momentan bestimmt. Er kann mit einfachen Schritten einen Wandel seiner Stimmung bewirken. Manchmal reicht Geduld und die Bereitschaft zu warten, bis sich unser Befinden geändert hat, um dann mit einer neuen Geisteshaltung zu versuchen, den Konflikt zu lösen.

Unter Motivation können wir aber auch das Anliegen selbst erfassen: Was wünschen wir? Was wollen wir erreichen? Worum geht es uns? Wenn wir unsere Grundhaltung kennen und ihrer gewahr sind, können wir uns diesem Anliegen zuwenden. Welche Bedürfnisse oder Wünsche, welche Erwartungen sind Anlass unserer Kommunikation? Manchmal ist der Anlass den Kommunizierenden von vornherein klar; sie wollen ein Thema besprechen oder voneinander erfahren und etwas mitteilen. In anderen Fällen wissen wir nicht, warum der andere mit uns sprechen möchte, was er auf dem Herzen hat. Wir erfahren es erst durch die Kommunikation. Es kann auch sein, dass erst während eines Gesprächs unser eigenes

Anliegen deutlich wird, wir den Austausch und die Begegnung zur eigenen Klärung brauchen.

Achtsamkeit auf die Motivation lässt uns am Anfang der Kommunikation gewahr werden, was die Motivation bzw. der Anlass für die Kommunikation ist. Damit sind wir geschützt vor unbedachten Reden und werden fähig, uns auf das Anliegen einzustellen. Wir stellen uns ein, indem wir Kontakt mit uns selbst aufnehmen, »unsere Wahrheit« abfragen. Das Thema Wahrheit wird weiter hinten im Buch ausführlich besprochen. Es kommt darauf an, sich mit Hilfe der Achtsamkeit auf das zu konzentrieren, was wir unmittelbar erlebt, erfahren, gefühlt und gedacht haben. Das können wir in der folgenden Kommunikation zum Ausdruck bringen. Der Kontakt zu uns selbst und die Klarheit über das Thema sind sehr wichtig für eine lebendige und verbindende Kommunikation. Sehr häufig reagieren wir auf Themen nicht mit unserer Wahrheit, sondern geben unreflektiert Gehörtes, Gelesenes und Theorien und Meinungen wieder. Ohne die Achtsamkeit können wir auch nicht richtig zuhören. Wir sind nicht beim anderen, verstehen nicht sein Anliegen, sondern reagieren aus unserem unruhigen Geist sofort mit eigenen Geschichten, Kommentaren und Interpretationen.

Achtsamkeit unterscheidet sich hier von Unachtsamkeit durch das Gewahrsein für die Bedürfnisse, Gefühle und Wünsche von uns und den anderen. Wir sind in Kontakt mit unserem und dem Herzen des anderen. Ohne diesen Kontakt reiten uns Emotionen und Gedanken. Wir verlieren den Kontakt nicht nur zu uns, sondern auch zum Herzen des anderen.

Manchmal fehlt unserem Sprechen ein Anliegen. Vollgestopft mit Informationen, Eindrücken und viel zu vielen Gedanken neigen wir in unachtsamen Momenten dazu, sie unreflektiert weiterzugeben. Eine Erinnerung steigt in uns auf, ein Gedanke oder eine Empfindung erscheint in unserem Bewusstsein und verführt uns dazu, sie unmittelbar unseren Mitmenschen mitzuteilen. Das mag spontan und authentisch klingen, in Wirklichkeit aber geben wir nur unsere Unruhe und mentale Zerstreutheit weiter. Achtsamkeit lässt uns erkennen, dass hier ein wirkliches Anliegen für die Kommunikation fehlt und dass es möglicherweise besser ist zu schweigen, unseren Geist etwas ruhiger werden zu lassen, als einfach drauflloszuplappern.

Achtsamkeit bewahrt uns auch vor unsinnigen Diskussionen. Gelegentlich entzünden sich Diskussionen um Fakten, wie z. B. ob der X oder die Y gestern beim Fest dabei waren oder nicht, ob der Termin morgen oder übermorgen stattfindet, ob das Kabel zehn oder zwanzig Meter lang sein muss. Der Sachverhalt kann nicht durch eine Diskussion geklärt werden. Wenn uns bewusst wird, worum es eigentlich geht, beenden wir den Streit und kommen zu einem Austausch: Wie ist deine Erinnerung, dein Wissensstand? Was weiß ich darüber bzw. glaube ich zu wissen? Aus einem Streit wird ein Zusammenkommen und gemeinsames Erkennen, dass es offensichtlich verschiedene Wahrnehmungen oder Informationsstände gibt.

Gewohnheiten ändern

Eine der Hauptübungen des Buddhismus ist es, sich hilfreiche, tugendhafte Verhaltens- und Denkweisen anzugewöhnen. Sind sie zu einer Gewohnheit geworden, in »Fleisch und Blut« übergegangen, müssen wir uns nicht mehr bemühen, sie einzuhalten. Wir nutzen die so genannte Gewohnheitsenergie, um in unserer Praxis zu bleiben. Durch Eingewöhnung kommen wir dazu, uns ohne viel Nachdenken an die Aspekte zu erinnern und auf sie zu achten bzw. diese als Anker der Achtsamkeit zu nutzen.

Wir kennen das von bestimmten »Alltagsritualen«, wie morgens Kaffee zu trinken, auf unserem Lieblingsplatz zu sitzen, ein Stammcafé aufzusuchen oder zu festen Zeiten den Hund auszuführen. Wir sind so an sie gewöhnt, dass wir sie durchführen, ohne uns extra an sie erinnern zu müssen. So wirken auch unsere Anker: Wird beispielsweise der Inhalt eines Gesprächs unklar oder verlieren wir den Faden, werden wir an unsere Achtsamkeit erinnert, die durch diesen Impuls geweckt wird und, je nach Situation, uns hilft, wieder Kontakt mit einem für den Stand der Kommunikation passenden Anker, beispielsweise das eigentliche Thema zu vergegenwärtigen, zu verbinden.

Achtsamkeit ist wie ein Zurücktreten, ein Schauen von einer etwas höheren Ebene, einer Art Vogelperspektive. Auch wenn uns dieses Gewahrsein anfangs noch fremd erscheinen mag, mit der Zeit wird es eine Gewohnheit, die uns nicht Kraft oder Bemühen abverlangt, sondern umgekehrt eine Praxis der Entspannung und Beruhigung wird. Ein Bemühen ist nur solange vonnöten, wie wir uns noch um das Erinnern bemühen müssen. Daher ist eine stetige Übung unserer Achtsamkeit hilfreich, eine Übung, die sich mit der Zeit erübrigt, weil sie Gewohnheit geworden ist. Dann geht es nur noch um den Raum, den wir unserer Achtsamkeit in unserem Alltag geben. Hektik und Ablenkungen und emotionaler Stress wie Ärger oder Konkurrenz nehmen uns den Platz für die Achtsamkeit. Sie kann sich nicht entfalten, weil unser Bewusstsein in solchen Phasen eingeengt und belegt ist.

Der erste Schritt der achtsamen Kommunikation ist, sich Achtsamkeit in der Kommunikation anzugewöhnen. Daher empfiehlt es sich, neben der Atemwahrnehmung sich immer, wenn ein Gespräch beginnt, an die Achtsamkeit zu erinnern und einen der unten aufgeführten Anker zu vergegenwärtigen. In diesem Buch werden eine Vielzahl solcher Anker vorgestellt. Zumindest am Anfang unserer Praxis nutzen wir für die Betrachtung aber nur jeweils einen Anker, den wir beobachten. Wichtig ist, sich nicht unter Druck zu setzen, »Achtsamkeitsstress« zu erzeugen, sondern von Anfang an in einer freudigen und entspannten Haltung zu praktizieren. Die Haltung sollte auch mit unserer körperlichen Verfassung korrespondieren. Wenn wir unseren Atem wahrnehmen, können wir zugleich auf Anspannungen im Körper achten und versuchen, sie zu lösen. Körper und Geist sind eins, ein entspannter Körper hilft dem Geist zu entspannen und ein entspannter Geist drückt sich durch einen entspannten Körper aus.

In einer entspannten, zufriedenen Haltung bleiben wir, wenn wir bei einem Misslingen und der Erkenntnis »Oh, ich war wieder nicht achtsam!« wissen, bereits dieses Erkennen ist Praxis, ein Teil der Übung, die langsam, Schritt für Schritt hilft, uns umzugewöhnen, und allmählich kraftvoller wird, wenn wir uns vornehmen, beim nächsten Mal einen Moment früher unsere Achtsamkeit zu wecken.

In der Hektik des Alltag sind uns die Übergänge zwischen unseren verschiedenen Handlungen selten bewusst. Mit dem ersten Anker vergegenwärtigen wir uns, dass wir eine Kommunikation beginnen und achten darauf, ob die Bedingungen für eine befriedigende Kommunikation erfüllt sind. Kommunikation gelingt, wenn ihr der angemessene Rahmen eingeräumt wird. »Jede große Reise beginnt mit dem ersten Schritt«, sagte einst Laotse. Der erste Schritt einer Begegnung ist sicherlich, zu beachten, dass die nötigen Voraussetzungen für eine optimale Kommunikation gegeben sind. Die wichtigsten seien hier vorgestellt.

Den Rahmen einer Kommunikation bilden bzw. bestimmen die teilnehmenden Personen. Im Einzelgespräch brauchen wir die Achtsamkeit, um uns für die andere Person zu öffnen und uns ihr zuzuwenden. Dies gilt besonders für uns vertraute Personen. Weil wir sie bereits kennen, neigen wir dazu, sie nicht mehr wirklich achtsam wahrzunehmen. Neue Frisuren oder ein anderer Kleidungsstil fallen uns nicht mehr auf. Wir sind nicht in Kontakt mit der vor uns stehenden oder sitzenden Person, sondern nur mit dem in unserer Erinnerung abgespeicherten Bild. Wir verpassen so, uns an unseren Mitmenschen immer wieder aufs Neue zu erfreuen, ihre Gegenwart zu genießen und den Kontakt als Geschenk des Lebens wahrzunehmen.

Kommunizieren wir mit mehreren Menschen gleichzeitig, ist es wichtig, sich zu Beginn der Anwesenden und ihres Befindens bewusst zu werden. Erfahrene Gruppenleiter nutzen kurze Begrüßungsrituale, um am Anfang einen Kontakt zu allen Teilnehmern herzustellen und festzustellen, ob alle Anwesenden sich wohl und zufrieden fühlen. Grundsätzlich frage ich am Anfang von Seminaren nach dem Anlass der Teilnahme und Erwartungen an den Kurs. Immer wieder erlebe ich, dass auf diese Weise Unstimmigkeiten, die vielleicht zu Konflikten oder Enttäuschungen geführt hätten, im Vorfeld geklärt und ausgeräumt werden konnten.

Kommuniziert eine größere noch nicht in Achtsamkeit geübte Gruppe, ist am Anfang ausreichend Zeit zur Klärung bestimmter Kommunikationsregeln nötig, damit das Gespräch harmonisch verläuft, jeder genügend Raum für seine Beiträge hat und Verstehen möglich wird. Ein solcher kurzer Austausch schafft zugleich eine erste Verbindung zwischen den teilnehmenden Personen, ein Gruppengefühl entsteht und die Atmosphäre wird vertrauter und offener.

Sind wir miteinander verbunden, entsteht Präsenz füreinander. Damit gehen wir zum nächsten wichtigen Aspekt über, der für eine erfolgreiche Kommunikation notwendig ist.

Gewahrsein

Kommunikation braucht unsere Präsenz. Ein freier Kopf, innere Ruhe und ausreichende Energie gehören dazu. Fehlt beispielsweise die Energie, reagieren wir möglicherweise gereizt, weil Müdigkeit und Erschöpfung das Kommunizieren schwer machen. Eine Lehrerin erzählte einmal, wie wichtig für den Kontakt zu ihren Schülern ausreichender Schlaf sei. Nur ausgeschlafen habe sie die erforderliche Kraft und innere Ruhe, verständnisvoll und angemessen mit den Schülern umzugehen.

Sind wir innerlich ruhig und ausgeglichen, können wir auch in problematischen Situationen gelassener und angemessener reagieren und tragen damit dazu bei, dass die Kommunikation friedlich und harmonisch geführt werden kann. Unruhe dagegen gefährdet den Verlauf vieler Begegnungen und kann ein Zeichen sein, das Gespräch lieber zu vertagen. Wollen wir uns aber die Zeit für ein Gespräch nehmen, kann es sein, dass dennoch eine innere Unruhe uns belastet.

In diesem Fall kümmern wir uns um die Unruhe und betrachten deren Ursache: Unruhe bleibt, weil wir andere Aufgaben oder Verpflichtungen nicht abgelegt haben, sie uns weiter mental belasten. Wir wollen mit jemandem sprechen, und zugleich denken wir an eine andere Verpflichtung, die auch noch von uns erledigt werden soll. Die heilige Theresa von Avila berichtete, immer wenn sie betete, sehnte sie sich nach Alltagsbeschäftigungen, und wenn sie diesen nachging, dann dachte sie ans Beten. Sie kam so nie in Übereinstimmung mit dem, was sie gerade tat.

Manchmal ist es fast schon amüsant mitzuerleben, wie gestresste Personen darauf hinweisen, keine Zeit zu haben, sie das Gespräch sofort beenden müssten, um es dann doch noch, manchmal sehr ausführlich, weiterzuführen. Während dieser Zeit aber bleiben sie in der Unruhe, immer auf dem Sprung und führen das Gespräch auf eine Weise, als ob es im nächsten Augenblick abgebrochen werden müsste. Für alle Beteiligten schafft ein solches Verhalten eine sehr unangenehme Atmosphäre. Besser ist es, im Vorfeld eine Entscheidung darüber zu treffen, ob ich mir Zeit für das Gespräch nehmen kann und möchte oder nicht. Bleibt die Unruhe, wenden wir uns ihr zu. Wir betrachten die Unruhe und deren Gründe und machen uns klar, dass wir mit unserer Entscheidung eine Priorität für das Gespräch gesetzt haben. Es lohnt nicht, sich weiterhin wegen der anderen Verpflichtungen und Aufgaben zu sorgen und unruhig zu sein. Es ist ein Loslassen der Gedanken oder Gefühle, die sich auf unsere sonstigen Beschäftigungen beziehen. Ist Klarheit und Entschiedenheit vorhanden, legt sich unsere Unruhe und wir haben den Kopf frei und die nötige Ruhe, um uns mit unserer ganzen Aufmerksamkeit der Kommunikation zu widmen.

Präsenz setzt eine ausreichende Zeit füreinander voraus. Jeder weiß, wie wichtig es ist, den richtigen Zeitpunkt zu treffen und wie oft Dispute nur deshalb entstehen, weil zum falschen Zeitpunkt kommuniziert wurde. Präsenz und Zeit stehen in direkter Verbindung. Besonders bei Konfliktgesprächen ist es wichtig darauf zu achten, ob der Zeitrahmen ausreicht. Es ist sehr unbefriedigend und kann verletzend sein, wenn ein tiefer, intensiver Austausch plötzlich abgebrochen werden muss. Konfliktgespräche sind an sich schon sehr bewegend, wenn noch Zeitdruck hinzukommt, ist die Gefahr der Eskalation und des Scheiterns sehr groß.

Wenn wir jemanden anrufen, um ein längeres Gespräch zu führen, können wir am Telefon, zumindest nach dem derzeitigen Stand der Technik, nicht sehen, ob die angerufene Person Zeit für uns hat oder beschäftigt ist. Bevor wir mit dem eigentlichen Dialog beginnen, hilft die schlichte Frage: »Hast du gerade Zeit für ein Gespräch?« Die Frage veranlasst die angerufene Person, sich Klarheit über ihre momentane Situation zu verschaffen und sich für oder gegen das Gespräch zu entscheiden. Wir ersparen uns mit dieser Frage, das Gespräch unbedacht zu beginnen und möglicherweise abgewiesen zu werden. Teilnehmerinnen meiner Gruppen haben sich angewöhnt, jedes Mal zu Beginn eines Telefonats mit dieser Frage zu beginnen und die Erfahrung gemacht, dass die angerufenen Personen erstens dankbar für die Frage und zweitens präsenter und freier für das darauffolgende Gespräch waren.

Bei spontanen, ungeplanten Begegnungen machen wir uns zu Anfang bewusst, dass wir uns jetzt entscheiden müssen, ob und wie viel Zeit wir geben wollen. Wir vergegenwärtigen uns die Dinge, die dafür ausfallen oder die wir deshalb verschieben müssen. Achtsamkeit ist nur das Gewahrsein, das zur Klarheit führt, mit der wir nun entscheiden können, wie wir handeln möchten.

Bereitschaft und Offenheit

Kommunikation braucht unser bewusstes Ja. Ein Ja, das auf Bereitschaft und Offenheit für die Begegnung basiert. Viele mühselige und enttäuschende Gespräche könnten wir uns ersparen, würden wir im Vorfeld diese Bereitschaft klären. Es macht keinen Sinn, auf jemanden einzureden, der nicht offen oder unwillig ist, uns zuzuhören. In Diskussionen ersparen wir uns stundenlanges Argumentieren und Lamentieren, wenn uns bewusst ist, der andere ist nicht an unserer Sicht interessiert. Auch hier bewertet

Achtsamkeit nicht, sondern stellt nur fest, ob Bereitschaft vorhanden ist oder nicht. Erkennen wir, dass jemand viel mitteilen möchte, aber keinen Raum hat zuzuhören, so muss das nicht falsch oder schlecht sein. Wir sind uns bewusst, diesmal nur zuzuhören und stellen uns entsprechend darauf ein. Ein andermal sind vielleicht wir es, die sich aussprechen wollen und nicht frei und fähig sind, dem anderen zuzuhören.

Klarheit über unsere eigene Bereitschaft, unser Ja zum Austausch mit einer anderen Person weckt unsere Präsenz und setzt Kraft in uns frei. Offenheit muss durch Achtsamkeit immer wieder neu hervorgerufen werden. Wir sind ohne Achtsamkeit in Gefahr, aus dem Zustand der Offenheit ins Bewerten, Analysieren oder Urteilen abzugleiten oder durch ablenkende Gedanken und Emotionen unsere Offenheit zu verlieren.

Offenheit bedeutet nicht, dass wir auf unsere Einsichten verzichten oder unser Wissen verleugnen. Es geht darum, ein Interesse an den ansichten, den Bedürfnissen und Erfahrungen des anderen zu haben und dank eines offenen Geistes auch aufnehmen zu können. Auch wenn wir unserer Sicht vertrauen, möchten wir die Wahrnehmung der anderen erfahren. Wir mögen von unseren Vorschlägen überzeugt sein, dennoch sind wir offen zu erfahren, was die anderen für Vorschläge haben, zu welchen Schlüssen sie gekommen sind.

Viele Menschen fühlten sich betroffen von den heftigen weltweiten Auseinandersetzungen um die dänischen Mohammed-Karikaturen. Eine Teilnehmerin, deren Lebenspartner Muslim ist, erzählte von heftigen Auseinandersetzungen mit ihrem muslimischen Mann. Er reagierte auf den öffentlichen Disput mit Wut und heftigen Vorwürfen gegen die westliche Kultur. Sie nahm den öffentlichen Disput anders wahr als ihr Mann und geriet mit ihm in heftige Diskussionen. Im Nachhinein fragte sie sich, wie sie diese hätte vermeiden können, ohne ihre Sicht über die Vorfälle zurückstellen oder gar aufgeben zu müssen.

Schaut sie auf die Offenheit ihre Mannes, die er ihr gegenüber in den Gesprächen hatte, dann wird sie feststellen, dass er seine Wut ausdrücken und seinen Ärger loswerden wollte, aber nicht interessiert und offen für die Wahrnehmung seiner Partnerin war. Ein wichtiges Element für eine gelingende Kommunikation fehlte: die Offenheit des anderen. Diese Erkenntnis erspart es uns, blind gegen eine Wand der Ignoranz zu laufen. Sie hilft uns, zu geschickteren Mitteln zu greifen und so uns und letztlich auch unseren Partner vor sonst aufkommenden Verletzungen und Aggressionen zu schützen. Wird einem Partner das bewusst, erkennt er: Es ist zwecklos, jetzt eigene kontroverse Ansichten dagegen zu setzen. Eine Möglichkeit ist es, diese Erkenntnis auszudrücken, ihm zu sagen, dass sie einen Austausch wünscht, bei dem beide zum Zug kommen, eine andere, erst einmal offen und interessiert zuzuhören und Einfühlung zu signalisieren. Diese Einfühlung führt oft beim anderen zu einer neuen offeneren Haltung, weil er nicht mehr das Gefühl hat, unverstanden zu sein und seine Meinungen und Ansichten durchsetzen zu müssen.[5]

Kritische Haltung

Ein Hemmnis für eine offene Kommunikation ist der so genannte »kritische Geist«. Mich erinnert dieser Geist an einen Virenprogramm im Computer. Ein solcher Schutz gegen schädliche Computerviren macht Sinn, doch leider behindern diese Programme oft die Installation neuer Programme. Um neue Software zu installieren, müssen wir das Schutzprogramm vorher abschalten. Das gilt ebenso für unseren kritischen Geist. Er ist wichtig und nützlich, doch wir müssen auf ihn achten. Wenn wir kommunizieren, brauchen wir Offenheit und Empathie für die andere Person. Jede Kommunikation braucht Verstehen. Verstehen heißt noch nicht zuzustimmen oder etwas zu akzeptieren. Wir wenden uns dem Befinden und Anliegen der anderen Person zu und versuchen sie nachzuvollziehen. Wenn überhaupt nötig, können wir unseren kritischen Geist einsetzen, nachdem wir verstanden haben.

Ein kritische Grundhaltung birgt zudem die Gefahr, dass sich unser Blick auf das Negative konzentriert. Was auch immer wir erleben, haften bleibt das, was nicht gelungen ist oder uns nicht gefallen hat. Auch in der Kommunikation konzentriert sich ein solcher Geist stets auf die negativen Aspekte. Er drückt sich meist darin aus, dass wir alles in Frage stellen, korrigieren, es abwerten oder große »Aber« auf der Zunge tragen, die alles zurechtstutzen, was wir vom anderen hören. Beobachten Sie, wie oft Sie mit einem »Aber« beginnend antworten und wie oft Ihnen mit einem solchen »Aber« geantwortet wird. Sie können versuchen, jedes Mal, wenn Ihnen wieder ein »Aber« auf der Zunge liegt, innezuhalten und eine andere Antwort zu finden.

Wir können nur dann eine andere Antwort finden, wenn wir unsere Haltung ändern. Der negative Blick auf den anderen lässt uns nur dessen Fehler und Mängel, Widersprüche und Fehlverhalten sehen. Gruppenteilnehmer berichten, wie sehr sie sich manchmal an störenden Kleinigkeiten »festbeißen«, ihnen viel zu viel Aufmerksamkeit schenken und dabei die positiven Aspekte übersehen. Wenn wir uns zu oft im »Festbeißen« üben, mutieren wir zu geistigen Hooligans, die darauf fixiert sind, das berühmte Haar in der Suppe zu finden und daraus böse Vorwürfe gegen die anderen ableiten. Manchmal bin ich Menschen begegnet, dic mir den Eindruck vermittelten, dass sie den Streit nicht nur suchen, sondern ihn geradezu brauchen, um sich wohl zu fühlen.

Solange der kritische Geist aktiv ist, blockiert er unsere Offenheit und verzerrt unsere Wahrnehmung. Achtsamkeit kann uns auf diesen Geist aufmerksam machen. Immer wenn wir Kritik äußern, besser noch, bevor wir sie äußern, kann uns Kritik wie eine Achtsamkeitsglocke wecken und erinnern: »In welcher Geistesverfassung bin ich gerade, worauf ist mein Blick konzentriert?«

Versteckte Botschaften

Banal klingende Gespräche müssen nicht immer belanglos sein. Schauen wir tiefer, erkennen wir vielleicht, dass die eigentliche Botschaft lautet »Ich möchte Kontakt mit dir« oder »Ich wünsche mir deine Aufmerksamkeit«. Komplimente, Herzens-Botschaften und Hilferufe verstecken sich manchmal hinter ganz anders lautenden Worten. Dank Achtsamkeit werden wir davor bewahrt, diese wichtigen Aspekte zu überhören. Wir hören die versteckte Botschaft und erfahren so die eigentliche Motivation unseres Gegenübers.

Manchmal sind Fragen keine wirklichen Fragen, sondern eine Botschaft an uns. Vielleicht möchte die Person uns ihr Unbehagen mitteilen. Wenn unser Partner fragt, warum wir schon wieder länger arbeiten mussten oder andere Verpflichtungen haben, dann möchte er wahrscheinlich keine Begründung hören, sondern uns mitteilen, dass er mit unserer Zeitplanung Probleme hat, sich mehr Zeit wünscht. Statt Ausreden und Begründungen gehen wir gleich auf das eigentliche Anliegen ein und zeigen somit, dass wir den Partner und sein Problem verstehen möchten.

Auf Versammlungen wird häufig geredet und geredet und zum Schluss weiß niemand mehr, worum es eigentlich geht. Diese Erfahrung kennt wohl jeder. Im Buddhismus wird unser Geist manchmal als klebrig bezeichnet: Er bleibt an allem haften, reagiert auf alle Eindrücke, Begegnungen oder Themen und droht, daran »kleben« zu bleiben. Achtsamkeit erinnert uns an unser eigentliches Thema. Wir können es mit einem Zirkel vergleichen. Die Nadel ist das Thema und der Schenkel mit dem Bleistift ist der Gesprächsverlauf, der um das Thema kreist ohne es zu verlieren. Wir bemerken mit Achtsamkeit für das Thema, wenn uns das Thema verloren zu gehen droht oder wir von Nebenthemen zu fasziniert sind.

Achtsamkeit, daran sei noch einmal erinnert, ist nicht der Richter, sondern ein freundlicher, wachsamer Beobachter. Zugleich ist Achtsamkeit immer auch der Genießer, die Ebene, die uns für die Einzigartigkeit und Schönheit des Augenblicks die Augen öffnet.

Achtsamkeitsglocken

Das Gegenteil von Achtsamkeit ist Vergessen. Oft müssen wir lediglich unsere Achtsamkeit wecken, unseren Geist an den gegenwärtigen Augenblick erinnern. Handlungen oder Situationen können – wie der Knoten im Taschentuch – zu Erinnerungshilfe werden, zu im übertragenen Sinn Schellen oder Glocken, die uns aufmerken lassen. Auch in der Kommunikation brauchen wir diese Achtsamkeitsglocken. Gemeinsam mit Teilnehmerinnen und Teilnehmern meiner Achtsamkeitsgruppen haben wir Glocken im übertragenen Sinn vereinbart, die uns an Achtsamkeit während der Kommunikation erinnern können:

Achtsamkeitsglocke: Unruhe oder Ärger

Wann immer Unruhe oder Ärger in uns aufsteigt, sind sie ein Anlass darauf zu achten, was gerade im Augenblick in uns vor sich geht. Unruhe und Ärger zeigen uns, dass wir uns um unser Befinden kümmern müssen. Steigen sie während der Kommunikation auf, wecken sie unsere Achtsamkeit, die uns innehalten lässt. Wie bei einer Glocke sind Unruhe und Ärger das Zeichen zu stoppen und sich auf den Atem zu konzentrieren. Wir kümmern uns um die Ursache und haben so die Möglichkeit, auf die Umstände, die uns unruhig werden lassen, einzugehen.

Achtsamkeitsglocke: Streit

Jeder Streit, jeder Konflikt ist ein Zeichen zum Innehalten. Nichts ist in diesem Augenblick wichtiger als zuerst einmal anzuhalten, statt unreflektiert mit einer Auseinandersetzung zu beginnen. Gelingt es uns anzuhalten und die Situation im Licht unserer Achtsamkeit zu betrachten, sehen wir plötzlich sehr viel mehr Möglichkeiten, mit dem Konflikt umzugehen. Das Wecken der Achtsamkeit bei jedem Konflikt lässt eine Art »Schutzraum vor Kommunikationsunfällen« entstehen.

Achtsamkeitsglocke: Unterbrechungen

Eine wichtige Achtsamkeitsglocke in der Kommunikation kann der Impuls sein, jemanden zu unterbrechen. Wann immer wir diesen Impuls spüren oder bereits jemanden unterbrochen haben, stoppen wir. Haben wir bereits den anderen unterbrochen, bedauern wir und bitten diesen weiterzusprechen. Dabei achten wir auf unseren Geist und lassen die störenden Gedanken los, um wieder mit freiem Kopf zuhören zu können.

Ich habe es mir zur Übung gemacht, grundsätzlich nach einer Unterbrechung von mir, die ich stoppen konnte, mein Sprechen nach dem Zuhören mit anderen Worten zu beginnen als ich es bei meiner Unterbrechung machen wollte. Das hilft mir, wirklich loszulassen und neu anzufangen, statt meine Unterbrechung nur aufzuschieben.

Achtsamkeitsglocke: unpersönliche Botschaften, Verallgemeinerungen

Verallgemeinerungen und das Wort »man« oder auch das Wort »wir« sind Achtsamkeitsglocken, die uns erinnern, dass wir gerade nicht mehr wirklich von uns sprechen oder aber unsere Wahrheit unzulässig verallgemeinern. Ich verzichte seit einigen Jahren ganz auf das Wort »man«, obwohl es mir leider immer wieder einmal aus alter Gewohnheit über die Lippen kommt, wohl auch, weil ich es im Alltag bei anderen immer wieder höre.

Das Wort »man« kaschiert meistens eine Ich-Aussage. Statt man kann ich zutreffender ich sagen oder benenne diejenigen, die ich mit »man« meine. Das gilt auch für das Wort »wir«, das oft als Ersatz für »ich« genommen wird und in dieser Funktion nicht stimmt.

Bei den Verallgemeinerungen sind Worte wie »nie« (»ich sollte nie nie sagen«), »immer«, »ewig« oder »andauernd« Glocken die uns wecken, damit wir sie überprüfen können. Sie stimmen selten und es ist besser, die Benutzung solcher Worte möglichst zu reduzieren und stattdessen das zu beschreiben und auszudrücken, was wirklich geschieht.

Achtsamkeitsglocke: Du-Botschaften

Wann immer ich das Wort »Du« ausspreche, werde ich aufmerksam. »Du« ist ein sehr gefährliches Wort, denn ich bin in Gefahr, dem anderen Botschaften zu sagen, die Urteile, Ratschläge oder Forderungen sind. Das gilt nicht immer, trifft aber leider meistens zu. Daher ist es sehr ratsam, bei jedem Du wirklich wach zu werden und zu schauen, was wir mit diesem »Du« sagen möchten.

VIER ARTEN UNRECHTER REDE

Im Buddhismus gibt es vier unheilsame Arten des Sprechens. Mit der Aufzählung negativer Eigenschaften sind, wie oft im Buddhismus, zugleich die Kultivierung der entgegengesetzten positiven Eigenschaften gemeint. Die erste unheilsame Weise zu sprechen ist das Lügen. Es erinnert uns daran, die Wahrheit zu sprechen. Oberflächlich betrachtet könnten wir versucht sein, diesem Punkt keine besondere Aufmerksamkeit zu schenken. Wir lügen wahrscheinlich eher selten und sagen generell die Wahrheit. Doch was ist wahr? Oder was können wir als gesicherte Wahrheit annehmen und was glauben, vermuten oder interpretieren wir von dem, worüber wir sprechen? Wenn wir auf diese Weise nach der Wahrheit fragen, kommen wir zu der Erkenntnis, dass wir täglich viele Aussagen machen, ohne darauf zu achten und ohne wissen zu können, ob sie wahr sind. Ich habe bereits ausführlich den subjektiven Charakter von Wahrheit erläutert. Wahrheit ist immer nur das, was wir unmittelbar erlebt, empfunden und gefühlt haben. Sie ist *unsere* Wahrheit, die neben weiteren sechs Milliarden anderen Wahrheiten besteht. Von ihr können wir sprechen; wir wissen, sie ist wahr.

Nicht zu lügen ist eine Achtsamkeitsübung, die uns darauf schauen lässt, was alles nicht wahr ist. Fangen wir mit den Wahrnehmungen an, denen wir am meisten trauen und die wir für generell wahr halten. Alles was wir gesehen, gehört, geschmeckt oder erfühlt haben, ist für uns wahr. Die Teilnehmerinnen einer Meditationsgruppe haben wochenlang im Alltag ihre Wahrnehmungen überprüft und festgestellt, dass diese immer wieder Täuschungen unterlagen und sie Dinge und Personen je nach ihrer Stimmung und den äußeren Bedingungen anders wahrnahmen. Selbst sehr vertraute Dinge erscheinen in einem anderen Licht oder in einer anderen Aufstellung in ihren Dimensionen völlig anders. Wir kennen viele Darstellungen, die unsere Augen optisch täuschen, gerade Striche erscheinen krumm, geometrische Formen werden je nach Blickwinkel anders gesehen oder sind so angeordnet und farblich ausgestaltet, dass es für den Betrachter so wirkt, als würden sie sich bewegen. Wir hören Geräusche und täuschen uns über die Quelle des Geräuschs. Manche Menschen sehen Ufos landen oder das Ungeheuer von Loch Ness auftauchen. Im Zen gibt es die berühmte Geschichte von dem Strick am Wegrand, der im Dunkeln dem Spaziergänger als Schlange erscheint und ihn in Angst und Schrecken versetzt. Sind wir uns der Unzuverlässigkeit unserer Wahrnehmungen bewusst, sprechen wir anders von ihnen, relativieren sie, sind vorsichtiger damit, statt sie generell als wahr und sicher zu bezeichnen.

Auch bei unseren Gedanken, Ansichten, Mutmaßungen, Interpretationen und Diagnosen – obwohl sie schon von Natur aus unsicherer sind – ist uns nicht bewusst, dass wir auch hier nicht von einer Wahrheit sprechen können. Im Alltag begegnen wir ständig Aussagen, die aus diesen geistigen Hypothesen und Gebilden stammen und dennoch als Wahrheit behauptet werden.

Zuletzt seien noch die vielen Informationen genannt, die wir von irgendwo her, meist aus den Medien, aufnehmen und weitergeben, als handele es sich um unsere geprüfte oder erlebte Wahrheit. Was wirklich wahr ist, wissen wir erst, wenn wir es selbst erfahren und erlebt haben. Bleiben wir beim Sprechen bei unserer Wahrheit, reduzieren sich die Themen, über die wir etwas sagen können, oft drastisch. Sprechen wir unreflektiert über die Informationen, die wir nicht überprüfen konnten, lassen wir die Flut an Unwahrheiten und Halbwahrheiten weiterfließen, die durch unsere Medien übermittelt werden, tränken die Köpfe unserer Zuhörer damit und tragen so mit die Verantwortung für die weitere Verbreitung und Wirkung.

Unsere Geisteshaltung und unsere Motivation sind bestimmend für die Wirkung unseres Sprechens. Lügen wir aus Gier, Hass oder Verblendung? Was wollen wir erreichen mit unseren Lügen? Ertappen wir uns dabei, etwas Unwahres sagen zu wollen, ist das ein Anlass, unsere dahinterliegende Geisteshaltung zu untersuchen. Es reicht nicht, einfach einer Moral zu folgen und das Lügen vermeiden zu wollen, sondern wir brauchen eine Geisteshaltung, die uns dazu bringt, die Wahrheit sprechen zu wollen. Ich war Zeuge, wie ein siebenjähriger Junge eines Gelddiebstahls überführt wurde. Eine lange Zeit gelang es ihm, durch Lügen seinen Diebstahl zu bestreiten. Als dann endlich alles raus war, begann er verzweifelt zu weinen, zitterte am ganzen Leib und hatte Angst, verstoßen zu werden. Obwohl ich die Tat nicht billigte, hatte ich dennoch tiefes Mitgefühl mit ihm. Ich sah in ihm das Opfer seiner Gier. Er hatte sich mit dem gestohlenen Geld einen Gameboy gekauft, den ihm seine Eltern in wenigen Wochen zu seinem Geburtstag geschenkt hätten. Er war anscheinend so besessen von dem Verlangen nach diesem Spielzeug, dass er sich zum Stehlen und Lügen hinreißen ließ. Jetzt aber, als er vor mir saß, kümmerlich zusammengesunken, verzweifelt weinend, konnte er sich gar nicht mehr vorstellen, wegen eines Gameboys seine Eltern zu belügen und sich in eine solch entwürdigende und schmerzliche Situation zu bringen. Er warf den Gameboy in die Ecke, verfluchte ihn, wollte nie mehr damit spielen.

Lügen können uns auf solche Verwicklungen hinweisen, uns deutlich machen, dass wir mit einer unheilsamen Geistesverfassung verstrickt sind, die uns und anderen nur Leiden bereiten wird. Es gibt selten Fälle, wo eine Lüge aus einer heilsamen Geistesverfassung entsteht. Der Buddha erzählte ein Gleichnis von einem Vaters, der lügt, um seine in ihrem brennenden Haus friedlich spielenden Kinder zu retten. Um sie nicht panisch werden zu lassen, wollte er ihnen nichts von der drohenden Gefahr sagen, anderseits wusste er, wenn er nicht einen attraktiven Anlass bietet, werden sie nicht ohne Diskussion und Fragen von ihrem Spiel loslassen. Dafür aber fehlte die Zeit. Also log er und erzählte, draußen stände ein goldener Wagen für sie bereit. Die Kinder ließen sich täuschen und er rettete ihnen so das Leben.

Wenn wir sprechen, können wir uns grundsätzlich fragen: Aus welcher Geisteshaltung spreche ich gerade? Was möchte ich mit meinem Geist bezwecken? Haben wir diese Klarheit, können wir uns um unseren Geist und unsere Absichten kümmern, sollten diese negativer und unheilsamer Art sein.

Achten wir so auf unseren Geist, sprechen wir auch die zweite unrechte Rede nicht aus, die üble Nachrede, die zu Intrigen und Zwietracht führt. Intrigen brauchen einen sehr übelwollenden Geist, der fast immer ganz bewusst eine solche Handlung vollzieht. Sie sind meist geplant und gewollt. Wir wollen jemanden schädigen, ein Verhältnis zu unseren Gunsten verändern. Zwietracht im Sinne von Streit säen kann uns manchmal auch ungewollt passieren. Wir sagen etwas unbedacht, und Uneinigkeit entsteht. Gegen Intrige hilft die Entfaltung von Liebe (Metta). Wir beginnen bei uns selbst und weiten sie dann auf die anderen aus. So werden wir von unseren bösen Absichten frei und gelangen zu einer wohlwollenden Absicht. Gegen Zwietracht oder Streit hilft uns die Achtsamkeit und lässt uns erkennen, wann wir entweder unbedacht sprechen oder uns eine feindselige Geistesregung erfasst und droht, uns zu einem destruktiven Sprechen zu verleiten.

An Intrigen sind wir auch schon aktiv beteiligt, wenn wir uns die bösartigen Attacken über Nichtanwesende anhören. Dieses Hinhören ermutigt den anderen und beeinflusst zugleich unsere Haltung. Daher ist es ratsam, sich bereits in der Frühphase konsequent zu verhalten und Intrigen dadurch zu mindern oder zu stoppen, indem wir sie nicht weiter fortsetzen und positives Sprechen praktizieren. Oft reicht schon ein Fragen nach dem Wahrheitsgehalt und der Hinweis auf den Respekt und die Achtung vor dem Opfer, um einen Prozess des Umdenkens und eine offene Aussprache einzuleiten. In dieser können dann die Aversionen, Probleme und Beweggründe genannt und besprochen werden. Noch bevor Zwietracht und Intrige unser Zusammensein belasten, können wir unter anderem durch einen freundlichen und vertrauensvollen Umgang und respektvolles und offenes, wohlwollendes Sprechen dazu beitragen, dass eine harmonische Atmosphäre entsteht, in der sich Intrigen gar nicht erst entwickeln können.

Die dritte Art unheilsamer Rede ist grobes Sprechen. Schimpfwörter und Beleidigungen sind niemals förderlich und Ausdruck eines rauen Geistes. Die Wirkung aggressiver und verletzender Worte spüren wir nicht nur mental, sondern erleben sie durch Anspannung, Druck auf den Magen und Beschleunigung unseres Kreislaufs auch körperlich. Worte können uns in ähnlicher Härte treffen wie physische Schläge. Ihre Wirkung ist unter Umständen für uns schlimmer als körperliche Gewalt, weil sie uns zutiefst seelisch verletzen können. Für manche Worte müsste eine Art Waffengesetz gelten, das ihre Anwendung verbietet, um die Unversehrtheit der Mitmenschen zu schützen.

Wir können diesen Punkt der unachtsamen Rede noch differenzierter fassen. Vielleicht benutzen wir keine bösen

Worte, doch die Art und Weise, wie wir Menschen und Dinge beschreiben, mit welcher Mimik und Betonung wir darüber sprechen, kann eine grobe bösartige Sprechweise sein. Wieder ist es die dahinterliegende Geisteshaltung die letztlich bestimmt, ob wir grob oder nicht grob sprechen. Ich bedauere immer wieder, wenn Menschen mir begegnen, die darauf bestehen, dass Schimpfen und Brüllen eine heilsame Wirkung habe und sie das gern weiterführen möchten. Ich bezweifle nicht, dass solch ein Sprechen durchaus Klärung schaffen kann, dass wir uns auch manchmal damit befreien können von einer Anspannung und einem inneren Konflikt. Doch die schädlichen »Nebenwirkungen« dieser Redeweise sind nach meinen Beobachtungen und Erfahrungen so hoch, dass sie den kurzen erlösenden Effekt komplett wieder aufheben. Vor allem aber hinterlassen sie Gewohnheiten und Muster in unserem Geist, die weiter wirken. Wir gebrauchen immer häufiger eine Sprache, die anderen gegenüber verletzend und oft herabwürdigend und gewalttätig ist. Wie wir mit unserem Ärger umgehen und wie wir ihn adäquat ausdrücken, habe ich bereits beschrieben.

Die sinnlose Rede bzw. das Tratschen ist der vierte und letzte Bereich unachtsamer Rede. Interessanterweise gibt es im Buddhismus Lehrer, die auch die ersten drei Aspekte als sinnloses Reden betrachten. Das ist für mich nachvollziehbar, weil Lügen, Intrigen und gewalttätiges Sprechen nicht unsere wahre Absicht verfolgen. Diese Absicht ist die Entfaltung unserer Buddha-Natur, das bedeutet, unsere Liebe erblühen und sie auch im Sprechen wirken zu lassen. Nur das ist eine mit unserem Lebenssinn verbundene Sprache. Die so genannten Geistesgifte Gier, Hass und Verblendung halten unseren Geist davon ab, seiner eigentlichen Bestimmung zu folgen, nämlich das in ihm funkelnde Licht der Liebe zum Leuchten zu bringen. Eine Sprache, die in diesen störenden Geistesgiften wurzelt, ist nicht unsere wahre Sprache, sondern ein Hindernis für die Entfaltung des Metta-Geistes. Alle drei Aspekte sind auch deshalb sinnloses Reden, weil sie unsere Probleme nicht lösen. Sinnvolles Reden schafft Lösung, trägt zur Erfüllung unserer Anliegen bei. Haben wir einen Konflikt mit einer anderen Person, ist nicht grobe Rede die Lösung, sondern ein Reden, das verbindet und Verstehen möglich macht.

Tratschen entspringt unserem unruhigen Geist, der ungebändigt daherplappert. Es ist reden um des Redens willen, die Fortsetzung unserer kreisenden Gedankenkarusselle im Sprechen. Tratschen ist oft die Folge eines überfluteten Geistes, der, überfüllt mit meist unnötigen Informationen, sie unreflektiert weitergibt. Sinnloses Reden geschieht meistens unbeabsichtigt und unterscheidet sich daher von Lügen und Intrigieren. Unser Geist klebt an den Geschichten fest. Tratschen ist ein Sprechen ohne Verbindung zu unserer Wahrheit, gelöst von ihr springen wir von Thema zu Thema. Es ist weniger eine Folge unserer Geistesgifte, einer negativen Geisteshaltung, sondern eines unachtsamen anhaftenden Geistes, der durch Achtsamkeit und Sammlung gezügelt werden kann. Sinnloses Gerede gilt als schädlich, weil es unseren ohnehin schon unruhigen Geist noch unruhiger macht und wir unsere Hörer mit dieser Unruhe anstecken und belasten.

Neben Achtsamkeit hilft uns gegen Tratschen der Kontakt zu unserem Herzen. Unsere Herzebene steht für das Lebendige in uns, für das, was uns wirklich berührt und betrifft. Darüber zu sprechen macht Sinn und schafft eine verstehende, einfühlende Verbindung mit unseren Gesprächspartnern. Den Gegensatz zum Tratschen bildet das »Edle Schweigen«, ein Schweigen, das uns die Stille gemeinsam genießen und unseren Geist zur Ruhe kommen lässt.

Alle vier Aspekte sind Hilfen für achtsames Sprechen und zugleich »Achtsamkeitsglocken«. Sie erinnern uns mit ihrem Auftreten daran, achtsam zu werden, nachzufühlen und uns genauer zu beobachten. Sie sind eine sehr große Hilfe für den Alltag, besonders wenn wir sie in dieser tiefe-ren subtilen Weise verstehen und anwenden. Wann immer wir dazu neigen, etwas Unkorrektes zu sagen, jemanden gegen einen anderen aufzuwiegeln, grob und aggressiv zu sprechen oder uns beim sinnlosen Reden ertappen, ist das ein Anlass zu stoppen und Achtsamkeit aufsteigen zu lassen. Wir brauchen am Anfang Übung und Bemühen, um die vier Aspekte zu verinnerlichen. Doch nach einiger Zeit werden sie in uns präsent, wir merken automatisch auf, wenn sie erscheinen. Wir beginnen am Anfang damit, sobald einer der vier Aspekte eingetreten ist, uns den Ablauf noch einmal bewusst zu machen und uns zu vergegenwärtigen, wie und was geschah. Das hilft uns, für diese vier Arten unrechter Rede sensibler zu werden. Wenn wir zum Beispiel Schimpfwörter benutzt oder sehr grob mit jemandem gesprochen haben, lernen wir das zu registrieren und spüren nach, wie sich dies für uns angefühlt und was es bei unseren Zuhörern bewirkt hat. Wir lassen noch einmal den Ablauf geistig vor unserem Auge vorbeiziehen, um vertrauter damit zu werden und nach einer Zeit der Übung bereits während einer solchen Situation dieser gewahr zu werden. Später erkennen wir schon im Vorfeld bedrohliche Situationen und können entsprechend frühzeitig reagieren. Ein burmesischer Lehrer verglich dies mit der Ankunft am Bahnhof: In der ersten Phase kommen wir immer zu spät und sehen den Zug in der Ferne davonfahren. Nach einer Zeit der Übung erreichen wir den Bahnhof, während der Zug gerade abfährt, wir sind noch immer zu spät um einzusteigen, kommen dem Zug aber schon sehr nah. Später erreichen wir den Bahnhof und schaffen es gerade noch einzusteigen. Zum Schluss sind wir bereits vor dem Eintreffen des Zuges am Bahnhof.

Übertragen heißt das, wir sehen voraus, wann Situationen entstehen könnten, die unsere unheilsamen Geisteszustände wecken und fördern könnten. Manchmal sind es nicht die äußeren Bedingungen, sondern unsere innere Verfassung, die so instabil ist und uns sehr leicht unseren Emotionen erliegen lässt, die uns zu unbedachten Reaktionen verleitet. Wir entgehen dem, indem wir uns frühzeitig darauf einstellen und Konstellationen so verändern, dass sie uns keine Schwierigkeiten mehr bereiten können. Zum Beispiel sprechen Paare, die sich frisch getrennt haben und noch voller gegenseitiger Vorwürfe sind, besser nicht allein miteinander, sondern in Begleitung einer neutralen dritten Person. Wollen sie Dinge klären, empfiehlt sich eine Mediatorin. Auf diese Weise vermeiden sie Streit und Beschimpfungen und ermöglichen einen gemeinsamen sinnvollen Dialog.

Sind wir achtsam auf uns und wissen um die Gefahren in der Kommunikation, vermeiden wir generell Streitgespräche und Diskussionen, die nicht von einem wohlwollenden Geist ausgehen. Dieses Vermeiden im Vorfeld einer Begegnung erspart uns das viel mühevollere Stoppen, wenn die Emotionen bereits aufgeheizt sind und wir sehr viel Selbstbeherrschung brauchen, um nicht in ein verletzendes Sprechen abzugleiten. Manchmal reicht es, zu Beginn einer Besprechung uns über die Erwartungen und Wünsche an das Gespräch und dessen Ergebnis auszutauschen. Eine solche Klärung lässt uns gewahr werden, was wir eigentlich wollen und wir werden uns dabei auch bewusst, ob wir überhaupt für einen Dialog offen sind oder nur gewillt sind, unsere Position zum Besten zu geben in der stillen Erwartung, dass sie dann von dem anderen akzeptiert und angenommen bzw. erfüllt wird.

Der Sprecher nimmt aber den ihm so Gegenwärtigen nicht bloß wahr, er nimmt ihn zu seinem Partner an, und das heißt: er bestätigt, soweit Bestätigen an ihm ist, dieses andere Sein. Die wahrhafte Hinwendung seines Wesens zum Anderen schließt diese Bestätigung, diese Akzeptation ein. Selbstverständlich bedeutet solch eine Bestätigung keineswegs schon eine Billigung; aber worin immer ich wider den Andern bin, ich habe damit, dass ich ihn als Partner echten Gesprächs annehme, zu ihm als Person Ja gesagt.

Martin Buber[6]

LIEBEVOLLES HÖREN

Martin Buber bringt es auf den Punkt. Es geht in jeder Begegnung, in jeder Kommunikation um unser Ja. Ja zu sagen zu allen Menschen, sich von ganzem Herzen für das Gegenüber zu öffnen, das ist der Geist und die Haltung von Metta. Metta schließt alle Menschen ein, wir sind, wie es im Metta-Sutra heißt, nicht nur Väter oder Mütter unserer eigenen Kinder, sondern lieben alle Wesen. Alle Wesen, und wirken sie noch so dunkel, erscheinen uns in der Liebe wie »wunscherfüllende Juwelen«, denen wir mit Wertschätzung und unserem tiefen Ja zu ihrem Sein begegnen. Der Sanskrit-Begriff für die Metta lautet *maitri* und leitet sich ab von »Freund sein«. Damit ist eine Haltung gemeint, die allen Wesen Sympathie, Freundschaft und Herzenswärme entgegenbringt.

Gegen eine solche Aussage wird häufig Einspruch erhoben. Wie kann Metta-Praxis mit Mördern, Vergewaltigern oder Diktatoren gelingen? Metta ist unser Ja zur Existenz des anderen. Es ist keine Strategie, keine Methode um Mörder oder Diktatoren auszuschalten oder zu bekehren. Es geht um unsere Geisteshaltung, mit der wir in der Kommunikation dem anderen gegenübertreten. Eine solche Haltung ist auch dem schlimmsten Massenmörder gegenüber möglich, ja sogar notwendig, wenn wir verstehen wollen, welche Beweggründe ihn zum Mörder und Verbrecher werden ließen. Der 1982 verstorbene Schriftsteller und Dramaturg Heinar Kipphardt schrieb ein Theaterstück mit dem Titel: »Bruder Eichmann«. In diesem Stück geht er der

Frage nach, ob er, unter ähnlichen Umständen aufgewachsen wie der ehemalige SS-Obersturmbannführer Adolf Eichmann, auch zu einem solchen Massenmörder geworden wäre. Kipphardt nähert sich mit Verstehen und Einfühlung dem Massenmörder und kommt so seinen Beweggründen und Prägungen auf die Spur.

Im Kapitel über die Liebe habe ich bereits die buddhistische Sicht erläutert, nach der wir Produkte unserer Umstände sind. Es gibt niemanden, der an sich böse oder schlecht ist, es gibt nicht »das Böse«, sondern die Gier, den Hass und die Täuschung, die uns zum Fanatismus und kollektiven Wahn führen. Mit diesen Geisteszuständen führen wir die Auseinandersetzung und nicht mit der Person an sich. Andersherum, wenn wir die Person als das Übel sehen, wie es leider häufig geschieht, dann werden wir zu Mördern, die beispielsweise Menschen töten, um Ideen, Ideologien oder auch Verbrechen zu bekämpfen, und wundern uns, dass sie den Toten überleben und weitergehen bzw. immer wieder auferstehen. In Beziehungen sind oft die innere Distanz und die Verletzungen so tiefgreifend, dass es uns unmöglich erscheint, mit einem freundlichen offenen Geist zu kommunizieren. Die im Kapitel »Liebevolles Sprechen« vorgestellten Übungen und die Meditation können uns helfen, aus dieser Trennung und Abwehr herauszukommen und zu einem neuen Anfang in der Begegnung zu kommen. Liebe ist keine Schönwetterpraxis, die greift, wenn wir uns ohnehin mögen, sondern eine Geisteshaltung, die gerade dann hilft, wenn wir uns verletzt und ohnmächtig oder verärgert und voller Wut vom anderen trennen wollen. Sie kann zu einem neuen Anfang verhelfen, wenn unser Geist in Metta geübt und verwurzelt ist. Kommunikation ist nicht von Liebe zu trennen, fehlt Liebe, scheitert auch unsere Kommunikation oder wird zu einem Austausch kalter und toter Worte, die trennen statt verbinden.

Manche Teilnehmer meiner Kommunikationskurse sprechen am Anfang davon, dass ihre doch gut gemeinten Worte oft als aggressiv oder fordernd verstanden werden. »Warum kommt mein Sprechen so anders an? Was mache ich falsch?« Es liegt nur selten und nur zu einem geringem Teil an der Wahl der Worte, sondern meistens an unserer Haltung zum anderen. Sind wir wirklich im Ja zum anderen? Ist unser Geist freundlich und wohlwollend gesonnen? Selbst die freundlichsten Worte können keinen Herzenskontakt ermöglichen, wenn sie aus einer ablehnenden oder distanzierten Haltung gesprochen werden. Wir werden vom anderen nonverbal durchschaut: durch unser Verhalten, unsere Gestik, unsere Sprechweise und viele weitere Faktoren, die unsere innere Einstellung verraten. Wenn es so etwas gibt wie ein Antibiotikum für Unverständnis, dann ist es die liebevolle Geisteshaltung. Ist sie vorhanden und unser Gesprächspartner für uns offen, werden auch ungeschickte oder unsanfte Wörter richtig verstanden, vielleicht nicht immer sofort, doch oft nach kurzer Zeit wird dem anderen unsere wahre Botschaft deutlich.

Wohlwollende Haltung

Manchmal stellen buddhistische Lehrerinnen und Lehrer ihren Schülern die Frage, wer die wichtigste Person in ihrem Leben sei. Die korrekte Antwort lautet: »Immer die Person, die mir gerade gegenübersteht.« Das ist kein Konzept, sondern Ausdruck einer tiefen Erkenntnis. Mein Leben ist immer nur im Jetzt lebendig. Diese Wahrheit haben wir bereits im Kapitel Achtsamkeit näher betrachtet. Alle Wesen, denen ich in diesem Jetzt begegne, werden zu einem Teil meines Lebens. Selbst wenn ich sie ablehne oder ignoriere, mindert das nicht ihre Gültigkeit für mein Leben. Alle vergangenen und zukünftigen Begegnungen existieren nicht mehr oder noch nicht und sind deshalb für den Augenblick nicht von Bedeutung. Von Bedeutung bzw. wichtig sind alle Wesen, die im gegenwärtigen Augenblick bei mir sind. Fahren wir in einer vollen Straßenbahn, mag es abwegig erscheinen, wenn wir uns daran erinnern, dass die uns völlig fremden, teilweise unsympathisch oder bedrohlich wirkenden Mitfahrenden die wichtigsten Menschen unseres Lebens sein sollen. Doch wenn wir uns vorstellen, dass vielleicht unter diesen Menschen unser Traumpartner, unsere Traumpartnerin sich befinden könnte, oder aber dass uns einer der Anwesenden bei einem Unglück das Leben retten würde, wird es leichter, zu verstehen, dass in dem Augenblick, in dem wir die Bahn betreten, diese fremden Menschen in unser Leben getreten sind und daher Bedeutung für uns haben und sie unsere Wertschätzung verdienen. Verlassen wir die Bahn, verlassen auch diese Menschen unser Leben und andere, denen wir nun begegnen, treten dafür ein. Solange unsere Aufmerksamkeit nicht abgelenkt ist, achten wir unbewusst auf alles, was uns begegnet und kontrollieren, ob eine eventuelle Gefahr davon ausgehen könnte. Diese unbewusste Ebene weiß, welch hohe Bedeutung jeder neue Augenblick für uns hat, kann er doch über Leben und Tod entscheiden. Bewusst aber blenden wir viele Momente und damit viele Begegnungen schlicht aus, verhalten uns so, als würden sie nicht stattfinden oder wir nicht anwesend sein.

Bhante Punnaratana, mein Freund und Lehrer berichtet: Als er als singhalesischer Mönch erstmals in einer deutschen Großstadt eine Straßenbahn betrat, war er erstaunt, dass niemand ihn grüßte und lächelte. Alle blickten eher grimmig drein und er glaubte, das sei auf eine Ablehnung gegen ihn als Ausländer und buddhistischen Mönch zurückzuführen. Doch mit der Zeit erlebte er, dass es in den Großstädten generell unüblich ist, sich zu grüßen und anzulächeln, solange man sich nicht persönlich kennt. Das ist ein für ihn unverständliches Verhalten, ist doch jede Begegnung ein wichtiger und einmaliger Aspekt des Lebens und zugleich die Gelegenheit, unseren Metta-Geist, unser Wohlwollen gegenüber allen Wesen zu entfalten und wirken zu lassen.

Mich hat diese Geschichte sehr berührt. Unsere Wertschätzung und unser generelles Wohlwollen gegenüber unseren Mitmenschen ist auch der Schlüssel, der verschlossene Herzen öffnet. Es geht um eine Einstellung, die aus ganzem Herzen Ja zum anderen sagt, ihn als willkommen erlebt und wertschätzt. Das ist die Metta-Haltung, die konkrete Liebe, die unserer Kommunikation zugrunde liegen muss, wenn wir von einer Sprache der Liebe sprechen wollen. Eine Sprache, die unsere Mitmenschen anspricht und motiviert, ihre Herzen zu öffnen, Vertrauen zu haben und sich einzulassen auf die Begegnung und den Austausch. Selbst wenn sich die Herzen nur zaghaft und zögerlich bewegen, mit der Zeit öffnen sich auch sehr verriegelte Herzenstüren, wenn wir in unserem Metta-Geist stabil bleiben und Geduld und Nachsicht haben.

Geduld

Geduld ist in unserer schnelllebigen Zeit eine Rarität. Immer wieder kommt der Einwand, bereits viel zu viel Geduld gezeigt zu haben. Doch näher betrachtet ist mit dieser Geduld häufig Schweigen und Ignorieren gemeint. Wir sind nicht in einem liebevollen Kontakt, stehen nicht in einer vom Metta-Geist ausgehenden Verbindung zum anderen. Stattdessen halten wir uns grollend und leidend zurück, sehen weg, gehen dem anderen aus dem Weg oder machen das Gegenteil: nörgeln, kritisieren, fordern und drohen. Wir hoffen und erwarten, dass der andere endlich nachgibt oder einsieht, dass er etwas falsch macht und sich fortan unseren Erwartungen und Vorstellungen entsprechend verhält. Diesem Warten und Fordern fehlt Liebe, Verstehen und vor allem Herzenskontakt. Geduld ist von Liebe getragen, wir sehen den anderen in seinen Unzulänglichkeiten und Schwierigkeiten und sind bereit, ihn in seiner Entwicklung, manchmal einer sehr langsamen und vielleicht auch nicht immer in unserem Sinne verlaufenden Entwicklung, zu unterstützen. Es ist vergleichbar der Geduld liebevoller Eltern, die zu ihrem Kind stehen, auch wenn es in der Schule oder in seiner persönlichen Entwicklung Schwächen zeigt oder Schwierigkeiten bereitet.

In Konfliktgesprächen ist Geduld eine der wichtigsten Tugenden überhaupt. Dem anderen seine Zeit und sein Tempo zu gewähren, Verständnis für seine Situation und für sein Befinden zu haben, ist Metta-Praxis und die Voraussetzung für eine Herzensverbindung, die Konflikte beilegen und Harmonie schaffen kann.

Ungeduld basiert auf innerer Unruhe. Der Buddha lehrte, dass wir Unruhe beseitigen können, wenn wir uns auf »Sukha« einlassen, wenn wir uns unserem Glück und unserem Wohlergehen zuwenden. Wir sind von Unruhe geplagt und werden ungeduldig, weil unser Blick von allen unzureichenden, uns störenden Aspekten verengt und gefesselt ist. Die ebenfalls vorhandenen »Sukha«-Aspekte, Seiten am anderen, die uns Freude und Zuversicht geben könnten, sehen wir nicht. Wir sollten uns nicht gegen unsere Ungeduld stemmen, sie nicht bekämpfen oder unterdrücken, sondern unseren Blick heben und uns auf die glücklichen Seiten konzentrieren. Als ich vor rund 15 Jahren erstmals das Praxiscenter von Thich Nhat Hanh in Plum Village besuchte, waren viele der Besucher und auch ich noch nicht mit der Form und dem Inhalt der Praxis vertraut, wie sie Thich Nhat Hanh lehrte. Entsprechend unklar und widersprüchlich waren die Verhältnisse im Zentrum, manchmal wirkte vieles eher chaotisch und durcheinander, so dass in bestimmten Zeiten nur wenig Ruhe und Sammlung aufkam. Vielen Besuchern fehlte damals die Geduld, sie kritisierten das Chaos, einige brachen sogar ihren Aufenthalt ab. In dieser Phase beeindruckten mich Thich Nhat Hanh und die mit ihm eng verbundene Nonne Sister Chan Kong, die beide mit stoischer Geduld, größter Nachsicht und Freundlichkeit ihren Weg beibehielten, darauf bauend, dass sich die Verhältnisse mit der Zeit ordnen werden. Eine Zuversicht, die sich in den letzten Jahren eindrucksvoll erfüllte: Aus Plum Village ist ein großes, klar strukturiertes Kloster geworden. Thich Nhat Hanhs Popularität hat sich weltweit ausgebreitet und der Kreis derer, die seine Praxis kennen und ernsthaft praktizieren, wächst von Jahr zu Jahr.

Für unsere eigene Praxis und im Umgang mit unseren Mitmenschen und deren kleineren und größeren Problemen empfehle ich diese Art von Zuversicht und Geduld. Eine wichtige Erkenntnis des Buddhismus ist, dass alles dem Wandel unterliegt, also auch unsere Unzulänglichkeiten.

Akzeptanz

Martin Buber spricht davon, dass wir durchaus gegensätzliche Ansichten haben und dennoch im Ja bleiben können. Eine alte Zen-Geschichte handelt von diesem vermeintlichen Widerspruch. Eine alte Bäuerin konnte nur noch sehr schlecht sehen und verwechselte eine am Wegrand liegende Kobra mit einem Seil. Sie griff das vermeintliche Seil und wickelte die Kobra um ihr Reisigbündel. Die Kobra war so von Liebe und Mitgefühl erfasst, dass sie trotz großer Schmerzen alles mit sich geschehen ließ. Zu Hause angekommen löste sie das Bündel und warf den vermeintlichen Strick ins Feuer, in dem die Schlange verbrannte. Die Kobra kam in das Reich der Götter und fragte, wie sie sich denn hätte schützen können, wenn doch die Liebe es ihr unmöglich machte, die arme Bäuerin mit ihrem Biss zu töten. Die

Antwort war kurz und klar: »Du hättest wenigstens einmal zischen sollen.« Zischen, nicht sofort beißen, verletzen oder gar töten.

Wir können uns angemessen wehren, Kinder schützen, Täter ausschalten und zur Verantwortung ziehen und zugleich offen und verstehend bleiben. Metta weiß auch Grenzen zu ziehen und kann bittere Medizin zur Heilung verabreichen. Wir setzen diese Grenzen mit Sanftheit in unseren Reaktionen und unserem Ton, der nicht aggressiv, verletzend oder hart werden lässt. Fehlt Metta, der sanfte Geist, werden wir harsch, verletzend oder abweisend gegenüber unseren Mitmenschen und neigen zu Gewalt und Aggression. Ein aggressives, raues und feindseliges Denken und Sprechen vergiftet unser Leben, wir sind nicht mehr in der Lage zu zischen, sondern unsere Reaktionen gleichen in ihrer Wirkung einem giftigen Schlangenbiss. Ein sanfter Geist ist flexibel, tolerant und reagiert angemessen und schafft so ein friedvolles harmonisches Miteinander, auch dann, wenn uns jemand mit einem Strick verwechselt und wir uns wehren müssen.

Unvollkommenheit

Unsere Geisteshaltung bestimmt, wie wir auf Situationen und Herausforderungen des Alltags reagieren. Ein Metta-Geist prägt unser Erleben anders, als ein aggressiver, feindseliger oder ärgerlicher Geist. Das erklärt, warum ein Geschehen bei den Betroffenen ganz verschiedene Reaktionen auslösen kann. Metta als Zufluchtsort wird zu einem Schutz vor verletzenden und belastenden Emotionen. Ein liebevoller Geist regt sich nicht so schnell auf, ist in der Lage, Verstehen und Toleranz zu entwickeln und die positiven Aspekte einer Situation oder Begegnung zu sehen. Es macht einen großen Unterschied, ob ich jemandem mit einem kritischen, nach Fehlern und Mängeln suchenden

Geist begegne oder meinen Blick auf die angenehmen, positiven Seiten einer Person richte. Nicht nur der Kontakt zu unseren Mitmenschen, alle Handlungen, alle Geschehnisse erleben wir mit einem negativ eingestellten Geist als belastend, unbefriedigend und ärgerlich. Im Volksmund sagt man von Menschen mit einer solchen Haltung: Sie fänden in jeder Suppe ein Haar, das ihnen Anlass zur Kritik gibt.

Unvollkommenheit ist ein Merkmal allen Lebens und findet sich in der ersten der vier Edlen Wahrheiten wieder. Alles Leben ist unvollkommen, alle Menschen sind unvollkommen. Das können wir an uns selbst leicht nachprüfen. Metta, die wohlwollende freundschaftliche Haltung gilt allen Wesen in ihrer Unvollkommenheit. Ist uns bewusst, dass Menschen unvollkommen sind und sich ständig verändern, hoffen und warten wir nicht mehr darauf, Freunde zu finden, die vollkommen und perfekt sind. Wir sind weniger enttäuscht, wenn ein uns nahe stehender Mensch plötzlich durch sein Fehlverhalten zeigt, dass auch er nicht perfekt ist und anders reagiert, als wir es von ihm erwartet haben. Eine freundschaftliche Gesinnung zeichnet sich dadurch aus, dass sie den Menschen mit seinen Stärken und Schwächen von ganzem Herzen annimmt. Sind nicht die Freunde für uns die hilfreichsten und angenehmsten, die uns einfach so annehmen, wie wir sind, wechselhaft und nicht immer berechenbar und makellos?

Offenheit

Der erste Schritt der Wertschätzung in der Kommunikation führt uns zum Hören. Wir hören im Alltag ständig und meist viel zu viel. Deshalb mag »Hören« uns als eine einfache Tätigkeit erscheinen, etwas, das mehr oder weniger von selbst geschieht. Doch ist das Hören oft nicht mit Wertschätzung und Präsenz verbunden, die Worte erreichen uns nicht wirklich und ermöglichen daher kein gegenseitiges Verstehen. Privat und im öffentlichen Leben können wir jeden Tag beobachten, dass die immer effizienter und schneller werdenden Kommunikationsmöglichkeiten leider kaum zu mehr Verständnis beitragen. Anscheinend sind zu wenige fähig und willens, wirklich zuzuhören. Wir können ständig beobachten, wie Menschen aneinander vorbeireden, ohne gegenseitig zuzuhören und ohne sich zu verstehen. Es erinnert mich manchmal an Clowns im Zirkus, die freudig aufeinander zulaufen, einander umarmen wollen, sich haarscharf verpassen, um dann ins Leere zu fallen.

Mit der Globalisierung unserer Kommunikation werden auch die Folgen ihrer Fehler globaler und wachsen nicht selten in kürzester Zeit zu weltweiten Krisen an. Es ist erschreckend, wenn der ehemalige amerikanische Verteidigungsminister McNamara heute erklärt, dass der Vietnam-Krieg von Amerika nicht geführt worden wäre, wenn die Amerikaner sich der Mühe unterzogen hätten, die damalige Situation in Vietnam besser zu verstehen. Ehen scheitern, Firmen erleiden Milliardenschäden und aus Freunden werden plötzlich Feinde, weil den Menschen die Fähigkeit und die Bereitschaft fehlen, einander zuzuhören.

Hören fällt uns so schwer, weil eine große Unruhe in uns herrscht, die Zuhören und Verstehen schwierig bis unmöglich macht. Die überwältigenden Informationsfluten, die Rastlosigkeit und den Lärm des Alltags können wir sehen und hören, den noch wilder in uns wirbelnden Geist mit seiner Flut an Gedanken, Urteilen und Gefühlen bemerken wir nur selten. Sich widersprechende Gefühle von Angst oder Mut, Freude oder Traurigkeit wechseln sich fortlaufend ab. Wir führen ständig innere Dialoge, beurteilen und bewerten zustimmend oder ablehnend jedes Ereignis und reagieren darauf mit Greifen oder Zurückweisen. Kaum eine Chance, um in Ruhe zuzuhören! Der Alltagsgeist wird mit einer Horde Affen verglichen, die wild und undiszipliniert durch die Gegend springen. Er ist ein Geist, der unfähig zum Hören und Verstehen ist.

Wahres Hören findet mit unseren Herzen statt und ist eine Aktivität, die auf Metta, dem liebevollen Geist, basiert. Hören ist eine Kunst, die unsere ganze Aufmerksamkeit fordert, die erlernt sein will und in die wir immer tiefer hineinwachsen können. Wahres Hören ist Meditation, heißt ruhig werden, den Geist sammeln und ihn auf das Hören konzentrieren. Wir haben in unseren Achtsamkeitskreisen ein Ritual, das uns an die Kunst des Hörens erinnern möchte: Ergreift eine Person das Wort, legt sie zuvor die Hände zusammen und grüßt die Teilnehmerinnen und Teilnehmer, die ihrerseits die Hände zusammenlegen und zurückgrüßen. Damit wird gezeigt: Ich möchte euch etwas von mir mitteilen, und umgekehrt drückt die Gruppe aus: Wir hören dir mit ganzer Aufmerksamkeit zu. Wir bleiben beim Hören und unterbrechen die sprechende Person nicht. Manchmal rezitieren wir am Anfang einen kurzen Text: »Wir wollen still werden und lauschen. Wir sind entschlossen, mit wachem Geist, offenem Herzen und unserer ganzen Aufmerksamkeit zuzuhören. Wir werden unvoreingenommen hören, ohne zu beurteilen oder zu beeinflussen. Unser Hören wird so kraftvoll sein, dass sich Verstehen und Mitgefühl entwickeln werden.« Jedes achtsame Hören ist zugleich ein Geschenk an unsere Mitmenschen, denn jemandem aufrichtig mit offenen Ohren und freiem Geist zuzuhören, ist eine Zuwendung, die allein bereits viele Leiden heilt, Streit oder Feindseligkeit mindert und Nähe und Wärme schafft.

Im bereits vorgestellten Metta-Sutra, einem der Metta-Meditation zugrunde liegenden Text, wird davon gesprochen, dass der Geist unaufdringlich sein möge. Achtsame Kommunikation ist ein Abbild eines solchen Geistes. Sie ist unaufdringlich und offen. Beim Hören geben wir dem anderen Raum, halten unsere eigenen Geschichten zurück und wenden uns dem anderen zu. Mir fällt es bei Kindern auf. Sie kommen auf mich zu und sind ganz erfüllt von all dem, was sie gerade erleben, und wollen das gern mitteilen. Zeige ich Interesse an ihnen, höre ihnen zu, frage nach und schaue mir an, was sie mir gern zeigen oder vorführen möchten, dann habe ich in kurzer Zeit ihr Herz gewonnen. Sie sind glücklich, weil sich jemand für sie und ihre Welt interessiert. Im Grunde ist das bei Erwachsenen ebenso: Sie wollen sich mitteilen, ihre Erlebnisse, Gedanken und Erfahrungen erzählen und sind glücklich, wenn sich jemand für sie interessiert.

Still werden

Hören beginnen wir damit, still zu werden. Wahre Liebe lebt in der Stille, jenseits aller Worte, in der unmittelbaren Begegnung. Stille ist die Essenz der Sammlung, der Meditation. In der Stille ruhen alle geistigen Beschäftigungen. Still zu werden, um jemandem zuzuhören, ist ein bewusster Akt. In dieser Stille bleibt unser Geist wach und klar. Wir dösen oder schlafen nicht, sondern lassen alle in uns aufsteigenden Gedanken vorüberziehen, ohne uns mit ihnen weiter zu beschäftigen. Das gelingt, indem wir uns auf den Körper konzentrieren und unsere Atmung spüren. Bleiben wir beim Spüren des Atems, statt unsere inneren Dialoge und Gedanken weiterzuführen, steigt Ruhe in uns auf und unser Geist wird still. Rituale wie der vorgestellte Gruß vor jedem Sprechen, können uns helfen, innere Ruhe aufkommen zu lassen und sie während der Kommunikation aufrechtzuerhalten, da uns ansonsten Gedanken und mentale Reaktionen sehr schnell wieder vom Hören ablenken. Leider fehlen in den meisten Begegnungen solche hilfreichen Formen, so dass wir sie allein für uns selbst machen müssen. Immer möglich und sehr hilfreich ist es, sich während des Hörens auf den Atem zu konzentrieren und zu versuchen, alle ablenkenden Gedanken immer wieder aufs Neue zu beenden, um beim Hören bleiben zu können. Kommt der Impuls auf, vorzeitig zu antworten und unterbrechen zu wollen, nehmen wir das zum Anlass, uns an das Hören zu erinnern und unseren Geist wieder zur Ruhe kommen zu lassen, still zu werden und sich erneut auf das Hören und den Atem zu konzentrieren. Ich habe diesen Impuls als eine der »Achtsamkeitsglocken« im Kapitel »Entfalten der Achtsamkeit« mit benannt. Sie klingt für uns, wenn wir uns daran gewöhnen, grundsätzlich auf Unterbrechungen zu verzichten und uns statt dessen um unseren Geist und seine innere Sammlung und Ruhe bemühen.

Um wieder zur Ruhe zu kommen und die innere Stille weiter zu halten, helfen uns kurze und auch längere Pausen, die wir während und nach dem Sprechen einlegen können. In meinen Gruppen lassen wir zwischen den einzelnen Beiträgen immer kurze Pausen. Das hilft, von dem Gehörten und unseren Reaktionen wegzukommen und wieder still zu werden. Gewähren Sie sich diese Pausen, ganz besonders, wenn es sich um Konfliktgespräche handelt. Still zu bleiben, wirklich nur zuzuhören, ist dann natürlich besonders schwierig. Müssen wir uns Kritik oder Vorwürfe anhören, sind die Impulse zu reagieren, zurückzuweisen, sich zu rechtfertigen oder wegzulaufen sehr stark. Gerade in solchen Situationen ist die wichtigste und erste Maßnahme, die den Konflikt und das Leiden beenden kann, dennoch zuzuhören, den Impulsen nicht zu folgen und seinen Geist darauf auszurichten, die andere Person mit ganzem Herzen verstehen zu wollen.

Wie auch die Meditation braucht unser Stillwerden ein wiederkehrendes Training. Während viele Menschen sagen, dass sie nicht ausreichend Zeit haben, um täglich zu meditieren, ist es für die Übung des Hörens eher umgekehrt: Wir haben täglich sehr viele, für den Anfänger vielleicht zu viele Gelegenheiten, die wir als Übungszeiten nutzen können. Hören wird immer dann zu einer Lektion, wenn wir uns dessen bewusst sind: »Wenn ich höre, dann weiß ich, dass ich höre.« Hören wir bewusst zu, dann gehört unser Stillwerden als erster Schritt dazu. Wir werden mit der Zeit erleben, wie angenehm, freudvoll und entspannend Zuhören sein kann, wenn wir in Stille uns ganz auf das Hören einlassen.

Still sein ist nicht nur beim Hören hilfreich. In Momenten von Ruhe und Beschaulichkeit ist innere Stille ein wunderbarer Zustand, besonders wenn wir uns der Natur, der Kunst oder etwas anderem Schönen zuwenden. Begleitet uns ein Mensch und genießt ebenfalls die Schönheit des Augenblicks, können wir uns gegenseitig Stille schenken. Diese Gabe entfaltet sich, wenn wir unsere in diesem Moment belanglosen und unpassenden Gedanken beenden und gemeinsam das »Edle Schweigen« praktizieren.

Wacher Geist

Jeder Augenblick ist Ausdruck unseres gesamten Lebens. Es gibt kein anderes Leben als den jeweilige Augenblick. Vergangenheit ist vergangen, Zukunft noch nicht existent. Daher heißt es, wach zu sein für den Augenblick. Die gesamte Praxis der Achtsamkeit bedeutet letztlich: Wach zu sein, da zu sein für den Augenblick. Thich Nhat Hanh spricht vom Wunder des Augenblicks. Jede Begegnung ist ein Wunder, und es liegt an uns, für dieses Wunder präsent zu sein.

Buddha steht für einen erwachten Geist. Meist ist der Buddha-Geist, die Buddha-Natur in uns, von unserem verblendeten Geist verdeckt. Wir verpassen das Leben, weil wir unaufmerksam sind, versunken in Sorgen, Grübeleien, Fantasien und zu vielen Gedanken. Thich Nhat Hanh spricht von Vollzeit- und Teilzeit-Buddhas. Wie viel Zeit verbringe ich in meinem Leben als Buddha? Wie oft bin ich in meinem Leben wirklich anwesend? Mit einem wachen Geist zuhören und kommunizieren zu wollen, heißt unseren Buddha-Geist zu wecken. Mit wachem Geist zu kommunizieren ist zugleich Wertschätzung für unsere Mitmenschen und macht wahre Verbindung erst möglich. Besonders in bestehenden Beziehungen, in denen Routine und Gewöhnung die Kommunikation bestimmen, kann ein wacher Geist helfen, die Beziehung wieder lebendig und beglückend werden zu lassen. Heiko Ernst beschrieb die Voraussetzungen für Empathie in der Zeitschrift »Psychologie heute« mit folgenden Worten: »[…] Empathie erfordert neben Übung und Selbstkenntnis vor allem konzentrierte Aufmerksamkeit. Dieses Heraustreten aus dem Bewusstseinsstrom als ›beobachtendes Ich‹ nennen manche Forscher *Metakognition.* Sigmund Freud hat eine ähnliche Haltung für die therapeutische Arbeit empfohlen – die ›neutral schwebende Aufmerksamkeit‹. Einige Psychologen verwenden lieber den Begriff der ›Achtsamkeit‹: die unvoreingenommene Aufmerksamkeit für fremde *und* eigene psychische Zustände. Diese Aufmerksamkeit ist eine Vorbedingung für Empathie.«[7]

Konzentrierte Aufmerksamkeit, neutral schwebende Aufmerksamkeit oder Achtsamkeit sind Begriffe für »wach sein«. Wach zu sein in unserer Kommunikation ist ein eigenes Übungsfeld, eine spirituelle Praxis, die wir bei jedem Gespräch aufs Neue üben können. Als der Mönch Mogallana während der Meditation schläfrig wurde, nannte der Buddha ihm Hilfen, mit denen er seinen Geist wieder wecken könne. Als letzte mögliche Reaktion auf einen sehr schläfrigen Geist empfahl er, schlafen zu gehen. Sind wir nicht wach in der Kommunikation, zu müde, um uns zu regenerieren und wieder frisch zu werden, ist es ratsam, das offen einzugestehen und das Gespräch zu vertagen. Ich bin immer wieder überrascht, wie dankbar meine Gesprächspartner reagieren, wenn ich offen meine Müdigkeit eingestehe, zugleich mein Interesse am anderen bekunde und den Wunsch nach einem neuen Termin ausspreche.

Wollen wir der Müdigkeit nicht nachgeben, ist es nicht möglich einen Termin einfach zu verlegen oder neigen wir generell zu häufiger Müdigkeit, können wir unseren Geist wecken, indem wir uns immer wieder an die Vergänglichkeit erinnern. Im Zen heißt es: »Lebe jeden Augenblick, als wäre es dein letzter!« Das hat eine gewisse Dramatik, zeigt aber auch die große Bedeutung und Einmaligkeit eines jeden Augenblicks und regt unseren trägen Geist an. Sehen wir jeden Augenblick als einzigartig und zugleich vergänglich, werden wir aufmerksam und erleben unseren Alltag als eine Abfolge von vielen kurzen Wundern und nicht mehr als eine Aneinanderreihung von lästigen, mühseligen und oft langweiligen Routinen.

Es geht darum, das Konzept, den Irrglauben loszulassen, es gäbe Augenblicke und Begegnungen in unserem Leben, die unbedeutend seien, die wir ruhig verpassen könnten. Erscheint uns ein Augenblick als unbedeutend, haben wir seine wahre Bedeutung noch nicht entdeckt! Wach zu sein ist die Buddha-Praxis. Sie ist in der Kommunikation die Voraussetzung für Verbindung, Verstehen und Einfühlung. Mit Buddha-Ohren hören, mit Buddha-Lippen sprechen und mit einem wachen Buddha-Geist präsent sein sind die Vorraussetzungen achtsamer Kommunikation. Liebe entspringt dem wachen Buddha-Geist, und Begegnung ist nur dann lebendig, wenn wir wach und anwesend sind. Wir sind sicherlich alle schon einmal solchen lebenden Buddhas begegnet und haben erlebt, wie unterstützend und berührend eine Kommunikation mit ihnen ist und wie tief und einfühlend eine Verbindung mit solchen wachen Menschen werden kann.

Aktiv hören

Täglich werden wir mit Informationen und Nachrichten überschüttet. Nur ein kleiner Teil davon ist für uns von Nutzen. Die meisten Informationen werden gleich wieder vergessen oder sammeln sich unverarbeitet in unserem Gedächtnis an. Unser Geist wird zu einer Art Mülleimer, in dem sich die alltäglichen Begebenheiten, Erlebnisse und Erfahrungen anhäufen und uns durch ihre Menge unfähig machen zu reagieren. Zu viele Eindrücke stumpfen uns ab, machen uns zu passiven Zuschauern, die keinen Bezug zwischen dem Gehörtem und ihrem eigenen Leben mehr herstellen. Abstumpfung und Reizüberflutung ist ein Massenphänomen geworden, dem wir nur entgehen können, wenn wir Achtsamkeit walten lassen und zu einem aktiven Hören kommen. Aktives Hören bringt uns in Bewegung, lässt uns mit dem Gehörten in Beziehung treten. Der tibetische Gelehrte Sogyal Rinpoche begann einmal einen öffentlichen Vortrag mit der Bemerkung: »Ihr wisst alle bereits genug über das Thema, nur weil ihr keine Lust habt, es umzusetzen, wollt ihr lieber immer wieder darüber hören, statt anzufangen, es zu praktizieren.« Wir bringen die Blüte zum Duften, wenn wir den Worten Taten folgen lassen. Weil unsere Aktivitäten begrenzt sind, müssen wir auch das Hören so weit begrenzen, so weit wir darauf reagieren können. Alles was uns nicht betrifft, was zu viel ist, klammern wir aus, wehren wir ab oder lassen es einfach an uns vorbeiziehen. Aktives Hören selektiert und konzentriert sich auf die uns betreffenden, für uns wesentlichen Aspekte. Manchmal ist in einem ein- oder mehrstündigen Vortrag nur ein Satz, vielleicht sogar nur ein Wort für uns von wirklicher Relevanz. Auf diesen Satz, dieses Wort zu achten, es nicht zu verpassen, ist die Aufgabe des aktiven Hörens. Was ist die Botschaft für mich, was bewegt mich?

Hören wir wirklich aktiv zu, erkennen wir, wie oft wir viel zu viel zu hören bekommen. Wir sind nicht in der Lage, alle Informationen zu verarbeiten. Für mich sind immer die Reaktionen am Ende meiner Vorträge interessant. Die passiven Hörer könnten gut noch mehr Informationen verkraften, hätten gern über das eine oder andere Thema noch mehr erfahren. Aktive Hörer dagegen sprechen häufig von zu viel Gehörtem, können nicht alles »verdauen«, müssen erst einmal alles »sacken« lassen. In einem seiner Vorträge nahm Thich Nhat Hanh die Seidenraupe als Gleichnis. Sie frisst Maulbeerblätter und spinnt Seide. Ebenso nehmen wir mit dem Hören Informationen auf, um sie zu verarbeiten, zu verdauen, und zu unserem ganz Eigenen werden zu lassen und etwas Neues daraus zu machen. Thich Nhat Hanh bezog sein Beispiel auf den »Konsum« buddhistischer Theorien, die wir nur dann verdaut haben, wenn wir sie zu Liebe und Mitgefühl verwandelt haben. Ein solcher Transformationsprozess braucht eine gewisse Diät, eine Beschränkung in der Aufnahme von Wissen und Informationen. In der Kommunikation achten wir auf das rechte Maß an Austausch und Mitteilungen. Das ermöglicht uns, berührt zu werden, mitzuschwingen, die aufgenommenen Informationen zu verarbeiten und Antwort zu geben. Eine gereifte Antwort, die unsere Weisheit und Lebenserfahrung enthält.

Buddha-Ohren

Wenn wir uns über einen Menschen ärgern oder ihn generell unsympathisch finden, wird das Hören schwer. Manchmal sind es nur Äußerlichkeiten, die uns so missfallen, dass wir diesem Menschen nicht mit offenen Ohren zuhören können. Buddha-Ohren verschließen sich nie, sind für alle Töne offen, egal von welcher Quelle sie kommen und in welcher Tonlage sie klingen.

Wir öffnen unsere Ohren, indem wir auf unsere Wahrnehmung achten. Wird uns bewusst, dass wir an etwas Anstoß nehmen, wir uns durch den anderen in unserer Kommunikation gestört fühlen, suchen wir den Auslöser dieser Störung. Konflikte und Ärger können uns dazu bringen, dem anderen nicht mehr zuhören zu können. Unsere Emotionen verzerren unseren Blick, uns ansonsten sympathische und angenehme Mitmenschen wirken plötzlich sehr fremd und unangenehm. Wie und was auch immer sie sagen, es macht uns aggressiv und ärgert uns. Allein dadurch, dass wir erkennen, was uns konkret an der anderen Person stört, haben wir bereits die Möglichkeit, uns davon frei zu machen. Das gelingt, weil wir meistens zugleich erkennen, wie nichtig und willkürlich die Gründe sind, die zu unserer Ablehnung führen. Selbst wenn wir nicht bereit sein sollten, unsere Vorurteile, Aversionen und Störungen loszulassen, können wir sie zumindest für die Zeit des Zuhörens zurückstellen, damit sich unser Geist öffnet und wir auf diese Weise unsere Ohren zu offenen Buddha-Ohren werden lassen.

Ein Beispiel dazu aus eigener Erfahrung: Ich hatte in mein spirituelles Zentrum einen mir bis dahin unbekannten Referenten eingeladen. Als verantwortlicher Gastgeber war mir daran gelegen, dass der Referent auch wirklich gut und überzeugend seinen Vortrag hält. Äußerst kritisch hörte ich ihm zu. Schon nach kurzer Zeit entwickelte ich große Vorbehalte gegen seinen Vortragsstil. Er erschien mir zu pathetisch und gekünstelt und begann mich derart zu stören, dass ich mich nicht mehr auf den Inhalt des Vortrages konzentrieren konnte. Zum Glück wurde mir das schon bald bewusst. Ich konnte meine Ablehnung registrieren. Um wieder zum Vortrag zurückkehren zu können, musste ich mir nicht einreden, der Vortragsstil sei gut und ich hätte mich nur getäuscht. Allein das Gewahrwerden der Situation reichte aus, um mir darüber klar zu werden, dass ich mich an etwas aufhielt, was nicht mehr zu ändern war und ich mich selbst hinderte zuzuhören. Allein diese Einsicht löste mein Verharren an den Fehlern des anderen. Meine Ohren konnten sich wieder öffnen und ich war in der Lage, den Ausführungen weiter zu folgen. Das Publikum applaudierte zum Schluss heftig und lang. Offensichtlich hatte niemand sonst Anstoß am Vortragenden genommen.

Es gibt viele Sprachen und Dialekte, verschiedene Sprechweisen und Sprachstile. Manche sprechen auf eine angenehme, eingängige Weise, andere klingen eher unangenehm, befremdend oder stoßen uns ab. Entsprechend unserer Bildung und Prägung sind wir an bestimmte Ausdrucksweisen gewöhnt und erleben andere als befremdlich. Unser Geist bleibt oft an unserem verzerrten, von Ärger und Ablehnung gezeichneten Bild haften. Befreiung ist im Zen ein wichtiges Ziel.

In einer solchen Situation können wir den Geist von den Verblendungen und Anhaftungen befreien. Dazu müssen wir nicht meditieren und uns geistig versenken, sondern mit dem Auge der Achtsamkeit die Situation erfassen und mit der daraus erwachsenen Klarheit einen neuen Blick, eine neue mentale Ausrichtung entwickeln. Klarblick hilft uns, die Einseitigkeit und das subjektiv Willkürliche unserer Sicht zu durchschauen und macht uns zugleich deutlich, in welch einer großen Täuschung wir feststecken und wie sehr sie unsere Kommunikationsfähigkeit beeinträchtigt.

Selbst wenn diese Einsicht uns noch immer nicht hilft, uns wirklich zu lösen, weil die Emotionen vielleicht einfach zu stark sind, bewirkt sie aber, dass wir unsere Wahrnehmung kritisch hinterfragen. Wir wissen, dass unsere Störung über den anderen allein unserem subjektiven Eindruck entspringt, der aber ein völlig anderer sein könnte, wären wir nicht in der ärgerlichen oder ablehnenden Stimmung, in der wir uns gerade befinden. Diese Erkenntnis löst zwar noch nicht unser Problem, aber es wird relativiert und wir werden zumindest in die Lage versetzt, dem anderen – auch wenn es noch von einem gewissen Widerwillen begleitet sein mag – zuzuhören. Die Buddha-Ohren sind, wenn auch nicht ganz, so aber wenigsten teilweise wieder geöffnet.

Sind diese Ohren geöffnet, unterscheiden wir nicht mehr beim Hören zwischen den Personen, ihrer Stellung und Macht. Wir sind beispielsweise sehr viel schneller geneigt zu glauben, wenn uns ein Experte etwas erklärt als wenn uns ein Laie etwas sagt. Autoritäten gegenüber sind wir, je nach Typ, offener oder verschlossener als Gleichgestellten. Was der Chef sagt, hören wir mit einem besonders kritischen und argwöhnischen Geist, Ältere glauben den Jüngeren weniger, und umgekehrt geben die Jüngeren weniger auf die Worte von Älteren. Diese mentalen Filter behindern unser Hören, weil wir nicht mehr wirklich offen sind. Selbst wenn wir die Erfahrung machen, dass uns Fachleute verlässlicher Zusammenhänge erklären und zutreffendere Aussagen machen können als Laien, bleiben wir beim Hören in der beschriebenen, allen gegenüber gleichen, unvoreingenommenen Offenheit. Sie ist eine Grundhaltung, im Zen »Anfängergeist« genannt, die wir nicht nur beim Hören entwickeln, sie kann unser ganzes Leben umfassen.

Einfühlung

In Pali bedeutet *citta* sowohl Geist als auch Herz. Ein Geist, der vom Herzen kommt ist der Metta-Geist, der Geist des Wohlwollens, der Liebe. Das Herz drückt unser Lebendigsein aus. Lebt das Herz, leben wir, stirbt das Herz, sterben wir. Sein Pulsschlag bringt unser Leben in Schwingung. Kommunikation ist ein Miteinander-Schwingen, ein In-Resonanz-Sein. Eine Glocke reagiert auf den Klöppel mit ihrer Schwingung, antwortet mit ihrem Ton. Hören wir mit unserem Metta-Geist, schwingt und antwortet unser Herz. Resonanz entsteht und schafft Einfühlung. Der japanische Literaturkritiker Katsuichiro (gest. 1966) sprach von Sprache als dem Pulsschlag des Herzens. Wir können diesen Pulsschlag hören, wenn unsere Herzen sich verbinden. Schwingt das Herz, ist Metta anwesend, arbeitet der Kopf, steigen Gedanken und Bewertungen auf, die unser Herz verstummen lassen.

Einfühlung und Verstehen, das tiefer geht als Worte es je ausdrücken können, gehören zu den Grundlagen wahrer Liebe. Einfühlung gelingt uns, wenn wir in Resonanz mit dem anderen sind und uns auf seinen Klang einschwingen. Unsere eigenen Gefühle und Gedanken sind nicht mehr in unserem Bewusstsein präsent, sondern wir sind eingestimmt auf die Gefühle, Erfahrungen und Sichtweisen des anderen. Es ist wie bei einer Glocke, die leer und frei sein muss, damit sie schwingen und klingen kann. Das gilt ebenso für unser Bewusstsein: Es darf nicht von unserem Befinden, unseren Emotionen und Gedanken besetzt sein. Daher ist eine wichtige Voraussetzung für das empathische Hören, frei zu sein von unseren eigenen in diesem Moment aufsteigenden Gefühlen und Reaktionen.

Im bereits genannten Artikel von Heiko Ernst heißt es: »Empathie teilt nicht nur Gefühle, sie versucht zu verstehen, was den Gefühlen zugrunde liegt. Deshalb setzt Empathie sorgfältiges Zuhören und genaue Beobachtung voraus. Wenn wir empathisch sind, wollen wir genau verstehen, was im anderen vorgeht. Wir versuchen deshalb, die Welt mit seinen Augen zu sehen, ›in seine Schuhe zu schlüpfen‹. Erst dieser Wechsel der Perspektive (und diese vorübergehend der eigenen voranzustellen) eröffnet uns ein Verständnis über das Mitfühlen hinaus. Erst wenn wir ›lesen‹ können, was ein Mensch denkt und fühlt, was er vorhat, welche Motive oder Komplexe ihn antreiben, wie er wirklich zu uns steht, können wir auf ihn eingehen. Und das heißt: Wir können ihm helfen – oder uns vor seinen Absichten und Plänen schützen. […]«[8]

Empathie braucht Ruhe, Zeit und Geduld beim Zuhören, um die aufgenommenen Gefühle in uns wirken zu lassen. Erst allmählich entwickeln sich Mitgefühl und Verstehen. Daher sind für das empathische Hören Sprechpausen und Zeiten des Schweigens hilfreich. Unser Verstand hat meist schnell eine Antworten parat, anders unser Herz, das sich einstimmt und in Resonanz geht. Empathisches Hören geht nicht gleich ins Antworten über, sondern löst sich langsam von der Einfühlung zum anderen und kommt zurück zu unserem Empfinden. Wir hören jetzt wieder auf unser Herz, spüren nach, wie wir uns im Augenblick fühlen. Eine empathische Antwort teilt unser momentanes Fühlen mit, das sich nach dem Hören eingestellt hat. Wie ergeht es mir mit dem Gehörten? Wir geben keine Ratschläge oder Kommentare, bewerten oder kritisieren die andere Person nicht.

Wenn uns klar ist, dass Empathie keine Beratung leisten und keine Diagnosen erstellen braucht, werden wir in unserem Hören entspannter und offener. Wir vertrauen unserem Herzen und lassen den Kopf ruhen. Empathie ist keine intellektuelle Anstrengung, keine Leistung unseres Verstandes. Kinder können bereits Empathie geben, sie verstehen noch nicht, was warum geschehen ist, spüren aber sehr klar den Schmerz, die Freude oder die Trauer des anderen.

Viele Menschen haben Angst, ihr Herz zu öffnen, weil sie sich dann ungeschützt fühlen. Sie glauben, ein offenes Herz wäre angreifbarer und könne sich nicht mehr verteidigen. So paradox es klingen mag, es ist das offene Herz, das uns schützt. Der Herz-Geist ist es, der zuhört und versteht, auch unsere eigenen Belange hört und versteht, und daher weiß, wann und wie er uns zu schützen hat. Verstehen heißt, sich in die Situation des anderen einfühlen zu können. Es bedeutet aber nicht, den Ansichten, Verhalten und Erwartungen der anderen zustimmen zu müssen.

Einfühlung schützt uns vor Argwohn, Misstrauen oder Angst. Betrachten wir unsere alltäglichen Konflikte, dann lassen sich die meisten von ihnen auf Angst und Misstrauen zurückführen. Angst verzerrt unseren Blick, malt sich die Dinge falsch aus und lässt sie bedrohlicher erscheinen als sie sind. Diese Zerrbilder lösen sich auf, wenn wir in Kontakt kommen, voneinander erfahren und Einfühlung entwickeln. Langwierige und verletzende Auseinandersetzungen wären nie geführt worden, hätten wir bereits zu Beginn eines Konflikts uns empathisch ausgetauscht und statt Argumenten und Vorwürfen unsere Herzen sprechen und hören lassen.

Motivation

Wurzeln der Motivation

Jeder Aktion liegt eine Motivation zu Grunde, wir haben immer einen inneren, vom Herzen ausgehenden Beweggrund, der uns motiviert, um dieses oder jenes zu tun bzw. zu unterlassen. Rationalität und Sachlichkeit sind nur Schutzwände, hinter denen sich unser ängstliches und unsicheres Herz verbirgt. Wir nehmen die innere Stimme oft gar nicht wahr, weil uns der Kontakt zu unserem Herzen fehlt. Selbst wenn wir diesen Kontakt haben, hält uns Angst und Unsicherheit davon ab, über das zu sprechen, was uns wirklich bewegt.

Motivation entspringt immer den bereits vorgestellten geistigen Wurzeln (Mulas). Drei heilsame und drei unheilsame Wurzeln stehen einander gegenüber: Gebefreudigkeit (dana), Güte (metta), Einsicht (panna) und Anhaftung (lobha), Ablehnung (dosa), Verblendung (moha). Aus diesen sechs Wurzeln erwächst unser Denken, Reden und Handeln, alle unsere Aktivitäten. Wollen wir unser eigenes und das Handeln der anderen verstehen, betrachten und kommunizieren wir die Wurzeln dieses Handelns.

Mein Zentrum liegt mitten in der Stadt und entsprechend rar sind hier die Parkplätze. Die Auto fahrenden Besucher reagieren auf dieses Problem sehr verschieden. Manche werden sehr ärgerlich und wütend, andere wiederum bleiben trotz der Schwierigkeiten eher gelassen und ruhig. Treffen mich die Besucher, haben sie – je nachdem, wie sie mit dem Problem umgegangen sind – verschiedene Motive, mit mir darüber zu sprechen. Die Ruhiggebliebenen kommen und erzählen von ihren Schwierigkeiten bei der Suche nach einem Parkplatz, sie sprechen von ihrem Erleben und fragen nach einem Lösungsvorschlag. Ich kann sie verstehen und finde oft mit ihnen geeignete Lösungen für den nächsten Besuch. Die Ärgerlichen beginnen das Gespräch meist mit Vorwürfen mir gegenüber. Ergriffen von ihrem Ärger wollen sie diesen an mir ausleben, mich für ihr erlebtes Ungemach bestrafen. Würde ich auf dieser Ebene einsteigen, käme es zu einem Streit, der zu keiner Lösung führen und vor allem kein gegenseitiges Verstehen möglich machen würde. Dank achtsamen Hörens irritieren mich die Vorwürfe nicht, ich bleibe ruhig, verstehe die Betroffenen in ihrem Ärger und bin mir gewahr, sie wollen ihren Ärger bei mir auf eine etwas unglückliche Weise loswerden. Dieser Gruppe fehlt der Kontakt zu ihrer Motivation. Sie lassen sich von ihren Emotionen leiten, fangen an zu streiten, ohne sich darüber im Klaren zu sein, was sie damit eigentlich bezwecken wollen. Wären sie sich dessen bewusst, würden sie erkennen, dass sie ihren Ärger nur weiter anheizen, wenn sie jetzt noch streiten und sich weiter aufregen.

Anders wäre es, wenn jemand, wie beispielsweise mein Nachbar, tatsächlich das Anliegen hätte, etwas zu klären, eine Lösung zu suchen und mit mir über Parkplätze und deren Bereitstellung sprechen möchte. Bei den einen ist die Motivation Ärger, den sie loswerden wollen, indem sie diskutieren und andere beschimpfen, die Motivation meines Nachbarn wäre die gemeinsame Suche nach einer Lösung für eine unbefriedigende Situation.

Entscheidend ist die Klarheit darüber, was unser Begehren ist, warum und worüber wir kommunizieren möchten und was wir zu erreichen wünschen. Als Zuhörer versuchen wir, selbst wenn es dem anderen nicht oder nicht mehr bewusst ist, dieses Gewahrsein über die Motivation aufrecht zu halten. Im Grunde ist es wieder nur ein kurzes Sich-daran-Erinnern. Die Schwierigkeit liegt darin, das Erinnern nicht zu vergessen.

Achten wir beim Hören auf die Beweggründe des anderen, stellt sich Verstehen ein. Wir ersparen uns vordergründige unnütze Streitereien. Manchmal klingen die Worte freundlich und nett, doch dahinter schlägt ein ärgerliches, feindselig gestimmtes Herz. Umgekehrt können böse, wütende Worte Ausdruck einer tiefen, verzweifelten Liebe sein.

Kinder beispielsweise entwickeln häufig einen sehr greifenden Geist, glauben sterben zu müssen, wenn sie den bei einem anderen Kind gesehenen Lutscher nicht auch bekommen. Sie weinen, schimpfen die Eltern aus, beschweren sich, ›nie‹ das zu bekommen, was sie sich wünschen. Wir verstehen, dass es die Wurzel des Greifens, der Anhaftung ist, die unser Kind die Wirklichkeit so verzerrt sehen lässt und es veranlasst, solch böse Vorwürfe gegen uns zu erheben. Im Grunde ist es bei Erwachsenen ebenso, nur dass sie sehr viel geschickter argumentieren und diskutieren können.

Wenn wir mit einem Freund ins Kino gehen wollen, er aber in einer ablehnenden Haltung ist, können wir noch so gute Argumente für den Film finden, er wird uns nicht begleiten. Hören wir ihm oder ihr zu, dann geben wir den Argumenten und Vorbehalten gegen den Film keine große Aufmerksamkeit, sondern wir hören daraus die grundsätzliche Ablehnung, ins Kino gehen zu wollen. In diesem Fall wäre es hilfreich zu erfahren, was sich der andere stattdessen wünscht. Statt den Film verteidigen zu wollen oder ihm Vorwürfe zu machen, dass er nicht mit uns ins Kino gehen möchte, stellen wir die Frage nach seinem Bedürfnis. Das ist ein sehr einfacher Weg, um in Kontakt zu kommen und Verstehen zu ermöglichen, statt sich zu streiten und zu verletzen.

Hören auf die Motivation schützt uns davor, uns in Emotionen zu verstricken, egal wie heftig sie vom anderen auf uns einschlagen. Wir suchen die Verbindung mit seinem Herzen und kommunizieren, unabhängig von seiner oder ihrer Reaktion, nur auf dieser Ebene. Manchmal ist das mühselig. Die anderen wollen uns zwingen, auf ihre Argumente einzugehen, suchen geradezu den Streit und die Auseinandersetzung mit uns. Dennoch bleiben wir bei unserem Weg, drücken unser Befinden und unseren Wunsch nach Verbindung, Verstehen und einfühlendem Kommunizieren aus. Selbst wenn unserem Wunsch nicht entsprochen wird – oft, weil die andere Person zu stark von ihrem Ärger besetzt ist –, haben wir dank unserer Klarheit die Möglichkeit, geschickter mit der Situation umzugehen, als wenn wir blind zurückschlagen würden. Das gilt auch bei positiven Verstrickungen. Das ist zum Beispiel der Fall, wenn jemand einem anderen helfen möchte, aber die Art und Weise, wie er das tut, dem Anderen mehr schadet als hilft. Kleinkinder wollen gern beim Putzen helfen, doch wie sie putzen schafft mehr Schmutz als vorher. Wenn wir nur das Resultat sehen, sind wir enttäuscht, schauen wir auf die Motivation, sind wir beeindruckt und dankbar. Komplimente, wohlmeinende Worte können manchmal ähnlich »verunglücken«, jemand spricht gut meinend eine Seite an uns an, über die wir nicht gern sprechen. Statt gereizt zu reagieren, hören wir die dahinterliegende Botschaft. Kritik kann verschiedene Wurzeln in unserem Geist haben. Ist sie aus Ärger und Ablehnung entstanden, wirkt sie anders auf uns, als wenn sie von Fürsorge und Freundschaft getragen ist.

Versteckte Botschaften

In einem kühlen, sachlich wirkenden Klima, wie es in betrieblichen Besprechungen vorherrscht, scheinen Buddha-Ohren fehl am Platz zu sein. Doch auch hier können sie von großem Nutzen sein. Achtsames Hören macht an Bürotüren und Betriebstoren keinen Halt. Auch die rein rational begründeten Entscheidungen, Maßnahmen und Aktivitäten beruhen auf emotionalen Beweggründen. Die moderne Verhaltensforschung zeigt mit ihren immer wieder überraschenden Ergebnissen den großen Einfluss unbewusster Faktoren auf angeblich rein vernunftmäßig getroffene Entscheidungen. So waren es beispielsweise der Parfüm- und Körpergeruch der Bewerber in Einstellungsgesprächen, die die Personalchefs während eines Tests signifikant beeinflussten, obwohl sie fest davon überzeugt waren, rein sachlich nach Können und Eignung ausgewählt zu haben. Der so genannte freie Wille wird mittlerweile als Täuschung bezeichnet. Nicht der Wille und der Verstand, sondern das Unterbewusstsein steuert uns. Das erklärt, wie es zu den manchmal ruinösen und unerklärlichen Fehlentscheidungen hochqualifizierter »Kopfarbeiter« kommen kann.

Buddha-Ohren verschließen sich nicht grundsätzlich abstrakten Gedankengängen oder theoretischen, intellektuellen Erklärungen, aber sie sind sehr vorsichtig, heben nicht ab und bleiben in Bodenkontakt. Im Kapitel über tote und lebende Worte gehen wir auf dieses Hören näher ein. Es kommt darauf an, beim Hören nicht zu vergessen, dass alle klugen Argumente und Erklärungen nur eine Ebene der Entscheidung sind und eine andere, wichtigere, meist dahinter verborgen bleibt. In Versammlungen und Besprechungen hören wir den Ausführungen der anderen zu, versuchen aber zugleich die tiefere verborgene Ebene zwischen den Worten herauszuhören. Wir brauchen für ein so feines Hören eine gewisse Übung und Vertrautheit mit den Kollegen. Wir bekommen ein Gefühl dafür, mit welchen Worten, auf welche Weise, mit welcher Gestik und Sprachweise, letztlich in welcher Geisteshaltung jemand spricht. Manche nennen das den »siebten Sinn«, sie merken etwas, was eigentlich nicht zu bemerken ist, werden durch ein unbestimmtes Gefühl auf etwas aufmerksam, was sonst nicht zu erkennen ist. Achtsamkeit wird mit Weite gleichgesetzt, wir kleben nicht gefangen an den faszinierenden Worten, sondern hören alle Aspekte, die in einer Botschaft enthalten sind.

Der Kommunikationslehrer Schulz von Thun spricht von vier Aspekten, die in einer Botschaft enthalten sind und zeigt damit, wie viel wir in und zwischen den Worten hören können. Den Sachinhalt vermitteln uns die Worte selbst, die anderen drei, Appell, Beziehung zu uns und Selbstoffenbarung sind schon nicht mehr so einfach zu hören. Urteilt ein Kollege über uns mit den Worten: »Den Vertrag hast du gut formuliert«, finden wir darin alle vier Aspekte: Sachebene: der Vertrag entspricht seinen Vorstellungen, Appellebene: mach weiter so, Beziehungsebene: ich nehme deine Leistungen wahr, Selbstoffenbarung: ich bin zufrieden.

Alle vier Bereiche könnten auch mit den gleichen Worten eine ganz andere Bedeutung haben. Sachebene: Der Vertrag ist nur gut formuliert, aber nicht das richtige Mittel, Appellebene: finde eine andere Lösung, und Beziehungsebene: ich habe ein Problem mit dir, Selbstoffenbarung: ich bin enttäuscht.

Es geht darum, mit Achtsamkeit unsere geistige Weite beim Hören zu halten und beim Hören zu erkennen, dass sehr viel mehr mitgeteilt wird, als uns bewusst ist und wir, selbst wenn wir darauf achten, sehr vorsichtig mit unseren Schlüssen sein sollten.

Anfängergeist

Im Zen wird häufig vom »Anfängergeist« gesprochen. Dieser Geist kann sich frisch und unvoreingenommen den Dingen zuwenden und unsere angesammelten Weisheiten, Konzepte und Erfahrungen wie einen zu schweren Rucksack ablegen. Auch wenn das bereits erworbene Wissen für unser Leben von großer Bedeutung ist, müssen wir es dennoch loslassen, wenn wir etwas Neues erfahren und Neuem begegnen möchten. Dann brauchen wir den offenen Anfängergeist. Dieser hat, wie Zen-Meister Shunryu Suzuki sagt, viele Möglichkeiten, während unser Geist beengt wird, wenn wir alles unmittelbar auf unseren Erfahrungsschatz beziehen oder auf unser angesammeltes Wissen zurückgreifen. Wir brauchen uns nicht künstlich naiv stellen und verleugnen auch nicht unsere Lebenserfahrungen und Weisheit. Aber im Moment der Begegnung und während unseres Hörens und Verstehens haben wir den Geist eines Kindes, das etwas zum ersten Mal erfährt. Ohne diese Offenheit sind wir nicht frei für neue Erfahrungen und Weisheiten, die manchmal zu unseren alten konträr laufen. Nicht nur in der Wissenschaft oder Kultur müssen viele Neuerungen erst mühsame Kämpfe gegen alte Weisheiten und Anschauungen durchstehen, um anerkannt zu werden. Auch in unserem Kopf finden solche Kämpfe statt. Verstehen wird einfacher, wenn wir Leben als ewiges Lernen betrachten und bereit sind, Ansichten und Glaubenssätze über Bord zu werfen, wenn sie sich als überholt oder falsch herausstellen.

Höre ich einem Vortrag über Buddhismus zu, dann ist der Anfängergeist für mich die wichtigste Übung während des Hörens. Natürlich sind mir viele Begriffe, Themen und Zusammenhänge bekannt. Ich rede mir nicht ein, ich wüsste nichts davon. Doch jetzt, während des Hörens, bin ich ganz offen und verzichte auf mein Wissen, indem ich nicht vergleiche, die mir vielleicht fremd klingenden Erklärungen und dargestellten Zusammenhänge gelten lasse und sie nachzuvollziehen versuche.

In Diskussionsrunden habe ich früher öfter mit einem kritischen, urteilenden Geist zugehört und dadurch beim Hören bereits Widerstände und Einsprüche entwickelt. Auf diese Weise verschloss ich meine Ohren für Neues, kam nicht in Kontakt mit den Ausführungen und Gedanken der anderen, blieb an meiner Sicht hängen.

Anfängergeist heißt auch, unsere Bilder, Urteile und Ansichten von unseren Mitmenschen loszulassen. Der größte Irrtum in Beziehungen ist der Glaube, den anderen bereits vollständig zu kennen. Je länger die Beziehung besteht, umso größer ist die Gefahr, diesem Glauben zum Opfer zu fallen. Nicht nur die tägliche Veränderung eines jeden Menschen ist es wert, beobachtet und wahrgenommen zu werden. Die Vielschichtigkeit und die Tiefe eines jeden sind so groß, dass es wohl mehr als ein Leben braucht, um sie ganz auszuloten. Paare erleben sich mit Hilfe des Anfängergeistes immer wieder ganz neu. Alte Bilder und Vorurteile treten zurück und das wahre Antlitz des anderen kommt zum Vorschein. Es kann zu einem täglich neuem Verlieben führen, wenn wir uns in dieser Weise gegenübertreten und miteinander kommunizieren.

Absolute und relative Ebene

Der Buddha erzählte einmal das Gleichnis von den Blinden und den Elefanten. Wenn mehrere Blinde, jeder an einer anderen Stelle, einen Elefanten berühren, kommen sie zu ganz verschiedenen Erkenntnissen. Derjenige, der die Beine berührt, spricht von einem säulenhaften Wesen, einer der den Bauch berührt, ertastet ein eher weiches rundes Tier und ebenso haben die anderen, je nachdem, wo sie den Elefanten berühren, ihre verschiedenen Eindrücke. Selbst gemeinsam werden sie den Elefanten nie als Ganzes beschreiben können. Er ist mehr als das, was sie ertasten können. Sein Wesen lässt sich nicht durch Begriffe ausdrücken. Die Geschichte drückt unsere beschränkte subjektive Sicht von der Welt aus und den Gefahren der Täuschung, die darin liegen.

Diese Gefahren sind uns nicht fremd. Im Alltag entwickeln wir eine solche Aufmerksamkeit und Vorsicht für Schilderungen, wenn beispielsweise von einem schlimmen Streit berichtet wird. Erzählt uns jemand eindringlich über sein erlebtes Unrecht, dann glauben wir der Schilderung nicht blind, sondern wollen noch eine andere Sicht, z. B. die des vermeintlichen Täters hören, um seine Sicht des Geschehens zu erfahren. In einem solchen Fall ist uns das Subjektive, die relative Sicht der Beteiligten bewusst. Opfer und Täter haben eine ganz eigene Anschauung von demselben Ereignis und es kann gut sein, dass sich der vermeintliche Täter als Opfer sieht und aus seiner Sicht auch Recht haben kann. Uns ist bewusst, dass es mehrere »relative« Wahrheiten gibt. Schauen wir noch etwas tiefer, dann erkennen wir, dass alle relativen Wahrheiten einzeln oder zusammen genommen, nie die ganze absolute Wahrheit ausdrücken. Wir sprechen von »Streit« und haben damit bereits ein Konzept oder eine Kategorie für ein Ereignis ausgedrückt. Aus der absoluten Sicht hat weder Streit noch Nicht-Streit stattgefunden.

Die Übung besteht darin, während des Hörens nicht in die Falle des unreflektierten Folgens und Glaubens zu tappen. Unsere Ohren werden zu Buddha-Ohren, die wach auf die toten, konzeptionellen Worte achten. Es ist gar nicht so schwer, wie es klingen mag. Schlichte Fragen können uns helfen: »Ist das wahr?« Thich Nhat Hanh empfiehlt die Frage: »Bist du dir sicher?« Die amerikanische spirituelle Lehrerin Byron Katie setzt mit einer weiteren Frage nach: »Kann ich absolut sicher sein, dass es wahr ist?« Eine Frage, die nicht allein im Kopf, sondern auch als Kontemplation erforscht und beantwortet werden sollte. Wirklich sicher sein können wir nur, wenn wir selbst es geprüft haben. »Komm, sieh und prüfe« heißt einer der wichtigsten Sätze des Buddhismus. Manchmal wird dieser Satz als Aufforderung zu einer grundsätzlich kritischen Haltung missverstanden. Über den kritischen Geist haben wir bereits gesprochen, er ist eher ein Hindernis. Es geht nicht um Kritik, sondern um das Abgleichen und Prüfen von Wahrnehmungen und Ansichten. Wir wollen den anderen verstehen, seine Sicht und Realität erfahren, ohne davon vereinnahmt zu werden oder ihm blind zu glauben.

Während des Hörens können wir nicht prüfen, aber wir können uns vergegenwärtigen, dass wir uns momentan in der subjektiven Welt des anderen befinden, von seinen Vorstellungen hören und unsere Ohren nicht von dessen Bildern und Konzepten verkleben lassen. Was immer wir hören, wir wecken unser Bewusstsein mit den simplen Fragen: Stimmt das wirklich? Kann ich mir sicher sein? Konzepte und Verallgemeinerungen, Vorurteile und Ideologien werden uns bewusst, wir vergegenwärtigen uns, dass wir erst prüfen müssen, ob sie mit der Realität, unserer Realität, übereinstimmen.

»Was kann ich dann überhaupt noch glauben?«, werde ich manchmal gefragt. Tatsächlich wird das, was wir täglich an akzeptierten Informationen aufnehmen, sehr viel geringer, wenn wir bewusst nach dem Wahrheitsgehalt fragen. Wir erkennen, dass die meisten Nachrichten und Geschichten nichts anderes sind als ein Ausdruck subjektiver Wahrnehmung oder einer nur behaupteten oder vermuteten Wirklichkeit. Von Georg Christoph Lichtenberg (1742–1799) ist der weise Satz: »Die schlimmsten Lügen sind Wahrheiten, mäßig entstellt.«

In Beziehungen sind es oft die mäßig entstellten Wahrheiten, die unser Zusammenleben schwer machen. Urteile, Vorwürfe und Verallgemeinerungen gehören dazu. Verallgemeinerungen zum Beispiel basieren meist auf einer realen Erfahrung und machen aus dem einen oder den wenigen Anlässen eine Vielzahl. Der Partner kommt einmal zu spät, doch wir sprechen von »andauernd zu spät sein«. Beim Hören versuchen wir zwischen der realen Erfahrung und der Verallgemeinerung zu unterscheiden. Wenn wir hören, dass jemand immer unpünktlich sei, dann ist das Wort »immer« eine Art Achtsamkeitsglocke für uns. Worte wie immer, andauernd, ewig, ständig, aber auch Worte wie alle, die anderen, Türken, Deutsche usw. sind per se Verallgemeinerungen und können uns als Achtsamkeitsglocke dienen, die uns zu den Fragen führt: Welche konkrete Erfahrung liegt der Aussage zugrunde? Was ist wirklich wahr? Sind die Verallgemeinerungen als Vorwürfe gegen uns gerichtet, hilft uns achtsames Hören dabei, den konkreten Anlass im Blick zu behalten und uns nicht als »Serientäter« zu fühlen.

Ebenso sind Urteile oder Diagnosen über uns nie wahr. Sie sind in Wirklichkeit immer eine Aussage über die Empfindung des anderen. Wenn ich jemanden als hilfreich beurteile, dann sage ich damit, dass *ich* seine Hilfe schätze. Ob er wirklich ein hilfreicher Mensch ist, weiß ich nicht. Im Grunde sagen Urteile über andere und überhaupt unsere Wahrnehmungen von Dingen mehr über uns selbst als über den Beurteilten aus. Wenn jemand ständig negativ über andere spricht, dann wissen wir, nicht die anderen sind schlecht, sondern sein Geist sieht alles düster gefärbt. Von verliebten oder sehr euphorischen Menschen hingegen sagen wir, ihre Brille sei »rosarot« gefärbt. Sie sind von allem begeistert, malen alles in bunten Farben aus. Wahr ist beides nicht. Wollen wir die Wahrheit finden, dann bleibt uns nur, es selbst zu erfahren, selber zu sehen und zu schmecken und so zu unserer Wahrheit zu finden.

Im Betrieb oder mit Freunden kommt es oft zu Gesprächen über gerade abwesende Bekannte oder Kollegen. Schnell entstehen Urteile und Vorwürfe über die anderen. Wir entwickeln böse Unterstellungen und kommen so zu meist stark verzerrten Bildern über die Abwesenden. Wir schaden mit der üblen Nachrede nicht nur den Betroffenen, wir nähren in unserem Kopf die Vorurteile und Aversionen und verschließen uns so einen freien und unvoreingenommenen Zugang zu ihnen. Im Buddhismus ist das

»Tratschen« und das Sprechen über andere eine Handlung des unheilsamen Redens. Wir beeinflussen uns selbst negativ und belasten unsere Kontakte zu unseren Mitmenschen unnötig. Daher ist es ratsam, wenn wir Tratsch, üble Nachrede oder Informationen über andere hören, deren Wahrheitsgehalt uns nicht zugänglich ist, nicht nur sehr vorsichtig zu sein. Besser ist es, zu stoppen und das Gespräch auf andere Themen zu bringen. Vielleicht kommen wir auch zu der erschreckenden Erkenntnis: »Das betrifft die meisten Gespräche mit Kollegen! Da bleibt ja kaum etwas übrig zum Erzählen.«

Im Buddhismus unterscheiden wir zwischen einer konventionellen Ebene und Sprache (Pali: vohara-vacana) und einer letztendlichen, absoluten Ebene und diese Dimension ausdrückende Sprache (Pali: paramatha-vacana). Die konventionelle Ebene unterscheidet sich von der absoluten durch unsere Wahrnehmung. Wir nehmen die Erscheinungen auf unsere beschränkte, durch unsere Sinnesorgane geprägte und von unserem Bewusstsein bestimmte Weise wahr. Wir erkennen nicht die Wirklichkeit, sondern nur unser im Geist erstelltes Abbild.

Die absolute Wirklichkeit kann nicht mit Sprache ausgedrückt werden, weil Sprache greifen, trennen und benennen muss. Nur mit dieser Beschränkung der Wirklichkeit können wir verbal kommunizieren. Die absolute Wirklichkeit ist aber nicht zu begreifen. Sie ist eine nicht zu trennende Einheit. Alles, was wir wahrnehmen und benennen, ist unser eigenes geistiges Abbild, unsere Bezeichnung von der nicht bezeichenbaren Wirklichkeit. Daher ist die Sprache der absoluten Dimension (paramatha-vacana) eine Sprache jenseits der Worte. Als der Buddha schweigend eine Blüte hochhielt, waren alle Mönche bis auf einen verwirrt und sprachlos. Doch Mahakashyapa lächelte und hatte als Einziger damit ausgedrückt, diese Sprache der absoluten Dimension, die jenseits der konventionellen Worte verläuft, verstanden zu haben und mit seinem Lächeln auf gleicher Ebene geantwortet.

Lebende Worte

Wenn wir kommunizieren, gebrauchen wir Begriffe. Begriffe machen eine Verständigung erst möglich. Anderseits erschweren sie wahres Verstehen. Ein Zen-Meister sprach zu seinen Schülern: »Jedes Mal, wenn ich das Wort Buddha gebrauche, spüle ich mir danach dreimal den Mund aus.« Einer seiner Schüler stand auf und sagte: »Jedes Mal, wenn ich das Wort Buddha höre, laufe ich zum Fluss und wasche mir dreimal die Ohren aus.«

Der Mönch, der sich jedes Mal dreimal die Ohren waschen musste, wenn er das Wort Buddha hörte, war achtsam und sich der Gefahr von Begriffen und Konzepten bewusst. Buddha ist ein Begriff, der uns fangen und verwirren kann. Glauben wir an unsere Vorstellung vom Buddha, verpassen wir den wahren Buddha. Das ist die Gefahr, die von Begriffen ausgeht.

Stundenlang können wir über Buddha reden, über ihn diskutieren und streiten, ohne auch nur ein einziges Mal den wahren Buddha berührt zu haben. Der Mönch, der sich die Ohren wäscht, möchte vermeiden, dass er einem Konzept, einer Theorie folgt. Im Zen wird von »Toten Worten« gesprochen. Worte, die nicht das Leben ausdrücken, sondern Meinungen, Konzepte und Theorien. Worte einer Gedankenwelt, die losgelöst vom eigentlichen Leben durch die Weiten unserer geistigen Vorstellungskraft schwebt und nur in unserem Kopf existiert.

»Der Finger, der zum Mond zeigt, ist nicht der Mond!« Dieser Satz wird häufig zitiert, um uns vor dem Anhaften an Begriffen und Sprache zu warnen. Wir greifen den Finger und glauben den Mond zu fassen. Wir hängen an den

Begriffen und glauben, das Leben zu erfahren. Der japanische Zen-Meister Eisai erklärte einst: »In bejahendem Sinn sind alle Sutras Zen-Erfahrungen. Negativ gesprochen, gibt es kein Wort, das Zen auszudrücken vermag.«[9]

Manchmal sprechen mich Menschen an und erklären, sie interessierten sich für Buddhismus, seien selbst Buddhisten. Das allein ist sicherlich eine Information für mich. Mein Gegenüber möchte sich mir mitteilen, gibt etwas preis von sich und wähnt sich in einer Übereinstimmung mit mir. Zugleich ist mir aber auch bewusst, dass ich noch lange nicht weiß, was Buddhismus und Buddhist Sein für ihn heißt. Buddhismus ist eine vielschichtige, sich widersprechende Philosophien und Schulen enthaltende Religion. Missverständnisse entstehen, wenn uns dieses Bewusstsein beim Hören fehlt. Schließen wir von unserem Verständnis der Begriffe auf das der anderen Person, dann entstehen Vorstellungen und Erwartungen, die möglicherweise falsch sind oder enttäuscht werden. Bei Buddhisten beispielsweise gibt es verschiedene Ansichten im Umgang mit Alkohol und Fleisch. Manche essen Fleisch und trinken Alkohol, andere nicht. Ein Umstand, der tatsächlich immer wieder zu Auseinandersetzungen führt, weil die abstinente Gruppe häufig die Meinung vertritt, Fleisch essen und Alkohol trinken vereinbare sich nicht mit Buddhismus.

Begriffe wandeln sich oft in ihrer Bedeutung. Positiv besetzte Worte werden manchmal zu negativen Begriffen und manchmal wandelt sich auch die Bedeutung eines Begriffs. Der Slogan »Geiz ist geil« wäre vor zwanzig Jahren als anzüglich verstanden worden, weil das Wort »geil« damals ausschließlich eine sexuelle Erregung ausdrückte. Wer geil war, war sexuell erregt. Heute ist eine kluge, in ihrem Verhalten geschickte Person gemeint oder etwas, eine Veranstaltung oder ein Produkt, das besondere Begeisterung auslöst.

Tote Worte können sehr lebendig erscheinen und derart faszinieren, dass wir uns ganz von ihnen einnehmen lassen, so sehr, dass wir sie mit dem realen Leben verwechseln. Wir glauben mehr den toten Worten, den Gedanken, Theorien und Ideologien als der Wirklichkeit. – Ein Glaube, der im Wahn seine höchste Stufe erreicht. Ein Wahn, der ganze Nationen infizieren, und verblenden kann und allein im letzten Jahrhundert Millionen von unschuldigen Menschen das Leben gekostet hat.

Liebe ist auch nur ein Begriff, ein sehr verbrauchter Begriff. Es bedarf Mut, ihn ohne Einschränkungen verwenden zu wollen. Anderseits ist Liebe ein Wort, das die Herzen der meisten von uns in Schwingung versetzen kann. Wenn wir von der großen Liebe hören, bedarf es unserer ganzen Aufmerksamkeit, um nicht der Suggestion zu verfallen. Wenn uns jemand von seiner Liebe erzählt, uns seine Liebe gesteht, dann hören wir nicht nur das Wort, sondern versuchen zu verstehen und herauszufinden, was die andere Person meint, was sie bewegt und fühlt, wenn sie von Liebe spricht. Nicht nur ein Begriff wie Liebe kann für Beziehungen zu tiefen Missverständnissen und falschen Erwartungen führen. Gerade weil wir so vertraut miteinander sind, liegt die Versuchung nah, unreflektiert an Worten kleben zu bleiben, statt wirklich zu verstehen. Wir sprechen von gemeinsamem Urlaub, doch wenn wir nicht beschreiben, was wir uns unter Urlaub vorstellen, kann der Urlaub zu einer Katastrophe führen. Auch »ein gemütlicher Abend« ist ein Begriff, der unzählige Assoziationen und Erwartungen auslösen kann.

Liebevolles Sprechen

Denke nach, bevor du sprichst
Der Gedanke manifestiert sich im Wort.
Das Wort manifestiert sich in der Tat.
Die Tat entwickelt sich zur Gewohnheit.
Die Gewohnheit entwickelt sich zum Charakter.
Der Charakter gebiert das Schicksal.
Darum achte sorgfältig auf deine Gedanken
und lass sie aus Liebe entstehen,
aus der Achtung aller Lebewesen.

Maha Ghosananda[10]

LIEBEVOLLES SPRECHEN

Wir sind ein Ton in der kosmischen Symphonie, der erklingen und gehört werden will. Einzigartig und doch nur einer unter vielen. Ein Ton, der in seiner Vergänglichkeit ewig klingen wird. Wir lassen die Welt an unserer Weisheit und Liebe, unseren Erfahrungen und Erkenntnissen teilhaben. Wir färben die Melodie des Lebens mit unserer Freude und unserem Leid. Je reiner unser Geist, umso klarer und schöner unser Klang.

Sprechen beginnt mit dem Hören auf unser Herz: Was bewegt mein Herz? Was möchte ich mitteilen? Wir kommen in Kontakt mit uns selbst. Uns helfen beim Sprechen die bereits im Kapitel »Von der Achtsamkeit« vorgestellten »Anker«. Ähnlich wie beim Hören brauchen wir einen Halt für unser Sprechen, damit wir achtsam vom Herzen her sprechen und nicht blind den Emotionen und Denkmustern folgend losplappern. Matsubara, ein japanischer Geistlicher des Shin-Buddhismus erklärte, die Sprache sei »Schrittton des Herzens«, denn im Reden und Sprechen eines Menschen wird hörbar, wie seine Seele schreitet. Im wilden Sprechen hören wir den Schrittton eines »verwahrlosten Herzens«, im sanften spüren wir des Schrittton des stillen sanftmütigen Herzens. »Je achtsamer man die Sprache gebraucht, desto besser bändigt man sich selbst. Dies nennt man: Bändigung des Mundes.«

Die Bändigung des Mundes kennt nicht nur der Buddhismus. Auch Jesus sprach davon, wie wichtig es sei, seine Zunge zu zügeln. Das findet seinen Niederschlag im Jakobusbrief: »Wer sich in seinen Worten nicht verfehlt, ist ein vollkommener Mann und kann auch seinen Körper völlig im Zaum halten. Wenn wir den Pferden das Zaumzeug ins Maul legen, damit sie uns gehorchen, lenken wir ihren ganzen Körper. Oder denkt an die Schiffe: Sie sind groß und werden von starken Winden getrieben, und doch lenkt sie der Steuermann mit einem ganz kleinen Steuer, wohin er will. So ist auch die Zunge nur ein kleiner Teil des Körpers und rühmt sich doch großer Dinge. Und wie klein kann ein Feuer sein, das einen großen Wald in Brand steckt. Auch die Zunge ist ein Feuer.« (Jak. 3,2–6a)

Wir können unseren wilden Geist und damit unseren Mund bändigen, indem wir auf unsere Motivation achten. Unsere Geisteshaltung motiviert uns und führt zum Sprechen. Die Sprache der Liebe braucht den liebevollen Geist. Wir betrachten unseren Geist und vergegenwärtigen uns seine Verfassung. Ist es wirklich Metta, die wohlwollende freundliche Absicht, die uns führt? Der kambodschanische Mönch Maha Ghosananda erinnert uns an diese Achtsamkeit auf unsere Motivation, die wir vor dem Sprechen entwickeln. Praktizieren wir auf diese Weise, verzichten wir auf Worte des »verwahrlosten Herzens«, Worte die von Aggression und Zorn getragen sind und andere verletzen können.

Sanfte Worte

Der gebändigte Mund spricht aus dem liebevollen Herzen mit sanften Worten. Sprechen kann zu einem Geschenk für die anderen werden. Wohlklingende, unterstützende Worte, die Wertschätzung und Wohlwollen ausdrücken, Freude und Glück schenken und zu Verstehen und Mitgefühl beitragen.

Im Metta-Sutra gibt es eine für unsere Praxis sehr wichtige Stelle: »Ob ich gehe oder stehe, sitze oder liege, achtsam entfalte ich diese Gesinnung [ein sanftmütiger, liebevoller Geist], dies ist mein himmlisches Weilen.« Der Buddha verweist darauf, dass alle unsere Handlungen von dem Geist der Liebe durchdrungen sein können.

Ich empfehle sanftes Sprechen zu üben, indem wir damit beginnen, sanftes Gehen, Stehen, Sitzen oder Liegen zu praktizieren. Gemeint sind alle unsere alltäglichen Handlungen. Jeder kennt den Unterschied zwischen sanft und unsanft, zwischen einem weichen, angemessenen und unterstützenden Umgang und einer schroffen, verächtlichen und feindseligen Art mit uns selbst, unseren Mitmenschen und allen anderen Dingen umzugehen. Mich hat ein burmesischer buddhistischer Gelehrter tief beeindruckt, weil er wirklich jede seiner Handlungen mit einer Sanftheit und Achtsamkeit ausführte, so dass alles, was er tat, zu einer Zeremonie wurde, einer Zeremonie der Liebe. Sein Gehen oder Stehen, die Art, wie er eine Tür öffnete oder schloss, sich setzte oder erhob, waren bereits eine zutiefst berührende Belehrung über die Praxis. Von Franz von Assisi ist überliefert, das er seine Mönchsbrüder ermahnte, so sanft zu gehen, dass bereits ihr Gehen zu einer Predigt wird.

Gelingt es uns, in unseren alltäglichen Handlungen zu diesem sanftmütigen Geist zu kommen, wird auch unser Sprechen sanft, es bedarf keiner zusätzlichen Bemühung. Sanfte Worte sind dann nicht mehr gekünstelt oder aufgesetzt, nur einer Regel oder einem Anspruch folgend, sondern ein natürlicher Ausfluss unseres geöffneten Herzens. Sanftes Sprechen wird unser authentisches Sprechen, das Worte findet, die Freude bereiten und zu Frieden und Harmonie beitragen.

Ein Geist, der offen ist für alle Aspekte unseres Lebens, gebiert liebevolle und sanfte Worte. Unser Geist sieht meist zuerst, was stört, unvollkommen ist und kritisch erscheint. Dieser, auf das Negative gerichtete Blick verstellt die Sicht auf die heilsamen und glücklichen Aspekte unseres Lebens. Im Kloster Plum Village von Thich Nhat Hanh fiel mir bei meinen Besuchen in den Gesprächsgruppen immer wieder auf, dass Mönche und Nonnen grundsätzlich ihre Beiträge damit begannen, etwas Freundliches und Positives zu erzählen. Jedes Mal spürte ich die angenehme Wirkung, die von solchen Worten auf mich und die Gruppenatmosphäre ausstrahlte. Ausgedrückt wurden konkrete, wirklich vorhandene angenehme Dinge, die in diesem Augenblick real vorhanden waren. Es geht dabei nicht um Autosuggestion. Wir können auch in Augenblicken des Leidens Teile in uns und um uns herum finden, die als glückliche Umstände wahrgenommen und ausgedrückt werden können. Wir werden uns nicht nur durch diesen Blick der positiven Seiten unseres Lebens bewusst, wir nähren unseren Geist und durch unser Sprechen auch das Bewusstsein der anderen mit guten Gedanken und Gefühlen. Unser Sprechen wird zu einem Beitrag, der Vertrauen und Freude fördert und hilft unseren Blick vom Dunklen ins Helle zu erheben.

Lebende Worte

Wir haben bereits im Kapitel »Hören« über tote und lebende Worte geschrieben. Lebende Worte lassen den Hörer unser Leben miterleben, sie drücken unsere direkte Erfahrung aus, das was wir im Augenblick erleben. Lebendige Sprache ist einfach und unmittelbar. Sie erwächst aus dem direkten Kontakt mit unserem Herzen, drückt unsere Wahrheit aus. Abstrakte Begriffe, Konzepte und Vorstellungen dagegen leben nicht. Sie sind Erscheinungen unserer geistigen Welt und nicht wirklich existent. Wenn wir uns den anderen mitteilen möchten, brauchen wir eine Sprache, die das Herz des anderen mitschwingen lässt.

Sprechen wir in Bildern, beschreiben und malen mit Worten aus, was wir dem anderen mitteilen möchten, wird unsere Sprache lebendig. Unser Zuhörer kann unsere Geschichte miterleben, sieht und fühlt geradezu unser Erzähltes. Manchmal berichten Teilnehmer der Meditationskreise mit folgenden Worten über ihre vergangene Woche: »In der letzten Woche ging es mir gut.« Oder umgekehrt: »In den letzten Tagen hatte ich viel Stress.« Solche Aussagen bringen uns als Hörer nicht zum Schwingen, wir können mit einer so kargen Erklärung nicht nacherleben, was dem Sprecher widerfahren ist. Gutes oder schlechtes Ergehen, Stress oder keinen Stress haben sind sehr relativ, darunter kann sich jeder etwas anderes vorstellen. Schildern Teilnehmer ihre Erfahrungen, lassen uns daran teilhaben, dann wird der Austausch lebendig. Eine Raumausstatterin berichtete einmal: »In der letzten Woche bereitete mir ein wichtiger Kunde eine große Freude. Er teilte mir sein Vertrauen in meine Arbeit mit, weil er drei Mal bei mir eine Dekoration für sein Filmstudio bestellt hatte und ich jedes Mal exakt seinen Geschmack traf. Mich hat dieses Kompliment sehr erfreut, denn mir liegt seine Zufriedenheit sehr am Herzen.« Dieser Schilderung können wir geistig folgen, verstehen die Freude und können sie miterleben.

Mit solchen Schilderungen öffnen wir uns gegenüber unseren Gesprächspartnern und lassen sie an unserem Leben Anteil nehmen. Unsere Kommunikation bekommt durch lebendiges Sprechen und verständliche Ausdrucksweise Kraft. Sie wird zu einer wirklichen Begegnung, in der wir uns kennen lernen und voneinander erfahren. Anders ist es, wenn wir unsere Gesprächspartner mit leeren Floskeln abspeisen, verborgen bleiben hinter den toten Worten. Pubertierende Jugendliche können ihre Eltern sehr gut mit Floskeln und nichtssagenden Antworten außen vor halten:

»Was habt ihr heute in der Schule durchgenommen?« – »Nichts Besonderes!« »Was hast du gestern auf der Party erlebt?« – »Nur echt Ätzendes!« Vielleicht etwas geschickter formuliert, doch inhaltlich gleich leer können auch Erwachsene sprechen. Wir brauchen kein Sprachstudium, noch nicht einmal besonderes Bemühen, um zu einer lebendigen Sprache zu kommen. Wenn wir uns vornehmen, offener und konkreter zu sprechen, dann reicht meist schon dieser Vorsatz, um zu einer lebendigeren Sprache zu finden. Wir brauchen keine besondere Technik erlernen, um auszudrücken, was wir auf dem Herzen haben, was uns bewegt, was wir erlebt haben und dem anderen mitteilen möchten. Was wir dazu brauchen, ist der Kontakt zu unserer Mitte und den klaren Wunsch, vom Herzen her zu sprechen.

Bei einem solchen Sprechen verzichten wir auf abstrakte Begriffe, die toten Worte. Es sind Worte, die von uns wegführen, sich im Bereich der abstrakten Vorstellungen und Fantasien bewegen. Oder aber sie sind so allgemein und pauschal, dass sie nicht ausdrücken, was genau wir erleben und mitteilen möchten, weil sie verschieden interpretiert und verstanden werden können. Sie verhindern Verstehen und schaffen Missverständnisse, weil die Hörer glauben, mit ihren eigenen Vorstellungen die Aussage des anderen verstanden zu haben. Doch diese Auffassung entspricht selten dem, was der Sprecher von sich mitteilen wollte. Wenn ich davon spreche, dass ich ein Kölner bin, dann weiß der Hörer, dass ich aus Köln komme. Doch was Köln für mich bedeutet, ob und wie ich mit der Stadt verbunden bin, das weiß er nicht. »Ich bin Kölner« ist ein Aussage, die ein Lokalpatriot machen kann, um seine Beziehung zum Karneval und Kölner Brauchtum auszudrücken. Ein solcher Satz kann aber auch eine ganz andere Botschaft tragen, z. B. dass ich mich auf die dem Kölner zugesprochenen

Charaktereigenschaften beziehe oder das Recht für mich betone, mich an den politischen Diskussionen der Stadt zu beteiligen. »Ich liebe Frankreich« ist ebenfalls ein solcher Satz, der uns noch nicht zum Verstehen führt. Geht es um Rotwein, schwarzen Kaffee und Gauloises, oder habe ich ganz andere Verbindungen mit diesem Land? Welches Frankreich meine ich, wenn ich diesen Namen benutze? »Ich bin Buddhist«, »Ich bin Christ« oder »Ich bin Atheist« sind viel zu abstrakte Aussagen, um verständlich zu machen, was es für uns bedeutet, Christ oder Buddhist zu sein.

Ein Bekannter, der seit vielen Jahren Buddhist ist, berichtete von einer Begegnung mit seinem Vorgesetzten. Dieser fragte ihn, wie er denn Buddhismus mit seiner Arbeit verbinden könne. Statt nun eine allgemeine Antwort über die Umsetzung buddhistischer Philosophien in seinem Arbeitsalltag zu geben, beschrieb er anhand konkreter Beispiele, wie es ihm gelingt, Gelassenheit, innere Sammlung und seine Achtsamkeitspraxis am Arbeitsplatz umzusetzen. Sein Vorgesetzter wirkte etwas verblüfft über die konkrete Antwort und schien zugleich überrascht, wie unspektakulär buddhistische Praxis sein kann. Weil es nicht mehr um abstrakte Philosophien ging, sondern um ganz alltägliche Handlungen, die mein Bekannter mit einer bestimmten Haltung verband, fand der Vorgesetzte Verbindungen zu seinem Alltag. Er antworte: »Oh, das klingt ja sehr interessant! Mehr Gelassenheit kann ich auch gebrauchen. Ich wäre Ihnen da für weitere Tipps dankbar.«

Das rechte Maß

In einer Anweisung für achtsames Sprechen benutzte der amerikanische Zen-Meister Bernhard Glassman Roshi das Bild einer Reisschüssel, die wir für unsere Mahlzeit füllen:

Wir nehmen nicht zu viel Reis und auch nicht zu wenig. Ebenso achten wir auf die Menge unserer Worte. Wollen wir die Aufmerksamkeit unseres Hörers nicht überfordern, lassen wir unser Sprechen nicht zu lang werden. Wollen wir das uns Wichtige vollständig mitteilen, lassen wir unser Sprechen nicht zu kurz werden.

Die Kunst besteht darin, sehr komplexe Sachverhalte und komplizierte Themen in kurzen klaren Worten darlegen zu können. Es gelingt uns, wenn wir selbst das Thema wirklich gut verstanden haben, es beherrschen. Dann können wir manchmal mit einem verblüffend einfachen Beispiel oder einem simplen Vergleich tiefe komplexe Themen verständlich darstellen.

Viele Zen-Gedichte und Haikus sind in einer lebenden Sprache verfasst, die manchmal sehr komplexe Themen unseres Lebens in sehr komprimierter Form ausdrücken. Zwei mir sehr lieb gewordene Haikus meiner lieben »Dharma-Schwester« Mechthild Hartmann möchte ich hier als Beispiel geben für wenige und doch lebendige Worte.

»Waldkloster steht Kopf
im Teich – Laub landet leise.
Friedens-Regatta.«

»Sprachlos und entzweit
finden wir wieder Worte –
bei den Kirschblüten.«

Nicht jeder von uns ist ein Dichter. Noch während des Sprechens auf die richtige Wortwahl zu achten ist schwer. Doch bereits das Bewusstsein für ein lebendigeres Sprechen verändert unser Sprechen. Es bedarf zumindest für den Anfang keiner besonderen Übung, sondern nur der Aufmerksamkeit und Bereitschaft, sich zu öffnen und mitzuteilen. Wenn die Teilnehmerinnen und Teilnehmer meiner Kurse beginnen, sich vorzunehmen, etwas ausführlicher und nachvollziehbarer zu beschreiben, was sie bewegt oder erlebt haben, ändert sich bereits ihr Sprechen. Es geht um die Achtsamkeit und Bereitschaft, sich dem anderen so mitteilen zu wollen, dass dieser wirklich nachvollziehen und verstehen kann, wovon wir sprechen. Sprechen möchte verstanden werden, sonst ist es nutzloses, leeres Geplapper.

Langsam sprechen

Ausreichend Zeit ist eine der wohl wichtigsten Voraussetzungen für die richtige Wortwahl und um »die Reisschüssel korrekt zu füllen«. Wir sprechen schneller als wir denken, hat die Verhaltensforschung herausgefunden. Sprechen wir in der Geschwindigkeit unseres Denkens, dann haben wir ungefähr den Sprachfluss einer Person, die in einer wenig vertrauten Fremdsprache spricht. Mir ist bei Vorträgen, in denen ich übersetzt wurde, aufgefallen, wie viel tiefer und klarer ich sprach, weil ich jedes Mal für die Übersetzung eine Sprechpause machte. Oft fehlen uns solche Gelegenheiten im normalen Alltag. Aber langsameres und bewussteres Sprechen ist eine Übung, die wir fast immer praktizieren können. Gerade in den Augenblicken, in denen wir zu sehr schnellem Sprechen neigen, hilft sie uns, zu unserer Mitte zurückzukommen und festzustellen, dass auch in diesem Moment langsameres Sprechen nicht nur möglich ist, sondern uns sogar sehr viel mehr dabei hilft auszudrücken, was uns gerade bewegt.

Sich beim Sprechen mehr Zeit zu nehmen, steht nicht im Widerspruch zur Praxis, spontan aus dem Herzen zu sprechen. Spontanes Sprechen braucht auch Gelassenheit und Ruhe und vor allem einen klaren stabilen Geist. Wir hatten bereits die heilsamen und unheilsamen Geisteswurzeln angesprochen. Gier, Hass oder Täuschung lassen unser Sprechen gefährlich werden, verleihen ihm explosiven Charakter. Aus diesen Quellen spontan zu sprechen bedeutet, das Leiden zu vergrößern. Alle drei Quellen verzerren unsere Wahrnehmungen, trennen uns von den anderen und lassen uns diese als Feinde und Gefahr betrachten. Was auch immer wir sagen, es entspricht nicht unserer Wahrheit, sondern ist Ausdruck unseres von Emotionen besetzten Geistes, der nicht mehr im Kontakt mit unserem Herzen ist. Aus unserem Schutzbedürfnis, unserem Bedürfnis nach Harmonie und Zuneigung werden Vorwürfe, Forderungen und Angriffe gegen die anderen. Nicht mehr das Herz, sondern unser verzerrter Geist leitet uns und fördert in uns noch die heftigen negativen Emotionen wie Wut, Ärger oder Hass. Spüren wir, dass solche Emotionen in uns aufsteigen, sollten wir diese Geistesgifte, wie sie im Buddhismus genannt werden, nicht auch noch dem anderen spontan mit unseren scharfen und bösartigen Worten injizieren. Es ist wichtig, in solchen Augenblicken mit dem Sprechen innezuhalten, unsere mentale Haltung zu stabilisieren und wieder Ruhe und Klarheit aufkommen zu lassen, damit wir wieder Kontakt zu unserem wahren Anliegen finden können, das verborgen in unserem Herzen auf uns wartet.

Wohlwollen und Mitgefühl sind Geisteshaltungen, die wir spontan aussprechen können. Wir können aus einer solchen Haltung heraus auch *über* unsere Gier, Angst oder Ablehnung sprechen. Wenn wir über sie sprechen, führen wir die negativen Geisteszustände nicht weiter fort, sie beherrschen nicht unser Bewusstsein und wir übertragen ihre giftige Wirkung durch ein solches Sprechen nicht auf den anderen.

Das Zwiegespräch

Liebe entfaltet sich in Begegnungen. Unsere Sprache ist die Brücke, die unsere Herzen verbindet, die unsere Liebe zum anderen trägt. Lebt unsere Kommunikation, blüht unsere Liebe; stirbt unsere Kommunikation, verwelkt unsere Liebe.

In der Partnerschaft ist es von größter Bedeutung, über uns zu sprechen und uns gegenseitig zuzuhören. In unserem oft hektischen und sehr gefüllten Alltag fehlt uns dafür leider oft die Zeit. Wir können uns dagegen wehren, indem wir uns bewusst Zeiten des Gesprächs und der Begegnung nehmen. Wir brauchen Ruhe und einen entspannenden Rahmen, um in Kontakt mit unserem Herzen zu sein und zu einem lebendigen Austausch zu kommen. Der vor wenigen Jahren verstorbene Psychologie-Professor Michael Lukas Moeller entwickelte für Paare das so genannte »Zwiegespräch«. Ein Gesprächsform, die dem achtsamen Sprechen entspricht. Im Zwiegespräch sind mehrere Dinge festgelegt, die nicht nur dem Zwiegespräch, sondern generell der Paarkommunikation helfen können, lebendig zu bleiben. Wir suchen feste Termine für unsere Gespräche. In diesen Zeiten sind wir nur für uns da, schenken uns unsere ganze Präsenz und lassen alle anderen Beschäftigungen, Ablenkungen und mögliche Störungen außen vor. Dazu gehören u. a.: kein Telefon, kein zu erwartender Besuch, keine anderen Personen im Raum, keine Beschäftigungen mit anderen Dingen, einen freien Kopf haben usw. Im Zwiegespräch sind die Zeiten des Sprechens und Hörens klar geregelt, jeweils einer spricht eine vereinbarte Zeit – für das Zwiegespräch werden meist 15 Minuten empfohlen –, ohne vom anderen unterbrochen zu werden. Danach wechseln die Rollen, der bisherige Zuhörer spricht und die Sprecherin hört zu. Dieser Ablauf wird dreimal wiederholt, so dass jeder insgesamt 45 Minuten gesprochen und 45 Minuten lang dem anderen zugehört hat. Nach anderthalb Stunden endet das Gespräch.

Der festgelegte Rahmen schützt uns vor Unterbrechungen von außen, fördert unsere Präsenz und schafft ein Klima, in dem wir zu einem wirklich tiefen Sprechen vom Herzen kommen können. Erfahrungsgemäß braucht dieses offene Sprechen eine Zeit des Sich-daran-Gewöhnens und gegenseitiges Vertrauen. Weil eine feste Sprechzeit vereinbart wurde, wir beim Sprechen nicht unterbrochen werden und die Ruhe haben, mit unserer Mitte, unserem Herzen in Kontakt zu kommen, kann sich lebendiges und offenes Sprechen entwickeln. Am Anfang mögen 15 Minuten sprechen sehr lang erscheinen, doch nach einigen Malen werden wir feststellen, dass in uns sehr viel ist, was ausgesprochen werden möchte, von dem wir gerne dem anderen berichten, und die Zeiten werden uns immer kürzer erscheinen. In den 15 Minuten darf die sprechende Person natürlich auch Zeiten des Schweigens einlegen. Sie entscheidet, wie sie ihre Zeit des Sprechens nutzt. Durch den festgelegten Ablauf entsteht ein freier Raum für die Teilnehmer, der nicht durch Einwände und Reinreden bedroht wird. Auch wenn wir schweigen, ergreift die andere Person nicht das Wort, sondern schweigt mit. Der Kampf ums Wort entfällt und wir haben Sicherheit, dass uns der andere zuhört und nicht weggeht oder sich mit anderen Dingen beschäftigt, während wir noch sprechen.

Ich stelle das Zwiegespräch hier als ein Beispiel vor, das uns eine Idee geben kann, wie wir in unserer Beziehung Raum schaffen können, um einen lebendigen Austausch zu ermöglichen und zu fördern. Kommunikation einen solchen Platz in unserem Leben einzuräumen, ist eine Wertschätzung für unseren Partner und drückt die Bedeutung aus, die unsere Beziehung zu ihm für uns hat. Zeit zu schenken ist in unserem oft hektischen Alltag zu einer kostbaren Gabe geworden. Diejenigen, die täglich meditieren und erleben, wie sehr diese Praxis ihnen hilft, zu sich zu kommen, können das Zwiegespräch oder eine ähnliche Form der bewussten Begegnung wie eine gemeinsame Meditation betrachten. In der Meditation begegnen wir uns selbst, im Zwiegespräch begegnen wir uns und dem anderen in einer ähnlich ruhigen und entspannten Geisteshaltung.

Für eine glückliche Beziehung brauchen wir regelmäßige Gespräche, die in einer geschützten und ruhigen Atmosphäre stattfinden können. Sie sind grundlegend für das Gelingen einer Beziehung und helfen uns besonders in Phasen, in denen die Kommunikation einzuschlafen droht oder durch Konflikte und zwischenmenschliche Probleme belastet ist. Solche Trockenzeiten in unserer Partnerschaft, in denen wir uns fast schon zwingen müssen, miteinander zu reden, drohen unseren Kontakt verdursten zu lassen. Alle Probleme werden schwerwiegend und vor allem langwierig, wenn nicht über sie geredet werden kann. Manche Paare leben jahrelang mit einer inneren Trennung still nebeneinander her, ohne dass es Hoffnung auf eine Änderung gibt. Erkaltete Beziehungen brauchen die Wärme der Liebe, die sich nur durch die Öffnung der Herzen wiederherstellen lässt. Unsere Herzen können wir öffnen, wenn wir uns wieder empathisch begegnen, uns einfühlen in den anderen und sein leidendes Herz schlagen hören. Kommunikation hat eine Schlüsselfunktion in Beziehung. Sie ist die Brücke, die unsere Herzen verbindet. Das gilt auch dann, wenn es nicht zur Beendigung des Konfliktes kommt, weil die Verletzungen zu groß, die Distanz zu weit geworden ist oder aber weil sich das eigene oder andere Herz verstockt hat und sich dem Strahl der Liebe entzieht. Auch dann leitet die Kommunikation den Prozess der Heilung und Akzeptanz ein und kann Verstehen und Vergebung möglich machen, auch wenn vielleicht nur wir diejenigen sind, die dazu momentan in der Lage sind. Unsere guten Motive und unsere Bereitschaft, etwas zu lösen, führen leider nicht automatisch zu den gleichen Reaktionen beim anderen. Auch wir sind manchmal so sehr in unseren Verletzungen und Emotionen verfangen, dass wir trotz der Worte des Bedauerns und des Wunsches nach Versöhnung dem nicht nachkommen können. Hier helfen Geduld, Nachsicht und die Fähigkeit zur Akzeptanz.

Paare, die sich um ihre Kommunikation kümmern, auf regelmäßigen und offenen Austausch achten, erleben in Krisenzeiten, wie sehr regelmäßige Gespräche helfen, dennoch den Kontakt zu halten. Dies ermöglicht gegenseitiges Verstehen, das wiederum hilft, Missverständnisse und Konflikte zu beenden und so zu einer harmonischen Situation zurückzufinden.

Es ist ähnlich wie beim Sport oder in der Meditation. Wer regelmäßig joggt oder meditiert, kommt hin und wieder an einen Punkt, an dem er plötzlich keine Kraft oder Motivation mehr verspürt, dabeizubleiben. Doch gerade in solchen Phasen ist es wichtig, dennoch weiterzumachen. Genauso ist es mit unserer Kommunikation. Gerade wenn wir nicht mehr miteinander sprechen wollen, ist es wichtig, den Kontakt und den Austausch aufrecht zu halten, um der Heilung unserer Beziehung eine Chance zu geben und das Leiden zu verkürzen.

Fällt es uns schwer oder erscheint es mühselig, uns ausführlich dem anderen mitzuteilen oder sind wir in der Versuchung, uns hinter Floskeln und nichtssagenden Worten zu verbergen, kann es uns helfen, genau das zu kommunizieren und uns mit dem anderen darüber auszutauschen. Haben wir in den unbelasteten Zeiten Rituale oder Gewohnheiten entwickelt, die unseren Austausch sicherstellen, helfen sie in Krisen, den Faden nicht zu verlieren und trotz aller Probleme und Widrigkeiten den Kontakt zu halten. Wir können uns in solchen Phasen auf die Gewohnheiten stützen und uns Mut und Kraft zusprechen, indem wir auf das Belebende des achtsamen Sprechens vertrauen und uns daran erinnern, dass es sich lohnt, durchzuhalten, weil es zu jeder Partnerschaft gehört, auch Durststrecken zu haben. Haben wir eine Krise durch Achtsamkeit, offenen einfühlenden Austausch überwunden, intensiviert sie unsere Partnerschaft und lässt unser Vertrauen in den anderen und in unsere Kommunikation wachsen.

Unsere Wahrheit

Im Buddhismus spricht man von den »Vier Edlen Wahrheiten«. Ein indischer Advaita-Lehrer, Dr. V. Shankar, stellte mir in einem Gespräch die ironisch gemeinte Frage, wie es denn gleich vier Wahrheiten geben könne? »Meine Wahrheit und deine Wahrheit, sind sie eins oder zwei?«, wurde ich vor Jahren von einem Zen-Lehrer gefragt. Die richtige Antwort: »Kaaaatz!« Meine oder deine Wahrheit sind Begriffe. Sie gehören zur Kategorie der toten Worte. Daher gibt es keine wirkliche Lösung für diese Frage, nur konzeptionelle Antworten. Um denen zu entgehen, ist ein befreiender Ausruf eine adäquate Antwort.

Der Schweizer Zen-Lehrer Michel Bovey berichtete in der Zeitschrift »Ursache und Wirkung«: »Auf einem wissenschaftlichen Seminar an der ETH Zürich, wo ich als Gastredner zugegen war, sagte der bekannte Wiener Physik-Professor Herbert Pietschmann sinngemäß: ›In der Wissenschaft unterscheidet man zwischen Wahrheit und Realität. Wahrheit ist, wie der Mensch die Realität sieht.

Die Realität kann von Menschen nicht erfasst werden, da sie durch den Filter des Denkens verfälscht wird.‹«[11]

Wenn uns das klar wird, werden wir bescheidener mit unserem Anspruch auf die Richtigkeit unserer Wahrnehmungen und Ansichten. Wir sind ein kleines Bewusstsein unter Milliarden anderer, die alle ihre Wahrheit erleben. Anderseits aber macht uns das auch freier, denn was auch immer wir erleben oder sehen, was wir denken oder fühlen, es ist unsere nicht zu leugnende Wahrheit. Wir brauchen sie nicht mit vielen Argumenten und Erklärungen zu verteidigen oder zu rechtfertigen, mit niemandem abgleichen, sie kann uns nicht genommen werden. Kommunikation wird zu einem Mitteilen von verschiedenen Wahrheiten, eine Art Büfett von Erfahrungen und Erlebnissen entsteht. Wir versuchen nicht länger alles auf die eine richtige Sicht der Dinge zu reduzieren, sondern leben in einer Vielzahl von Ansichten, die nebeneinander existieren dürfen. In einer Partnerschaft hilft ein solches Verständnis von Wahrheit, sich in seiner Art gegenseitig belassen zu können, zu respektieren, dass der andere etwas ganz anders erlebt und einschätzt als wir. Partnerschaft wird zu einer Verbindung in Vielfalt und verzichtet auf Gleichschaltung. Wir ersparen uns z. B. endlose Diskussionen, ob der Urlaub angenehm verlief oder nicht, das Wetter zu heiß oder nicht zu heiß war. Wir brauchen keine endgültigen Definitionen mehr zu finden, sondern sind eingeladen, die Erfahrungen des anderen zu hören und uns von ihnen bereichern zu lassen. Es ist nicht mehr nur noch unsere Empfindung gültig, wir erfahren auch ganz andere Sichtweisen, fühlen uns in diese ein und können sie auf diese Weise miterleben.

Das, was wir wissen, was wir erfahren und gesehen haben, was wir fühlen und denken ist unsere persönliche Wahrheit (s. o.). Andersherum, alles was wir nicht selbst erfahren, gefühlt oder gedacht haben, alles, was nicht aus unserem Erleben kommt, ist nicht unsere Wahrheit. Diese Abgrenzung hilft uns für das achtsame Sprechen. Wir verlieren beim Sprechen nicht unsere Wahrheit, wenn wir uns auf unser Erleben konzentrieren und uns darauf beschränken, nur davon zu sprechen. Das heißt nicht, dass wir nicht auch über andere Dinge reden könnten, etwas, was wir nicht wissen, nur gehört haben, über die Welt unserer Gedanken und Konzepte. Wir können auch dabei in unserer Wahrheit bleiben, wenn wir zum Ausdruck bringen, dass diese Aussagen Gedanken oder Konzepte sind, die in unserem Kopf existieren und mit denen wir uns beschäftigen. Manchmal erzählen Teilnehmer in den Achtsamkeitskreisen, was bei ihnen an Gedanken, Wünschen und Emotionen durch die Medien ausgelöst wurde. Solange sie die Inhalte nur als Inhalte ihrer Gedanken mit den darin enthaltenen Meinungen, Ansichten, Bewertungen oder Forderungen beschreiben, ist es ihre Wahrheit. Anders ist es, wenn sie ihre Meinungen und Urteile zu Behauptungen werden lassen. Sie verlassen die relative Ebene ihrer persönlichen Wahrheit und wechseln zu einer Sprache, die festlegt, den Dingen ihren Stempel aufdrückt und ihre Sicht als die eine absolute Wahrheit hinstellt.

Ein Beispiel: Alkohol trinken ist in buddhistischen Kreisen umstritten. Ich trinke keinen Alkohol und habe dafür meine Beweggründe. Manchmal fehlen konkrete Gründe für unser Handeln, zumindest haben wir sie rational nicht präsent, weil unser Handeln oder Nicht-Handeln aus dem Bauch heraus geschah. Wir müssten lange suchen, vielleicht Gründe erfinden, um das Verhalten nachvollziehbar werden zu lassen. Ein achtsamer Umgang mit dem Thema in einer Diskussion um die buddhistische Lehre würde voraussetzen, zuerst einmal zu klären, aus welcher Motivation gesprochen wird. Wollen wir voneinander erfahren, unser Wissen und unsere Erfahrungen zum Thema teilen oder uns darüber auseinander setzen, was richtig oder falsch ist? Letzteres gibt keinen Raum für achtsame Kommunikation und wir können in einer solchen Konstellation uns nicht inhaltlich einbringen. Wir können nur mitteilen, dass uns daran gelegen ist, von dem oder den anderen zu erfahren und wir gerne auch von unserer Haltung sprechen möchten, ohne aber gleich in richtig oder falsch eingestuft zu werden.

Ist Raum da und Interesse vorhanden, dann würde achtsames Sprechen so lauten: »Ich trinke keinen Alkohol. Damit fühle ich mich wohl, ich vermisse ihn nicht. Angeregt, keinen Alkohol mehr zu trinken hat mich Thich Nhat Hanh, der auf die Gefahren und den Missbrauch von Alkohol in seinen Reden immer wieder hinweist. Den Ausschlag für mich gaben dann die ›Achtsamkeitstrainings‹, die mir eine Hilfe in meiner Praxis sind und die ich daher gern befolgen möchte. Ich verstehe die Achtsamkeitstrainings so, dass Alkoholkonsum ganz abgelehnt wird.«

Bei einer solchen Formulierung spreche ich von mir, von meinen Gründen und Gefühlen. Anders wäre es, wenn ich Folgendes sagen würde: »Alkohol und Buddhismus sind unvereinbar. Wer Buddhist ist, darf keinen Alkohol trinken. Die Aussagen in den Schriften dazu sind eindeutig, jede weitere Diskussion darüber ist überflüssig.« Mit solchen Worten schließe ich alle anderen Sichtweisen aus, zeige auch kein Interesse, geschweige denn Verständnis für sie und erkläre meine Ansicht als die einzig richtige.

In Beziehungen basieren viele Konflikte allein darauf, dass ein Ereignis völlig verschieden interpretiert wird. Statt sich gegenseitig zuzuhören und die jeweilige Version des anderen verstehen zu wollen, entstehen heftige Diskussionen und Auseinandersetzungen um die Frage, wer mit seiner Sicht und Interpretation Recht habe. Diese Konflikte wären vermeidbar, würden wir aus einem wohlwollenden, offenen Geist und mit einer achtsamen Sprache sprechen.

Ein Beispiel: Er: »Der Film war mir viel zu kitschig, die ganze Story war unglaubwürdig und unlogisch. Du suchst immer so rührselige Hollywood-Schinken aus, die unter meinem Niveau liegen.« Sie: »Du hast überhaupt keinen Humor und Gefühle verdrängst du sowieso. Der Film war eben locker, ich fand ihn super. Mit Niveau hat das überhaupt nichts zu tun!«

Ein Streit beginnt, der manchmal über Tage nachwirken kann. Die eigene Wahrheit könnte sich so zeigen: Er: »Ich habe mich gefreut, mal wieder mit dir ins Kino zu gehen. Der Film hat mich nicht angesprochen. Die Story hat bei mir viele Fragen aufgeworfen, manchen Handlungen konnte ich gar nicht folgen, ich konnte da keine Logik erkennen. Vieles im Film erinnerte mich an andere Hollywood-Filme, der gleiche Stil und die gleiche Art, Gefühle auszudrücken. Eine Form, mit der ich nichts anfangen kann, die nicht meinen Geschmack trifft.« Sie: »Danke, dass du mir das mitteilst. Ich habe mich auch sehr über unseren gemeinsamen Kinoabend und den Film amüsiert. Mir gefällt es, wie dort Gefühle angesprochen werden und mich manchmal zu Tränen rühren können. Ob die Geschichte glaubwürdig ist oder nicht, ist mir egal, mir sind die Schauspieler wichtig. Schließlich ist Richard Gere mein Lieblingsschauspieler.«

Beide sprechen im zweiten Beispiel von ihrer Wahrheit in Bezug auf den Film. Sie beschreiben, wie es ihnen mit dem Film ergangen ist. Ich habe die Beschreibungen kurz gehalten, beide könnten dem anderen ausführlicher erzählen, welche Szenen und Aspekte des Films sie berührt oder besonders angesprochen haben. Bei einem solchen Sprechen entsteht Nähe und Vertrautheit, wir erfahren vom anderen seine Gefühle und Sehgewohnheiten, seine Vorlieben und Abneigungen.

Im Buddhismus ist Gewaltlosigkeit (Sanskrit: ahimsa) eine der wichtigsten Einstellungen zum Leben und steht als erste der fünf Regeln für ein buddhistisches Handeln. Diese Haltung können wir in unserer Kommunikation umsetzen und zugleich üben, indem wir uns um eine gewaltfreie, friedliche Sprache bemühen. Sprechen wir von unserer Wahrheit, unseren Bedürfnissen, Wünschen und Ansichten, ohne sie als Forderungen oder Behauptungen gegen andere zu richten, ist unsere Kommunikation frei von Gewalt. Gewalttätig wird unser Sprechen, wenn wir fordernd den anderen zu etwas zwingen oder ihm etwas verbieten möchten. Nehmen wir dem anderen seine Wahlfreiheit, indem wir von *müssen*, *sollen* oder *dürfen* sprechen, ihn fordern und nötigen, sind wir bereits gewalttätig. Das gilt natürlich auch umgekehrt: Wer uns zu einer Handlung oder Ansicht nötigt, handelt uns gegenüber gewalttätig. Im Alltag kommt diese Form von Gewalt sehr häufig vor, oft unbewusst und meist so subtil, dass sie uns oft gar nicht bewusst wird.

Im Großen zeigen uns die Kriege und Verbrechen, wie Unversehrtheit, Rechte oder Freiheiten missachtet werden. Im Alltag ist es manchmal unsere zugeparkte Einfahrt, das gebrochene Versprechen oder nicht gehaltene Absprachen. Selbst wenn wir ein Recht auf etwas haben, wissen wir nicht sicher, ob wir es auch erfüllt bekommen. Es liegt oft nah, uns mit Gewalt unser Recht zu holen und durchzusetzen. Dieser Weg der Gewalt ist manchmal auf den ersten Blick erfolgversprechender als der Weg der Gewaltlosigkeit. Zu den »Kollateralschäden«, die ein solcher Weg fordert, gehören neben Verletzungen und Opfern eine nicht mehr von Frieden und Liebe getragene innere Haltung. Selbst wenn wir aus Notwehr oder um andere zu verteidigen Gewalt einsetzen, ist dies bereits eine Belastung und Gewalttätigkeit unseres Geistes. Zudem wird mit einem solchen Weg die Spirale von Gewalt und Gegengewalt weitergeführt. Hass beenden wir nicht mit Hass, sondern nur mit Liebe.

Die Praxis besteht darin, alle unsere Forderungen aufzugeben und stattdessen unser Anliegen in einer friedlichen Weise auszudrücken. Schauen wir etwas tiefer in unsere Forderungen, erkennen wir, dass sie Bitten sind. Alle unsere Wünsche, und Anliegen sind letztlich Bitten an die Welt. Ob sie erfüllt werden oder nicht, liegt nicht allein in unserer Macht, sondern hängt von vielen Bedingungen ab. Diese Erkenntnis kann zu einer grundlegend neuen Haltung unserem Leben gegenüber führen. Im christlichen Kontext sagen wir: »Alles ist ein Geschenk Gottes.« Für Buddhisten ist die Erkenntnis der gegenseitigen Abhängigkeit wesentlich. So unangenehm es klingen mag, wir sind in vielerlei Hinsicht abhängig vom Verhalten und von der Zustimmung des anderen.

Mit einer solchen Haltung bleiben wir auch dabei zu bitten, selbst wenn wir glauben, auf etwas Anrecht zu haben oder als Vorgesetzter eine Anweisung geben zu können. Damit werden wir nicht beliebig oder machtlos, verzichten nicht auf die Konsequenzen, die möglicherweise mit dem Nichtbefolgen unserer Bitten eintreten. Aber wir akzeptieren, dass die andere Person frei ist, ihre Entscheidung zu treffen, auch wenn sie dann die daran geknüpften Konsequenzen zu tragen hat. Bitten sind verbindlich und klar und dennoch belassen sie der anderen Person ihre Freiheit.

Der wesentliche Unterschied zwischen einer Bitte und einer Forderung besteht in unserer Haltung. Wollen wir den anderen zu etwas zwingen oder respektieren wir seine Antwort, egal wie diese ausfällt? Wenn wir darum bitten, dass Mitarbeiter pünktlich zur Arbeit kommen oder unser Partner nicht fremdgehen möge, dann ist es dann eine Bitte, wenn wir respektieren können, dass sich die betreffenden Personen nicht daran halten. Es ist eine Bitte, wenn keine persönlichen Angriffe oder Vorwürfe erhoben oder Strafen angedroht werden, obwohl die Mitarbeiter zu spät kommen oder der Partner fremdgeht. Wir greifen nicht die Person an, ziehen aber unsere Konsequenzen. Vielleicht ist die erste Reaktion die, den anderen verstehen zu wollen. Gerade bei Beziehungsproblemen sind unerfüllte Bitten eine Einladung, mehr aufeinander einzugehen und sich empathisch zu verbinden. Nach diesem Schritt finden wir zu unserer Antwort. Vielleicht gibt es keine Übereinkunft und es kommt zu einer Trennung. Diese Trennung kann sicherlich sehr schmerzhaft verlaufen, gelingt es uns aber in der Haltung des Respekts, der Liebe und Gewaltlosigkeit zu bleiben, beschränkt sich unser Leiden auf den Trennungsschmerz und wird nicht noch durch Aggression und gegenseitige Verletzungen verschlimmert.

Kommunikation kann hier wieder Ausdruck und zugleich Training unserer Liebe werden. Wir trainieren, indem wir immer wieder stoppen, wenn wir eine Forderung stellen wollen und kümmern uns um unsere Geisteshaltung. Forderungen werden so zu Achtsamkeitsglocken, die uns an unsere Geisteshaltung erinnern. Es empfiehlt sich, weniger dramatische Situationen als Übungsfeld zu nutzen, damit wir bereits ein Training haben, wenn wirklich schwierige Herausforderungen auf uns zukommen. Dieses Training schafft zugleich Vertrauen und lässt uns erkennen, wie befreiend es ist, diese offene Haltung zu bekommen. Alles Greifen und Warten findet ein Ende, wir sind in tiefer Akzeptanz mit uns und den anderen. Aus dieser Akzeptanz erwächst Dank. Wir werden dankbar für alle Begegnungen, Geschenke und die Erfüllung unserer Wünsche. Dem anderen dankbar sein, eigentlich allem gegenüber dankbar zu sein, ist Ausdruck der Erkenntnis, dass alles letztlich ein großes Geschenk ist. Zugleich nährt Danken unsere gegenseitige Liebe und kann so dazu beitragen, unsere Beziehung lebendig und unsere Liebe frisch zu halten.

Urteile

Sich immer auf die eigene Wahrheit zu beschränken ist ein Übungsweg. Es beginnt mit unserer Wahrnehmung und der Frage: Was habe ich gesehen, gehört oder gespürt? Nur das können wir als unsere Wahrheit bezeichnen. Doch sehr schnell schleichen sich bei unseren Beobachtungen Interpretationen und Bewertungen mit ein und wir schließen von unserer Wahrnehmung auf das Objekt der Wahrnehmung. Es gibt eine Meditation, in der wir die vier bzw. sechs Elemente kontemplieren, die unsere Existenz ausmachen. Neben den vier Grundelementen Erde, Wasser Feuer und Luft werden noch Raum und Bewusstsein hinzugezählt. Für unser Sprechen kann uns diese Meditation helfen zu spüren und zu wissen, was zu unserer subjektiven Wahrheit gehört und was wir nicht mehr als diese bezeichnen können. Erde zum Beispiel gilt bereits als ein konzeptueller Begriff, der zu abstrakt ist, um exakt auszudrücken, was wir erleben, wenn wir von Erde sprechen. Wenn wir das Wort Erde hören, können wir Ton, Stein oder Erz meinen, wir können von Schlamm oder Staub sprechen. In der Meditation lösen wir uns von dem Begriff Erde und konzentrieren uns auf das, was wir empfinden, wenn wir mit Erde in Kontakt kommen. Erde löst harte oder weiche Empfindungen aus, wir berühren etwas Festes und Schweres, das beim Gehen als glatt oder steinig wahrgenommen werden kann. Wasser ist etwas, das wir als feucht und fließend wahrnehmen und Feuer erfahren wir als Wärme und

Licht. Diese Meditation bringt uns aus dem begrifflichen Denken zu unseren unmittelbaren Empfindungen, die wir anderen gegenüber als unsere Wahrheit beschreiben können. Diese Empfindungen lösen bei uns Gefühle aus, wir haben ein angenehmes oder unangenehmes Gefühl, wenn wir in Kontakt mit einem Objekt kommen. Auch dieses Gefühl ist unsere Wahrheit, solange wir nicht dem Objekt unser Gefühl übertragen. Ich habe ein angenehmes Gefühl, wenn ich den festen Boden spüre. Deswegen aber ist der Boden nicht grundsätzlich angenehm. Möglicherweise bekommt jemand anderes auf einem harten Boden ein sehr unangenehmes Gefühl. Das, was in uns lebt, was wir von uns mitteilen können, sind unsere Empfindungen und Gefühle und die daraus sich entwickelnden Reaktionen. Wir möchten bei einem angenehmen Kontakt möglichst lange verweilen. Bei Unangenehmem möchten wir zurückweichen und ein schnelles Ende der Berührung herbeiführen. Angenehmes führt zu positiven Emotionen: Wir freuen uns und sind glücklich. Unangenehmes führt zu negativen Emotionen: Wir werden ärgerlich oder wütend. Empfinden, Fühlen und Reagieren sind Teile unserer Welt, unser Ton, den wir der Welt gegenüber erklingen lassen.

Von dem großen chinesischen Zen-Meister Hui-neng (638–713) ist folgendes berühmte Koan überliefert: Zwei Mönche stritten sich. »Die Flagge bewegt sich«, behauptete der eine, worauf der andere Mönch erwiderte: »Nicht die Fahne, sondern der Wind bewegt sich.« Hui-neng kam in diesem Moment hinzu und sagte: »Weder die Flagge noch der Wind bewegen sich. Einzig euer Geist bewegt sich.«

Achtsames Sprechen basiert auf dieser Art des Erkennens. Wir sind uns unserer Empfindungen und Reaktionen gewahr, die von einem Objekt unserer Wahrnehmung ausgelöst wurden und übertragen sie nicht auf das Objekt. Betrachte ich eine Blume, dann kann sie mir gefallen oder auch nicht gefallen. Die Blume sieht weder schön noch nicht schön aus, allein mein Geist ist es, der das festlegt. Eine Festlegung, die nicht von Dauer ist. Wie alles, wandeln sich auch unser Geschmack, unsere Einstellungen und Ansprüche ans Leben. Musik, die uns heute gefällt, kann uns schon in naher Zukunft missfallen, sympathisch erscheinende Menschen nehmen wir plötzlich als unsympathisch wahr usw. Wir sind die Quelle der Bewertungen, die wir dem Außen auferlegen.

Wir beurteilen ständig uns selbst und unsere Umwelt. Im Lichte der gerade vorgestellten Erkenntnis, können wir allen Urteilen im Sinne von Bewertungen ihre Wahrheit absprechen. Sie stimmen nie! Sie sind falsch, weil sie unsere Empfindungen, Gefühle und Reaktionen auf das beurteilte Objekt oder die beurteilte Person übertragen und nicht dem wahren Charakter oder Wert des Objektes entsprechen.

Der Klarheit wegen: Für Urteile im Sinne von Gerichtsurteilen gilt das hier Gesagte nicht. Ob diese Sinn oder keinen Sinn machen, ob sie stimmen oder nicht stimmen, ist eine ganz andere Frage, die hier nicht erörtert wird.

Zurück zu unseren Urteilen. Beurteilen wir uns selbst, könnten wir noch am ehesten glauben, dass sie wahr sind, schließlich weiß ich doch, was mit mir los ist. Doch auch hier gilt, Urteile stimmen nicht! »Ich bin hässlich« könnte ein Urteil über sich selbst lauten. Stimmt es? Was sagt es aus? Zu dem Urteil komme ich, weil mir an meinem Aussehen etwas nicht gefällt, meinen Vorstellungen nicht entspricht. Wie falsch Urteile über das Aussehen sein können, fällt mir bei jungen Menschen auf, die sich, trotz ihrer jugendlichen Schönheit, oft »grottenhaft hässlich« empfinden. Würden sie, statt zu urteilen, ihre Vorstellung oder Wünsche an ihr Aussehen beschreiben, wäre das ihre Wahrheit. »Mir gefällt meine schuppige Haut nicht.«

»Wenn ich meinen dicken Bauch sehe, dann gefällt mir mein Aussehen nicht.« Diese Aussagen beschreiben unsere Wahrnehmung und die daraus entstandenen Gefühle und Reaktionen. Ich bin nicht hässlich, aber es gibt an mir Bereiche, die mir missfallen.

Wir können ausdrücken, dass wir mit Seiten von uns nicht übereinstimmen, doch deswegen brauchen wir kein Urteil über uns aussprechen. Das bezieht sich auch auf unsere mentalen Leistungen und Charaktereigenschaften. »Ich bin faul« oder »Ich bin doof« genauso wie »Ich bin ein Genie« oder »Ich bin zuverlässig« sind Beurteilungen, die auf einer Erfahrung und mentalen Reaktion beruhen. Faul erlebe ich mich, weil ich für mich wichtige Dinge nicht erledigt habe, ich keinen Antrieb für eine Betätigung verspüre, mich Arbeit abschreckt usw. Das löst bei mir Ärger oder Frustration über mich selbst aus. Ich bin nur deshalb »doof«, weil ich gerne eine höhere geistige Leistung erbringen, eine fremde Sprache lernen oder einen komplizierten Text verstehen wollte.

So wie wir uns selbst nicht zu beurteilen brauchen, um auszudrücken, was wir empfinden und fühlen, wenn wir uns betrachten, genauso gilt das auch für unsere Mitmenschen. Wir können beschreiben, was wir sehen, erfahren und beobachten, wie wir uns damit fühlen, welche Reaktionen es bei uns auslöst. Selbst wenn dem anderen der Unterschied zwischen Beschreiben und Beurteilen nicht bewusst ist, schafft es eine sehr viel nähere und offenere Atmosphäre, wenn wir nur über das sprechen, was unsere Wahrheit ist und ihn nicht beurteilen. Es ist ein Sprechen, das einen nicht-urteilenden Geist braucht, damit es nicht doch als verklausuliertes Urteil beim anderen ankommt.

Der nicht-urteilende Geist ist ein Metta-Geist, eine Geisteshaltung, die alle Wesen und Dinge in ihrer Erscheinung wertschätzt, allein weil sie da sind. Diese Sicht möchte dem

Außen nicht den eigenen Stempel aufdrücken, nicht alles von den eigenen Interessen und Bedürfnissen aus bewerten. Ein Wort wie Unkraut gibt es in einer liebevollen Sprache genauso wenig wie Ungeziefer. Diese bewertende Sprache ist manchmal in sich unlogisch. Kraut und Unkraut, Wetter und Unwetter machen genauso Sinn wie das Wort Nullwachstum. Sie kommen aus dem anthropozentrischen Denken, das uns zum Nabel der Welt macht und festlegt, was ein Wetter und was ein Unwetter ist.

Wenn unser Geist die beurteilende Sicht nicht mehr vollzieht, kommen wir zu einer ganzheitlichen, liebevollen Sicht und damit zu einer wertfreien Sprache. Unsere Denkgewohnheiten und Sprachmuster hindern uns daran, sie wirklich zu sprechen. Wir werden infiltriert von der trennenden Umgangssprache, die uns überall im Alltag begegnet und sich auch auf unser Denken auswirkt. Nicht zu urteilen ist kein Verzicht, sondern eine Befreiung von einer Täuschung, die uns davon abhält, die Dinge so wahrzunehmen, wie sie wirklich sind. Zu urteilen ist die Anstrengung, die wir derart verinnerlicht haben, dass wir nicht mehr bemerken, wie sehr sie uns belastet. Werden wir frei vom Urteilen, bemerken wir, wie entspannend und öffnend das für unseren Geist ist. Wir treffen einen Menschen und machen uns keine Gedanken mehr, ob er ein guter oder schlechter, ein fauler oder fleißiger Mensch ist, sondern bleiben bei unseren Eindrücken, unseren Gefühlen und Regungen, die dieser Kontakt bei uns auslöst.

Mich hat ein japanischer Mönch beeindruckt, der anlässlich seines Deutschlandbesuchs gefragt wurde, wie ihm denn Deutschland gefallen habe. Der Mönch, anscheinend klar in seinem Geist, verzichtete darauf, sich Gedanken darüber zu machen, wie er Deutschland beurteilt, ob es ein schönes oder nicht schönes, ein freundliches oder unfreundliches Land ist, sondern antwortete mit seinen Erlebnissen, die er hier gemacht hat: »Ich habe hier viele Menschen getroffen, die mich freundlich aufgenommen haben, mit mir Zen praktizierten und erfahren waren in der Meditation. Das hat mich sehr gefreut. Ich war in verschiedenen Gegenden von Deutschland, überall habe ich mich wohl gefühlt, ob in ländlichen Gebieten oder in Städten. Mir sind immer wieder sehr freundliche Menschen begegnet und ich konnte in einigen Gegenden morgens lange im Wald spazieren gehen und immer wieder Stellen entdecken, die mir einen wunderschönen Ausblick boten.«

In seinem Roman »Utopia« lässt Thomas Morus die Bewohner der Insel Utopia dem Gold keinen Wert beimessen. Für sie ist Gold ein ganz normales Metall, mit dem sie Werkzeuge und Ketten herstellen. Als dann erstmals Bewohner eines anderen Landes ihre Insel besuchten, glaubten sie, dass diejenigen, die Goldketten trugen, Gefangene oder Sklaven seien, und behandelten diese entsprechend. Nicht das Gold an sich hat den Wert, sondern wir geben ihm den Wert. Das können wir an der Börse beobachten. Jeden Tag wird das gleiche Gold neu bewertet, ohne dass es sich auch nur im Geringsten verändert hat.

Häufig werden in der Kommunikation Diagnosen über den anderen ausgesprochen. Sie sind den Urteilen vergleichbar. Mit Diagnosen behaupten wir, bewusst oder unbewusst die körperliche, psychische, soziale oder charakterliche Struktur des anderen zu kennen und klassifizieren bzw. diagnostizieren zu können. Solange wir nicht als Arzt, Berater oder Therapeut mit jemandem kommunizieren, wird eine Diagnose zu einem Sprechen jenseits unserer Wahrheit. Wir befinden uns mit Diagnosen im Bereich der Konzepte und Unterstellungen, Mutmaßungen und Hypothesen. Diagnosen des Alltags haben als Grundlage Astrologie und alle verwandten Unterarten von esoterischen Menschenbildern, das breite Feld der Populärpsychologie, politische oder soziologische Theorien oder andere Lehren, die Kategorien für das Wesen und das Verhalten eines Menschen liefern. Statt einer offenen Begegnung, in der wir mit dem bereits vorgestellten Anfängergeist auf den anderen zugehen, haben wir ihn bereits in unsere Konzepte »eingewickelt«. Für die wirkliche Begegnung ist kein Raum mehr. Wie die Urteile sind auch Diagnosen grundsätzlich falsch, weil sie, nach welcher Lehre auch immer, dem Betroffenen ein Konzept überstülpen. Ich möchte an dieser Stelle Franz Stowasser und Gabriele Cahill-Brunner zitieren, die in ihrem Buch »Partnerschaftliche Kommunikation« über das Ende der Typenlehre schreiben:

»Typenlehren wurden entwickelt, um die Welt ein bisschen einfacher zu machen. Jahrelang war es das Bestreben, Menschen einer bestimmten Typenbezeichnung unterzuordnen. Da gab es zunächst die Körpertypen wie Leptosome, Pykniker, Athleten, dann Sanguiniker, Choleriker, schließlich rote, blaue grüne Typen, Teamplayer, Einzelkämpfer, Sternzeichen, Menschen vom Mars und von der Venus, Karpfen, Hechte und andere Anleihen aus dem Tierreich, es gab Macher, Zögerer, Initiative, Kreative, Introvertierte, Extrovertierte, in Manager-Zeitschriften werden jeden Monat neue Typen vorgestellt: z. B. Makelloser, Aktionist, Nachdenker, Abgehobener, Neinsager, Angepasster. Schließlich gab es so viel Typengruppen wie Typenlehrer und die Inflation im Typenchaos war perfekt.

Die ursprüngliche Idee der Vereinfachung im Fachbereich Menschenkenntnis war an der eigenen Typenkonstruktion gescheitert. Was nun? Neue weitere Typenlehren taugen nicht mehr, werden belächelt und allenfalls noch in Comedy-Shows benutzt. Es gilt jetzt, eine systemische Beschreibung der Interaktion zu finden, die nicht mehr auf Persönlichkeitsmerkmalen (die dann zu Typen reduziert werden) basiert, sondern auf Reflexion. Die Beziehung zwischen ICH und DU soll beschrieben werden. Diese Beziehung entsteht immer wieder neu, wird immer wieder neu begriffen und bietet darin unendliche Lernchancen. Die Zeiten des ›Du bist ein (…-Typ)‹ sind vorbei.«[12]

Seine Denk- und Sprachgewohnheiten so weit zu verändern, dass wir zu einem offenen Sprechen kommen, das unsere Wahrheit ausdrückt und dem Hörenden ermöglicht, uns zu verstehen, braucht Übung und Unterstützung von Außen. Im Buddhismus gibt es drei Juwelen, die den gesamten Buddhismus ausdrücken. Neben dem Buddha und seiner Lehre ist es die Gemeinschaft, die als ein solches Juwel betrachtet wird. Seinen Partner anzusprechen, ob er sich nicht mit auf den Weg zu einer Sprache des Herzens machen möchte, ist der sinnvollste erste Schritt. Aber auch die Kinder und das eigene Umfeld, soweit möglich, mit einzubeziehen, sie einzuladen, doch mit zu praktizieren, ist eine Möglichkeit. Ich empfehle, darüber hinaus einen Kreis von Menschen zu suchen, der sich mit Achtsamkeit und achtsamer Kommunikation beschäftigt. Um einen Einstieg zu bekommen, sind neben der Literatur Seminare zum Thema hilfreich. Nur aus dem Buch und allein für sich lässt sich eine solche Sprache nur sehr schwer erlernen.

Leiden aussprechen

»Möge ich fähig sein, mich selbst mit den Augen der Liebe und des Verstehens zu betrachten.« Diese Kontemplation aus der Metta-Meditation hatten wir bereits im Kapitel Liebe vorgestellt. Leiden wir, stehen wir im Feuer brennender Emotionen, haben uns die Ängste und Sorgen ergriffen oder Verzweiflung gelähmt, brauchen wir unser liebevolles und verstehendes Auge, mit dem wir unser Leiden betrachten. Liebe fängt mit uns selbst an, wir können keine Liebe geben oder annehmen, wenn wir sie nicht auch für uns selbst empfinden.

Ärger, Wut, Angst, ebenso Freude und Begeisterung lösen Energien und Reaktionen aus, die sich in unserem Geist und Körper wie von selbst entfalten. Ein kleiner Impuls, und Ärger steigt auf, ein energetischer Schub folgt. Gemeinsam lösen sie eine Kettenreaktion von weiteren Gefühlen, körperlichen Reaktionen und eine Flut an Gedanken aus.

Umgang mit Ärger

Wenn wir uns ärgern, fühlen wir im Körper meist Unruhe, Schmerzen, Anspannung, Atemnot, Herzklopfen oder andere Symptome. Zugleich entwickelt sich eine Fülle an Gedanken über den anderen. Uns fallen alte Geschichten ein, in denen er uns schon einmal ärgerte. Wir überlegen, wie wir ihn für unseren Ärger bestrafen könnten, haben Gedanken der Rache und Vergeltung oder Gedanken der Scham, Verzweiflung und Ohnmacht. Wir führen innere Dialoge, diskutieren und streiten in unseren Vorstellungen, rechfertigen uns und klagen an oder wollen flüchten und uns am liebsten ganz auflösen. Ein Gedanken-Cocktail, der unseren Geist vergiftet. Wir sind gefangen in den Gedankenfluten. Hilflos treiben wir in ihnen, hin- und hergerissen zwischen Abwehr, Vorwürfen, Selbstvorwürfen und Verzweiflung. Gedanken, die sich ständig wiederholen, keinen Ausweg lassen, heizen das in uns lodernde Feuer immer weiter an, bis wir explodieren. Dann »platzt uns der Kragen«, wir »fahren aus der Haut« und werden wild und gewalttätig oder ziehen uns mit giftigen Blicken und bösen Worten beleidigt zurück.

Ob wir aus Begeisterung oder aus Wut wach sind und nicht mehr schlafen können, macht eigentlich keinen Unterschied für plötzliches Muntersein. Die aus unseren ärgerlichen Gefühlen und Gedanken entstandene Energie ist neutral. Sie ist die gleiche Energie, die wir bei Freude und Begeisterung erleben. Unterschiedlich sind die mit der Energie verbundenen Gedanken, Gefühle und körperlichen Reaktionen. Daher können wir der Energie ihren freien Lauf lassen, solange wir sie von unseren Gefühlen und Gedanken trennen können. Die buddhistische Nonne Pema Chödron schreibt in ihrem Buch: »Geh an die Orte, die du fürchtest«: »Wenn sich ungefragt eine emotionale Bedrängnis einstellt, dann lassen wir die gedankliche Story fallen und verweilen bei der Energie. Dies ist eine direkte Erfahrung, kein verbaler Kommentar über das, was geschieht. Wir spüren die Energie tatsächlich in unserem Körper. Wenn wir dabei bleiben können, ohne darauf zu reagieren oder sie zu verdrängen, dann weckt sie uns auf. Viele Menschen fragen: ›Ich schlafe beim Meditieren dauernd ein. Was kann ich nur dagegen tun?‹ Es gibt viele Gegenmittel gegen die Schläfrigkeit; mein bevorzugtes Mittel ist: ›Erfahre den Zorn!‹«[13]

Wir befreien uns aus der Umklammerung der Emotionen, indem wir ihre Kraft neutralisieren. Gelingt es uns, ihnen ihre Energie zu nehmen, werden wir nicht mehr von ihnen getrieben. Sie können uns nicht mehr zu weiteren Reaktionen zwingen. Wenn wir ärgerlich werden, uns Wut packt, hilft es nicht, mit Gedanken und Willen dagegenzuhalten. Zuerst sollten wir uns um die auftretenden körperlichen Symptome kümmern. Wir halten inne und konzentrieren uns auf unseren Körper. Ohne die dort wirkenden Kräfte zur Ruhe kommen zu lassen, können wir auch die Gefühle nicht beruhigen. Wir versuchen uns aus dem Gedankenkarussell zu befreien, indem wir sie durch Achtsamkeit auf den Körper loslassen. Wir verbinden das, was wir im Körper jetzt erfahren, nicht mit unserem Ärger, sondern sehen es einfach nur als körperliches Symptom an. Da ist Unruhe, da ist Anspannung, da ist Schmerz. Wir atmen zu unserer Unruhe, unserem Schmerz und denken nicht weiter über unseren Ärger nach. Ist sehr viel Energie im Körper und baut sie sich nicht von alleine ab, können wir spazieren gehen, Rad fahren, tanzen oder Sport treiben, um sie zu reduzieren und zu einer inneren Ruhe zu kommen.

Vom Buddha gibt es ein berühmt gewordenes Gleichnis vom Giftpfeil. Wenn jemand von einem giftigen Pfeil getroffen wurde, dann überlegt er nicht erst, warum wohl der Schütze den Pfeil auf ihn geschossen hat, ob er ärgerlich war oder räuberische Interessen hatte. Er fragt noch nicht einmal, wer geschossen hat, sondern kümmert sich um den Pfeil, den er schnellstens herauszieht, um sein Leben zu retten. Wenn wir uns um unseren Körper kümmern, ihn zu Ruhe und Harmonie zurückführen, tritt unser Ärger in unserem Bewusstsein zurück. Bei dieser Praxis brauchen wir unser liebevolles Auge. Je mehr Liebe für uns da ist, umso leichter fällt es uns, unseren Ärger loszulassen und uns ganz auf unseren Körper einzulassen.

Sind wir freier und gelöster im Körper geworden, ist das lodernde Feuer gelöscht, können wir uns auf unseren Geist konzentrieren. Wieder ist es das liebevolle, verstehende Auge, das auf unseren Geist blickt. Akzeptanz und Einfühlung mit uns selbst helfen uns, uns unseren Emotionen zuzuwenden, ohne sie zu verurteilen und abzulehnen. Wir haben bereits über die Offenheit von Achtsamkeit geschrieben. Achtsamkeit urteilt nicht. Achtsamkeit und Metta bekämpfen uns nicht. Achtsamkeit ist das Licht, das in unseren verdunkelten Geist leuchtet, und Metta schließt Frieden mit uns. Metta lässt uns auch Frieden schließen mit dem, was uns ärgert, wütend macht und leiden lässt.

Die Realität akzeptieren

Alle ablehnenden Gefühle entspringen einem Geist, der die Realität, so wie sie ist, nicht akzeptiert. Wir haben Ärger mit uns, weil wir uns nicht akzeptieren. Ebenso sind wir auf unsere Mitmenschen wütend, weil wir sie in ihrem Sein nicht akzeptieren können. Wir ärgern uns über Vorkommnisse, weil wir sie ablehnen, uns einen anderen Verlauf unseres Lebens wünschen. Metta, der freundliche Blick auf unser Leben, umfasst alles, ob angenehm oder unangenehm, und nimmt es mit einem friedvollen Herzen an. Vor kurzem hatten wir einen schweren Wasserschaden im Haus. Natürlich empfand ich den Schadenszeitpunkt als äußerst unpassend, hatte ich doch ganz andere, mir sehr viel wichtigere Dinge zu tun, als mich um nasse Böden und Wände zu kümmern und Stunden damit zu verbringen, meine Möbel ins Trockene zu stellen. Ich bemerkte, wie Ärger und auch Verzweiflung in mir aufstiegen, denn die dringenden anderen Arbeiten konnte ich jetzt nicht mehr fristgerecht erledigen. Ich spürte meine körperliche Anspannung, den Druck im Magen. Böse Gedanken über meinen Vermieter stiegen auf: Warum hat er nicht rechtzeitig die Leitungen erneuert, statt nichts zu tun und nur die Miete zu kassieren?! Mir wurde mein Ärger bewusst und nachdem ich einige Male tief geatmet hatte und etwas ruhiger geworden war, machte ich mir klar, dass ich dabei bin, etwas nicht akzeptieren zu wollen, was eingetreten ist. »Nimm jeden Augenblick als Koan!« Ich begann Frieden zu schließen, entwickelte eine freundliche Haltung zum Wasserschaden, mir kam der Gedanke, wie glücklich ich doch sei, überhaupt fließendes Wasser zu haben, während Millionen Menschen täglich um Wasser kämpfen müssen. Mir wurde klar, dass ich alle Maßnahmen zur Beseitigung des Schadens sowieso machen müsse und es an mir liegt, ob ich sie in einem ärgerlichen oder einem entspannten Geist mache. Ich entspannte, akzeptierte meine Situation und fand plötzlich auch positive Seiten daran. Ich nahm es als Gelegenheit, endlich mal wieder meine Möbel auszusortieren und einige Dinge neu zu ordnen. Als dann das Gespräch mit dem Vermieter anstand, konnte ich diesem ohne Aggression und ohne ihm Vorwürfe zu machen, von meinem Wunsch erzählen, doch die Leitungen alle zu erneuern, damit in den nächsten Jahren nicht mit weiteren Schäden gerechnet werden muss. Ich war verblüfft, als er ein Angebot eines Handwerkers aus seiner Tasche hervorholte, in dem bereits eine Komplettsanierung der Leitungen berechnet war.

Innere Ruhe

Erst wenn wir Frieden mit uns gefunden haben, wir in Akzeptanz mit unserer Situation sind, ist ein liebevolles Sprechen über unseren Ärger, unseren Kummer und unser Leiden möglich. Diese Voraussetzung wird manchmal übersehen. Solange wir im Unfrieden sind, solange in uns das Feuer der Emotionen lodert, solange geben wir nichts anderes weiter als Gift und Aggression. Wir brauchen einen Abstand zu unseren Gefühlen und eine stabile Geistesverfassung, wenn wir dem anderen von unserem Leiden mitteilen wollen. Deshalb ist es gut, mit dem Sprechen so lange zu warten, bis wir zu unserer Mitte zurückgefunden haben. Wenn wir uns und unsere Situation akzeptieren, können wir frei von den Emotionen über uns sprechen. Das Sprechen über unser Leiden ist etwas anderes, als um Hilfe zu bitten oder nur mitzuteilen, dass wir leiden. Wenn in uns Ärger aufsteigt, können wir darüber sprechen, dass wir im Augenblick ärgerlich sind. Doch wir verzichten darauf, das weiter auszuführen, solange wir nicht eine gewisse Distanz zu diesem Ärger entwickelt haben. Wir helfen dem Anderen, wenn wir sagen: »Oh, ich bin sehr verärgert darüber und brauche deswegen Zeit für mich. Bitte lass uns damit aufhören und lass mir Zeit, damit ich mich wieder beruhigen kann. Dann werde ich mit dir darüber sprechen.«

Haben wir Ruhe und Distanz entwickelt, können wir dem anderen gegenüber beschreiben, was wir empfinden, welche Gefühle und Gedanken wir erlebten. Wir können ihm mitteilen, was wir uns wünschen, was wir brauchen und worum wir ihn bitten. Wichtig ist, dass wir auch hier bei unserer Wahrheit bleiben, sein Verhalten nicht werten und auf Vorwürfe und Urteile oder Diagnosen verzichten. Wenn sich der andere für unser Leiden öffnen kann, nicht selbst leidet und verschlossen ist, schaffen solche Gespräche sehr schnell einfühlende und heilende Verbindungen.

Wenn unser Gegenüber nicht stabil und frei ist, uns nicht zuhören kann oder aus unserem Erzählen Vorwürfe und Angriffe hört, dann brauchen wir Geduld und Mitgefühl. Statt einen neuen Ärger zu entwickeln, weil uns nicht zugehört wird, versuchen wir beim Sprechen deutlich zu machen, dass wir nur von uns sprechen, und bitten in einer solchen Situation, dass uns der andere von seinem Empfinden erzählt. Verständnis und Interesse für den anderen zu zeigen, entspannt viele Konflikte. Wir hatten bereits darüber geschrieben, dass es nutzlos ist, von einem verschlossenen Menschen Empathie und Verständnis zu erwarten. Ist unser Partner in einer verärgerten und verletzten Stimmung, dann sprechen wir ihm unser Mitgefühl aus und machen deutlich, wie sehr uns an einer Lösung gelegen ist.

Stille

Ein freundlicher Geist achtet darauf, womit wir unsere Umwelt belasten. Wir duplizieren unseren Ärger lediglich, indem wir anderen von dem, was uns geärgert hat, in der Absicht erzählen, dass sie unseren Ärger teilen und uns bestärken sollen. Etwas salopp gesagt: Wir achten darauf, wie und wo wir unseren »Gedankenmüll« entsorgen.

Ein sanfter freundlicher Geist schenkt Raum und respektiert die Erfahrungen des anderen. Sie haben dies bestimmt schon erlebt: Wir sind mit einem vertrautem Menschen in einer herrlichen Landschaft unterwegs. Ständig weist uns der andere auf das hin, was ihn gerade beeindruckt. Anfangs mag das noch interessant sein, doch schnell spüren wir, dass wir durch seine ständigen Hinweise daran gehindert werden, unsere eigenen Wahrnehmungen zu genießen. Auf uns angewandt zeigt uns das, wie sehr Achtsamkeit und eine Reduzierung unseres Sprechens in bestimmten Situationen hilft, dem anderen Raum für seine eigenen Erfahrungen zu geben.

Statt sich ständig nur mit seinen eigenen Eindrücken und Gedanken zu beschäftigen und von diesen zu sprechen, sind wir auch am Wohlergehen und Erleben des anderen interessiert. Wir erkennen dann, dass wir jemanden, der ebenso wie wir gerade auf ein wunderschönes Schloss schaut, nicht noch darauf hinweisen müssen, was für ein herrliches Schloss dort steht.

Der schmatzende Mönch

Über unser Leiden zu sprechen, ist für uns und unseren Partner und auch alle anderen mit uns verbundenen Menschen wichtig. Über den Wert von Kommunikation haben wir bereits geschrieben. Wie sehr Sprechen über unsere Emotionen und Probleme befreien kann, möchte ich anhand einer Geschichte zeigen, die mir ein buddhistischer Mönch erzählte: Er löschte das Feuer seiner Emotion in wenigen Minuten allein dadurch, dass er dem Mönch, über den er sich geärgert hatte, von seinem Ärger erzählte: Der Mönchsbruder fiel ihm durch sein Schmatzen auf. Anfangs war er nur darüber irritiert, doch mit der Zeit wurde es für ihn eine echte Störung. Es wurde so schlimm für ihn, dass er es kaum noch beim gemeinsamen Essen aushalten konnte und immer mehr Aversionen gegen den schmatzenden Mönchsbruder entwickelte. Eines Abends, als er in seinem Zimmer saß und meditieren wollte, konnte er sich nicht mehr auf die Meditation konzentrieren, ständig stiegen ihm Bilder vom schmatzenden Mönch auf. Er beschloss, seine Situation dem anderen Mönch mitzuteilen, ohne die Erwartung oder Forderung stellen zu wollen, dass dieser sein Schmatzen einstellen würde. Er wollte ihm einfach berichten, wie es ihm mit seinem Ärger ergeht. Er stand auf, verließ sein Zimmer und suchte den Mitbruder auf. Dieser empfing ihn freundlich und fragte nach dem Grund des Besuches. Der verärgerte Mönch begann seine Geschichte zu erzählen, wie sich sein Ärger über die Zeit immer mehr aufbaute und in keinem Verhältnis mehr stünde zum Anlass. Dieser zeigte sich verwundert und meinte, vielleicht doch etwas aufmerksamer beim Essen sein zu wollen. Dabei schaute er dem verärgerten Mönch sehr freundlich und verständnisvoll in die Augen. Dieser tiefe, freundliche Blick löste den ganzen aufgestauten Ärger von der einen zur anderen Sekunde vollständig auf. Er musste plötzlich laut und heftig lachen, der schmatzende Mönch musste mitlachen und ein gemeinsames befreiendes Gelächter entstand. Alles Schmatzen erschien dem verärgerten Mönch so weit weg, als fände es auf der anderen Seite des Universums statt. Nah war ihm nun wieder sein Mitbruder, dem er herzlich für sein offenes Ohr dankte und immer noch schmunzelnd verließ.

FORMEN DER KOMMUNIKATION

Konfliktgespräche

Ein optimal verlaufendes Konfliktgespräch vollzieht sich in mehreren Schritten. Im ersten konzentrieren wir den Geist noch nicht auf den Konflikt, sondern wir vergegenwärtigen uns, was es alles an positiven Aspekten in unserer Beziehung gibt. Zen-Meister Thich Nhat Hanh nennt diesen Schritt »das Blumen bewässern«: In Krisenzeiten trocknen die guten Seiten einer Beziehung schnell aus; wir konzentrieren uns nur noch auf die Dinge, die nicht funktionieren und unser Missfallen wecken. Mit der Achtsamkeit auf das Gute unserer Beziehung werden uns die Blumen in unserer Beziehung bewusst. Wir sprechen über sie und beleben sie dadurch. Je mehr wir in unserem Bewusstsein den positiven Dingen Raum geben, umso kleiner und relativer erscheinen uns die negativen Aspekte. Wir lösen unseren Geist aus der Gefangenschaft negativen Schauens und öffnen ihn für die zur gleichen Zeit existenten positiven Seiten.

Im zweiten Schritt sprechen wir von den Dingen, die wir bedauern. Fehler und Missgeschicke, die uns unterlaufen sind, Verletzungen die wir dem anderen zugefügt haben. Wieder wird unser Geist bewegt und kommt zu einer weiteren, anderen Sicht. Wir sind nicht nur Opfer, sondern auch Täter. Mit diesem Schritt öffnen wir zugleich das Herz des anderen. Er hört, dass wir sein Leiden sehen, seine Verletzlichkeit und Bedürfnisse kennen und manchmal aus

Unfähigkeit und Unzulänglichkeit ihm Probleme bereiten.

Erst jetzt, im dritten Schritt, sprechen wir von unseren Problemen, unserem Schmerz und Verletzungen. Wichtig ist, dass wir dabei immer wieder in unserer Wahrheit bleiben, ohne dem anderen Vorwürfe zu machen. Wir beschreiben, was uns widerfahren und wie es uns in der einen oder anderen Situation ergangen ist. Wie im Zwiegespräch wechseln wir uns in den Zeiten des Sprechens und Hörens ab, ohne dass wir uns gegenseitig unterbrechen.

Rundgespräch

Drei Juwelen besitzt der Buddhismus: Den Buddha, seine Lehre (Dharma) und die Gemeinschaft der Übenden (Sangha). Die Sangha ist der weiterlebende Körper des Buddha. Ohne Sangha wäre die Lehre tot, denn niemand würde von ihr erfahren und sie praktizieren können. Sangha bietet einen Rückhalt für die spirituelle Praxis, in ihr finden die Übenden Unterstützung und Inspiration.

Wir können das dritte Juwel auch weiter fassen und jede Form von Gemeinschaft mit einbeziehen. Wir leben in vielen Formen von Verbindungen, Familie, Freunde, Kollegen, Vereine, die Gemeinde und auch das Land, in dem wir leben, sind Gemeinschaften. Als Erdenbürger sind wir mit allen Bewohnern dieses Planeten verbunden. Wir können uns vielen Gemeinschaften nicht einfach entziehen. Ob wir wollen oder nicht, wir sind mit ihnen in Verbindung. Wir gehören zu unserer Familie, auch wenn wir Schwierigkeiten mit einzelnen Verwandten haben, wir können unseren Kollegen meistens nicht entgehen, solange wir nicht die Arbeit wechseln, was uns nur neue Mitarbeiter mit neuen Problemen bescheren würde.

Hin und wieder kommen Menschen zu uns in die Gruppe, die die ideale Sangha suchen. Sie haben bereits viele andere Gruppen durchlaufen und fanden immer etwas, was sie ablehnten, was sie enttäuschte und zum Verlassen der Gruppen veranlasste. Sie erscheinen mir wie einsame Ritter auf Gralssuche. Glücklicherweise sind über die Sangha des Buddha Berichte überliefert, aus denen hervorgeht, wie viele zwischenmenschliche Probleme und Krisen es bereits zu Lebzeiten des Buddha gab. Einfach gesagt: Selbst in der heiligen Gemeinschaft des Buddha menschelte es gewaltig. Mönche stritten sich um den guten Ruf, standen in Konkurrenz zueinander, wer denn die Lehre am besten verstanden habe. Einige legten sich mit dem Buddha persönlich an. Es gab Spaltungen und sogar einen Mordanschlag auf ihn. Dennoch war es diese Gemeinschaft, der wir den heutigen Buddhismus verdanken. In der christlichen Überlieferung ist es ähnlich, sehr menschlich werden die im Nachhinein als heilig erklärten Apostel in den Evangelien beschrieben.

Es ist eine Illusion, eine vollkommene Gemeinschaft finden zu können. Statt auf die Traumsangha zu warten, empfiehlt es sich, den bestehenden unvollkommenen Gemeinschaften zu helfen, zu ihrem vollen Leuchten zu kommen, damit sie wie ein funkelnder Juwel unser Leben bereichern und unterstützen können. Unser Glück und Wohlergehen hängt von der Harmonie und dem Zusammenhalt der Gemeinschaften ab, mit denen wir untrennbar verbunden sind. Wir finden keinen Frieden und keine Sicherheit, wenn um uns herum Unfrieden und Leiden herrscht. Das gilt sowohl auf globaler Ebene als auch im privaten Umfeld. Herrscht Unfrieden und Armut und bestimmen Hass und Aggression das Leben, sind auch wir existenziell bedroht. Es ist besser, die Unvollkommenheit zu akzeptieren und unser Bestes zu geben, statt zu warten, bis wir auf eine ideale Gemeinschaft treffen. Ebensowenig hilft es weiter, wenn wir uns enttäuscht zurückziehen im Glauben, wir könnten uns der unvollkommenen Welt einfach entziehen, damit sie sich möglichst weit zur Vollkommenheit wandelt, wohl wissend, dass dies nie ganz erreicht werden kann.

Wir können Gemeinschaften wie eine Person betrachten: Die einzelnen Mitglieder bilden gemeinsam den Körper der Person, den Sangha-Körper. Er hat die gleichen Bedürfnisse wie jeder Einzelne im Verbund. So wie jeder Einzelne Mitgefühl und Wohlwollen braucht, so brauchen auch Gemeinschaften unsere Zuwendung, Unterstützung und freundliche Haltung. Sanghas können sehr sensibel und verletzlich sein. Sie brauchen manchmal mehr Zuwendung, Anteilnahme und Achtsamkeit als die einzelnen Teilnehmer für sich gesehen.

Sanghas sind Juwelen, die Schutz und Licht brauchen, damit sie leuchten und glänzen können und nicht zerstört werden. Wenn wir unsere Gemeinschaft zu einem leuchtenden Juwel werden lassen wollen, brauchen wir Achtsamkeit, damit sie vor Missverständnissen und Streit geschützt ist und den Metta-Geist, der unser Juwel leuchten lässt, weil Liebe, Mitgefühl und Verstehen vorhanden ist. Mit Achtsamkeit und Metta kommunizieren wir in Gruppen harmonisch und lebendig, machen Herzensbegegnungen und Verstehen möglich und lassen die Weisheit der Sangha sich entfalten.

Es gibt Gesprächsformen, -methoden und Regeln, die bei Versammlungen, Treffen und Gruppengesprächen angewandt werden, um die Kommunikation lebendig und harmonisch werden zu lassen und sie vor Streit, Aggression und anderen Störungen zu schützen. Unter den vielen verschiedenen Gesprächsformen, Ansätzen und Modellen möchte ich das »achtsame Sprechen« beispielhaft vorstellen, das ich persönlich mit Gruppen praktiziere.

In einem achtsamen Gesprächskreis steht immer das Hören und das Voneinander-Erfahren im Vordergrund. Alle Maßnahmen dienen dem Ziel, Hören und Verstehen möglich zu machen. Die innere Einstellung, mit der die Teilnehmer zusammenkommen, ist der erste und wichtigste Schlüssel. Wie bereits im Kapitel »Achtsamkeit« erwähnt, hilft es besonders in noch nicht erfahrenen Gruppen, mit einer Erinnerung – zum Beispiel durch eine Rezitation eines Textes – sich die Grundlagen des Gesprächs bewusst zu machen und seine eigene innere Haltung zu überprüfen. Zu einer solchen Haltung gehören Offenheit für die anderen, bereit zu sein, zuzuhören und seinen Beitrag »absichtslos« mitzuteilen. Manchmal bedarf es einer längeren Praxis mit sich selbst, um wirklich offen zu werden für die anderen, weil wir oft zu sehr von unseren Ansichten und Meinungen überzeugt sind. Wir haben bereits oben über die Subjektivität der eigenen Wahrheit gesprochen. Ein Dialog, eine offene Begegnung ist nur möglich, wenn uns wirklich bewusst ist: Wir sind nur eine von sechs Milliarden Ansichten der Welt. Diese Erkenntnis lässt uns nicht beliebig werden, sie heißt nicht, dass irgendwie alle Recht haben, es eigentlich egal sei, wie wir die Welt sehen und was wir denken und meinen. Im Gegenteil, weil wir die Verbindung aufbauen und Verstehen möglich machen, überwinden wir Ignoranz und können im Dialog auf Irrtümer und Fehler hinweisen und auf andere Eindrücke und Gesichtspunkte eingehen.

Ein Gesprächskreis gibt die Möglichkeit, einander zu begegnen, voneinander zu erfahren. Wir wollen die Wahrheit des anderen hören, seine Wahrheit verstehen. Was empfindet, erlebt, fühlt er und welche Gedanken und Ansichten bewegen ihn? In dieser Phase gibt es keine richtigen oder falschen Ansichten. Welche Meinungen und Anschauungen es auch geben mag, sie werden nicht diskutiert, sondern vorgestellt. Wenn in einem solchen Kreis ein Rassist sitzt, oder, was eher zu erwarten ist, jemand, der gegen bestimmte Menschengruppen, Politiker, Manager oder Funktionäre der Wirtschaft, Islamisten oder andere Personen einen tiefen Hass oder Vorurteile hegt, so versuchen wir, ihn zu verstehen. Wir hören ihm zu, und versuchen, wie bereits im Kapitel »Hören« ausgeführt, seine Wahrheit herauszuhören. Welche persönlichen Beweggründe und Erfahrungen lassen ihn zu seiner Ansicht kommen? Aus welcher Geisteshaltung erwachsen seine Ansichten, Wünsche und Forderungen? Wir können ihn besser verstehen, wenn wir die Quellen seiner Meinungen, Konzepte und Theorien mitgeteilt bekommen. Sind es Freunde, bestimmte Medien oder Gruppen oder Parteien, die ihm seine Ansichten vermitteln?

Die Phase des Verstehens und Kennenlernens macht erst einen Dialog möglich. Oft wird Kommunikation abgebrochen, weil jemand etwas »Unannehmbares« etwas »Unverschämtes« oder »Rassistisches« gesagt haben soll. Ein Abbruch, der in der Regel die Fronten nur verhärtet und eine Chance vergibt, Einfluss und Verständnis zu fördern. Mich hat die vietnamesische Nonne und enge Weggefährtin von Thich Nhat Hanh, Sister Chan Khong bewegt, als sie anlässlich ihres ersten Besuchs in Vietnam nach vierzigjährigem Exil berichtete, dass kommunistische Würdenträger erstmals die in Vietnam verbotenen buddhistischen Unterweisungen Thich Nhat Hanhs anhörten und zu einem völlig neuen, nun positiven Bild von Thich Nhat Hanh und seinen buddhistischen Lehren kamen. Sie hatten bis zu diesem Zeitpunkt die Schriften nicht gelesen, sie von vornherein verurteilt und deren Verbreitung untersagt.

Hören wir etwas uns völlig Widersprechendes, haben wir oft den Impuls, sofort korrigieren zu müssen. Im politischen Bereich sehen es viele als eine Pflicht an, gegen bestimmte politische Ansichten sofort einzuschreiten und deren Verbreitung zu unterbinden. Im öffentlichen Raum, wenn es um rassistische, fremdenfeindliche oder sonst wie hetzerische Parolen geht, die die Würde des Menschen missachten, mag das angebracht sein. Doch letztlich erreichen wir damit nur Ausgrenzung und führen einen Krieg der Ansichten. Es ist leicht erkennbar, dass es nicht weiterhilft, menschenfeindliche Ansichten zu verbieten, solange wir nichts gegen die Ursachen ihrer Entstehung tun.

In einem Gesprächskreis, in dem wir einen Dialog miteinander führen wollen, werden nicht die Ansichten und Meinungen beschränkt, die ausgesprochen werden dürfen. Reglementiert wird die Form, wie wir diese kommunizieren: Jeder spricht nur von sich, konzentriert sich auf seine Wahrheit. Das ist die wichtigste Vorgabe. Wenn jemand zum Beispiel gegen Ausländer ist, dann spricht er von seiner Ansicht darüber und stellt sie nicht als allgemeine Wahrheit dar. Ein solches Sprechen würde in etwa so klingen: »Ich habe in meiner Nachbarschaft sehr viel Frust und Ärger mit Ausländern erlebt und bin letztens von einem Ausländer bedroht worden. In mir wächst dadurch ein Groll gegen Ausländer an. Wenn ich in der Zeitung lese, dass Ausländer an vielen Verbrechen beteiligt sind, bestätigt das meine Ablehnung.«

Sicherlich gibt es noch sehr viel drastischere Äußerungen von Ausländerfeindlichkeit. Auch wenn die Ansichten Vorurteile oder unzulässige Schlussfolgerungen sein mögen: Diese Art und Weise des Vortragens entspricht einem Sprechen von der eigenen Ansicht, lässt den anderen Raum. Dem Geist des Mitteilens würde eine andere Intention beim Sprechen widersprechen. Der nächste Sprecher könnte, ohne in eine Diskussion zu geraten, seine völlig entgegengesetzten Erfahrungen schildern. »Ich lebe mit Ausländern in einer sehr harmonischen und freundlichen

Nachbarschaft. Wir helfen uns bei Bedarf gegenseitig, laden uns zum Essen ein, und ich habe immer wieder große Freude an den freundliche Kindern. Die Berichte über die drohende Vergreisung unserer Gesellschaft haben mich beunruhigt, und ich bin froh, dass wir viele Ausländer haben, die hier leben wollen und unsere Gesellschaft verjüngen. Ich hoffe sehr, dass der Staat und die gesellschaftlichen Institutionen in den nächsten Jahren mehr zur Integration von Ausländern beitragen.«

Sprechen alle Teilnehmer auf eine solche Weise, entsteht ein Potpourri von Erfahrungen und Ansichten. Schon allein dadurch werden die einzelnen Ansichten relativiert, die Köpfe offener, hört doch jeder eine ganz andere, subjektiv ebenso wahre Sicht zum Thema. Ein solches »Büfett« von Lebenserfahrungen und Meinungen entsteht, wenn wir nicht versuchen, »Eintopf« zu kreieren, indem wir in einer übergriffigen, fordernden Sprache reden, die unsere Wahrheit als die objektiv einzig richtige darstellt.

Ich habe einmal erlebt, wie ein christlicher Vertreter auf einer Podiumsveranstaltung zum Thema »Liebe in den Religionen«, an der ich als buddhistischer Sprecher teilnahm, den christlichen Standpunkt in einer solch einnehmenden fordernden Sprache vorstellte. Bereits im ersten Satz begann er mit Worten wie: »*Wir sollten unbedingt* dem göttlichen Auftrag zur Liebe folgen, die uns Christus vorlebte.« Es ging weiter mit: »*Wir müssen* uns frei für die Liebe machen« und »*Wir sehen alle,* dass nur die Liebe uns retten kann und *wollen alle* unsere Liebe schenken.« Eine sehr unangenehme Stimmung kam auf. Dabei war alles, was er inhaltlich zum Thema Liebe und Christentum sagte, durchaus akzeptabel und den anderen Religionen ähnlich. Doch allein die Art, wie er es vortrug, die bestimmende und behauptende Form ließ die bis dahin offene Atmosphäre umkippen. Es wurde nun zu einem Streiten darüber, was wir tun oder nicht tun ›müssen‹, was ›unbedingt‹ dazugehört und was nicht und ob das eine oder andere wirklich für alle gelten müsse. Die weiteren Redner konnten nicht mehr ihre Lehre und ihre Sicht vorstellen, sondern sahen sich gezwungen, zu widersprechen oder sich abzugrenzen. Eine Atmosphäre des Diskutierens entstand. Das eigentliche Ziel zu erfahren, was die verschiedenen Religionen zum Thema zu sagen haben, wurde nicht erreicht.

Die bereits bei den Achtsamkeitsglocken vorgestellten Worte wie »man« oder »sollte« sind auch im Gruppenaustausch Worte, die wir besser weglassen. Sie weisen uns auf die Geisteshaltung hin: Spreche ich von mir oder fordere und verallgemeinere ich gerade? Solche Fragen erinnern uns an die hinter den Worten liegende Einstellung. In Gruppen wie im Einzelgespräch neigt der Geist dazu, sich von uns weg zu bewegen. Wir sprechen nicht mehr von und für uns selbst, sondern beginnen unsere Sicht den anderen überzustülpen. Das fällt uns oft nicht auf, weil leider die alltägliche Sprache gewohnheitsmäßig eine übergriffige Sprache ist. Selbst wenn Menschen sehr persönliche Dinge mitteilen, formulieren sie dies in Man-Form: »Man kommt ja selten früh genug ins Bett.« »Man kommt ja nicht vom Rauchen los.« »Man kauft ja lieber morgens, dann sind die Geschäfte nicht so voll.«

Eine Voraussetzung für das Gelingen eines achtsamen Gesprächskreises ist auch innere Ruhe und Geduld. Wir haben in den Kreisen unsere Gesprächszeiten bewusst hinter die Meditation gelegt, um so von der in der Meditation entstandenen Ruhe zu profitieren. In der Anfangszeit der Kreise durften Teilnehmer die Meditationszeit auslassen und nach dieser zur Teilnahme am Gespräch nachkommen. Doch wir haben immer wieder bemerkt, wie unruhig und aufgewühlt die Nachzügler oft noch waren. Sie fanden nur schwer zu ihrer Mitte und sprachen sehr von der Kopfebene aus, während die anderen dank der in der Meditation entwickelten Ruhe vom Herzen her sprechen konnten und wollten.

In den meisten weltlichen Gruppen ist es (noch) nicht möglich, vorher zu meditieren. Ich empfehle in dem Fall am Anfang dennoch etwas Zeit zu lassen, damit eine entspannte Atmosphäre entstehen kann. Der erste »Anker«, das Setting, die Rahmenbedingungen, können sehr viel dazu beitragen, dass eine Gruppe ruhiger, entspannter und aufmerksamer füreinander wird. Neben der inneren Ruhe ist äußere Ruhe, ausreichend Platz und eine Sitzordnung hilfreich, bei der sich alle sehen können, daher sind Sitzkreise empfehlenswert.

Sprechen und Hören werden durch kleine Rituale ein- und ausgeleitet. Wir können dazu schöne Steine, Federn, kurze Holzstäbe oder andere Gegenstände benutzen, die jeweils vom Sprechenden zu Beginn ergriffen werden und am Ende seines Redens wieder zurückgelegt oder weitergereicht werden.

Nach einem anderen, aus dem Kloster Plum Village übernommenen Ritual, werden Beginn und Ende des Sprechens durch Grüßen mit zusammengelegten Händen und einer kurzen Verbeugung angezeigt. Die Gruppe erwidert die Grüße mit Verbeugungen ihrerseits, was heißen soll, wir sind jetzt mit unserer Aufmerksamkeit bei dir und hören dir zu.

Für alle Äußerungen gelten die Voraussetzungen des Sprechens vom Herzen, von unserer Wahrheit: Wir teilen mit, was wir erleben oder erlebt haben, was wir fühlen, welche Gedanken in uns aufsteigen. Meist haben die Kreise ein Thema, über das reflektiert werden kann. Möchte der Teilnehmer über sich oder ein anderes ihn gerade bewegendes Thema sprechen, ist auch das möglich. Wir bemühen uns, nicht konzeptuell zu sprechen. Diese Regel ist sehr wichtig für das Gespräch. Es werden keine Theorien oder Lehren referiert, keine gelesenen Bücher vorgestellt und wir verzichten auf Meinungen und Urteile. Es gilt die bereits vorgestellte »Reisschüssel-Regel«, nicht zu viel und nicht zu wenig sprechen. Sprechen wir aus dem »Nicht-Wissen«, frei und assoziativ, wird Sprechen zu einer Sprechkontemplation, die tiefste Form sich mitzuteilen.

Jeder Redner spricht von und für sich. Er bezieht sich nicht auf die Beiträge der Vorredner, kommentiert und antwortet nicht darauf. Löst ein Beitrag in ihm eine Reaktion aus, eine Erinnerung, ein Gefühl oder Ähnliches, beschreibt er dies. Wenn jemand von seiner neuen Liebe spricht, dann kann der nächste Sprecher durch diesen Beitrag an seine eigene Beziehung erinnert werden. In der Gruppe erzählt er: »Der vorherige Beitrag erinnert mich an meine Freundin. Ich muss daran denken, wie glücklich ich mit ihr bin, ein Gefühl der Dankbarkeit steigt gerade in mir auf.« Ein unzulässiger Bezug wäre: »Ich bin genauso glücklich verliebt. Freut mich, dass du so einer wunderbaren Freundin begegnet bist. Ich rate dir, die Zeit zu genießen.« Mit einem solchen Beitrag spricht der Sprecher nicht von seinem Erleben, sondern vergleicht sich mit dem anderen: »Ich bin genauso glücklich verliebt.« Ist er wirklich genauso verliebt? Wir stülpen mit solchen Bezugnahmen unsere Erfahrung auf die des anderen. Statt zwei Personen mit ihrer jeweiligen Art des Verliebtseins zu belassen, packen wir es zu einer Erfahrung zusammen, egalisieren und nehmen damit die Möglichkeit, von verschiedenen Arten des Verliebtseins sprechen zu können.

Spricht er von der »wunderbaren Freundin«, die der andere gefunden hat, ist das ein unzulässiges Urteil. Er kennt die Freundin gar nicht und mit dem Adjektiv »wunderbar« spricht er unbekannterweise ein Urteil aus. Solche Unterscheidungen mögen vielleicht kleinlich klingen, doch auch kleine, eher beiläufige Urteile haben eine große Wirkung auf das Unterbewusstsein des Hörers. Er spürt und hört die Beurteilung, die ihn automatisch vorsichtig werden lässt. Der Raum der Aussprache wird enger. Wir sind nicht mehr im Fluss unseres Sprechens, sondern darauf eingestellt, uns zu schützen und zu verteidigen.

Urteile sind immer Ausdruck einer Geisteshaltung, die nicht mehr mit uns verbunden ist, sondern von unserer Wahrheit gelöst sich in unseren Spekulationen und Fantasien bewegt. Das ist zugleich das Faszinierende an unserem Geist. Es gibt Bereiche im Leben, zum Beispiel der Profisport oder auch das Leben der Medienstars, die täglich Stoff liefern, an denen der Geist sein Bedürfnis nach Urteilen, Bewerten und Diagnostizieren ausleben kann. Mich überrascht immer wieder, mit welcher Intensität und emotionalen Anteilnahme viele Menschen sich darauf einlassen. Sie regen sich auf, weil ein Star schon wieder ein Kind bekommt, ein Sportler wieder die erwartete Leistung nicht bringt oder ein anderer angeblich eine neue Affäre hat. Um nicht der mentalen Faszination zu erliegen, hilft es, bereits in kleinen, weniger mitreißenden Situationen auf den Geist zu achten und ihn langsam umzugewöhnen. Damit entsprechen wir keiner Regel, etwa weil es der Buddha so gesagt hat, sondern wir schützen uns davor, uns in Täuschungen, Ablenkungen und Fantasien zu verlieren. Wir möchten zu unserem wahren Leben vordringen.

Zum Schluss haben wir es bei unserem Beispiel noch mit einem ungebetenen Rat-›Schlag‹ zu tun. Ratschläge sind für eine Begegnung immer außerordentlich gefährlich. Er kann zu einem Schlag werden, wenn unser Ratschlag letztlich eine Aufforderung an den anderen ist, wie er sich zu verhalten bzw. wie er handeln soll. Auch Ratschläge beengen den Raum einer Kommunikation. Wir können uns nicht mehr einfach nur mitteilen und auf Empathie und

Verstehen hoffen, sondern bekommen eine finale Antwort, die uns oft in eine Rechtfertigung zwingt, warum wir das noch nicht gemacht haben oder selbst nicht darauf gekommen sind. Viele Ratschläge werden in einer fordernden Frage formuliert: »Warum bist du denn mit dem Problem noch nicht zu der Beraterin gegangen? Das musst du machen, die kann dir helfen.« Ratschläge sind auch deshalb sehr gefährlich, weil sie den oft falschen Eindruck vermitteln, wir wüssten, was für den anderen richtig oder falsch ist. Für ein Gruppengespräch sind Ratschläge grundsätzlich nicht angebracht. Manchmal gibt es Fragen in den Gruppen oder die Bitte um Hilfe für ein Problem. Dann kann jeder in der Gruppe sich äußern, der Erfahrung und Wissen zu dem Thema hat. Die Grundhaltung ist wiederum das Mitteilen von sich. In einer Gruppe wurde die Frage gestellt, wie Kinder von exzessivem Fernsehkonsum abgehalten werden können. Einige der Teilnehmer hatten selbst Kinder und Erfahrung, zwei Pädagoginnen waren auch im Kreis. Niemand sagte der fragenden Mutter, wie sie es machen ›soll‹, keiner behauptete, die richtige Lösung zu haben. Alle Betroffenen sprachen von ihren Erfahrungen und ihrem Wissen zu dem Thema. Ein breites Band an Ideen und Vorschlägen entwickelte sich und zum Schluss ergriff die Mutter das Wort, bedankte sich, erwähnte zwei oder drei für sie besonders inspirierende Beiträge, die sie sich merken und mit nach Hause nehmen wolle, um sie dort mit ihrem Mann zu besprechen und auszuprobieren. Keiner in der Runde hatte sie mit einem Ratschlag geschlagen, alles war in einem völlig offenen Dialog besprochen worden. Ein solcher Austausch schafft oft eine tiefe, vertraute und sehr nahe Atmosphäre und wird nicht nur zu einem achtsamen, sondern auch zu einem liebevollen Sprechen.

Beim Sprechen verzichten wir auch auf offene oder indirekte Interpretationen oder Bewertungen. Spricht der Vorredner davon, täglich zu meditieren, antworten wir nicht: »Ich meditiere nicht täglich, weil mir das zwanghaft vorkommt.« Wir sprechen von unserem Handeln, ohne dies abzugrenzen, zu bewerten oder zu rechtfertigen. Haben wir tatsächlich Angst, mit unserem Meditieren zwanghaft zu werden, können wir das so ausdrücken: »Ich meditiere eigentlich gern. Aber ich habe die Angst, es zu zwanghaft zu betreiben. Ich neige dann dazu, es dann auch jeden Tag machen zu müssen, weil ich immer gleich alles 150-prozentig machen möchte.« Dieser Formulierung kann der vorherige Sprecher zuhören ohne sich angegriffen oder bewertet zu fühlen.

Wir versuchen den offenen Geist beim Hören und Sprechen zu behalten und ordnen das Gehörte nicht gleich in Kategorien und Bewertungen. Anfangs mag das schwierig sein, weil wir die Gewohnheit und das Bedürfnis haben, gegenüber neuen Erfahrungen und Begegnungen möglichst sofort einen Standpunkt zu finden. Doch wenn wir einmal erfahren haben, wie angenehm es ist, nicht sofort beurteilen zu müssen, ob etwas gut oder nicht gut ist, spüren wir die Freiheit und Entspannung, die mit einem solchen offenen Begegnen verbunden ist. Wir hören zu und unterlassen Bewertungen wie: »das ist arrogant«, »das ist versponnen«, »das klingt verrückt«, »das ist zu politisch«, »das ist polemisch«, »das ist zu primitiv«, »das ist sehr klug« usw.

Die meditative, sehr persönliche Form des Austauschs eignet sich auch zur Klärung von anstehenden Gruppenentscheidungen und Meinungsverschiedenheiten. Ich war und bin jedes Mal aufs Neue überrascht, wie harmonisch und einvernehmlich oft sehr heikle und kontrovers diskutierte Entscheidungen getroffen wurden, wenn in der Art der Gesprächskreise darüber gesprochen wurde. Am Anfang steht eine gemeinsame Vergegenwärtigung, dass wir bereit sind, einander zuzuhören und die Sicht des anderen zu verstehen und anzuerkennen. Wir machen uns bewusst, dass wir zu einer gemeinsamen Lösung beitragen möchten und nicht miteinander streiten und argumentieren wollen.

Jeder spricht seine Sicht, seine Gefühle und auch seine Gedanken, seine Gründe und Argumente aus, ohne sie gegen die anderen zu richten oder mit ihnen diskutieren zu wollen. Wir sprechen in der einzigen Absicht, den anderen die Möglichkeit zu geben, zu erfahren, aus welchen Gründen und Motiven wir zu unserer Position gekommen sind. Bei einer solchen Klärung ist es empfehlenswert, in der ersten Runde noch keine Argumente zu nennen, sondern jeder teilt nur seine Sicht, Gefühle und Reaktionen mit. Ist der Sachverhalt kompliziert oder gibt es verschiedene Interpretationsmöglichkeiten, ist es gut, am Anfang eine Runde zu machen, in der jeder sein Verständnis des Themas ausdrückt. Wird darüber gesprochen, ob ein Fest veranstaltet werden soll oder nicht, sagt jeder, was er sich unter einem Fest vorstellt, welche Art von Fest er sich wünscht. Das schafft Klarheit, mit der die Gruppe sich dann über die Fragen, ob und wann und wie das Fest gestaltet und ausgeführt werden soll austauscht. Die erste Runde zum Austausch über unser jeweiliges Bild oder unsere Vorstellung, die wir von einem Begriff oder Thema haben, wird oft nicht gemacht, weil meist unbewusst unterstellt wird, dass alle dasselbe meinen. Doch das trifft fast nie zu. Besonders unterschiedlich sind unsere Ansichten oft, wenn es sich um politische, moralische oder religiöse Begriffe handelt, die ein breites Spektrum an Interpretationen zulassen. Der oben verwandte Begriff Sangha (Gemeinschaft) zum Beispiel kann manchmal Grundlage heftiger Auseinandersetzungen sein. »Wenn ihr nicht gemeinsam meditiert, dann seit ihr auch keine Sangha!«, »Zur Sangha gehören alle!«, »Eine Sangha bildet sich nur aus Menschen, die klare Übereinstimmungen in ihren Ansichten und ihrer Praxis haben!« … Was ist nun Sangha wirklich? Wir könnten versucht sein, den Begriff semantisch klären zu wollen, festzulegen, was der Begriff exakt bedeutet, und können dann die Aussagen nach zutreffend und unzutreffend beurteilen. Doch damit haben wir das eigentliche Anliegen der Betreffenden nicht geklärt. Es geht in solchen Situationen gar nicht um die Frage, was Sangha bedeutet oder nicht bedeutet, wie Sangha in der buddhistischen Lehre definiert ist, sondern allein um die Frage, was bedeutet es demjenigen, welche Wünsche und Vorstellungen, welche Bedürfnisse verbindet er mit dem Begriff. Es geht um den Sangha-Begriff im Verständnis der Herzenssprache. Das ist das grundsätzlich Neue in der achtsamen Kommunikation: Sie orientiert sich immer auf die subjektive bzw. relative Wahrheit des Einzelnen. Sie lebt, während die andere, die abstrakte definierte objektive Wahrheit dagegen tot ist, solange sie nicht als subjektive Wahrheit in unserem Herzen eine Wiederauferstehung erlebt. Sangha als Terminus in der buddhistischen Lehre ist ein toter, in Buchdeckeln bestatteter Begriff. Gelehrte denken und spekulieren über ihn, schreiben Definitionen und Erklärungen, die solange nicht zu »Fleisch« werden, solange niemand sie in sein Leben übernimmt. Wenn wir über ein Fest sprechen, wie im obigen Beispiel beschrieben, ist es uns egal, ob es für den Begriff möglicherweise die absolut richtige Definition gibt, die festlegt, was ein Fest ist. In der achtsamen Kommunikation lassen wir unsere oder die allgemein gültige Definition los, und fragen den anderen nach dem, was er sich darunter vorstellt.

Gehen wir als Gruppe ebenso offen und unvoreingenommen mit Begriffen und Worten um, entsteht eine Atmosphäre der Begegnung und des Verstehens. Diskussionen über richtig und falsch bleiben aus. Unterschiedliche Wünsche und Bedürfnisse lassen sich auch in einer solchen Gesprächsform nicht immer angleichen und auflösen, doch werden nach meiner Erfahrung immer einvernehmliche Lösungen gefunden, die von Respekt und Akzeptanz getragen werden.

In den Achtsamkeitskreisen kommt es selten vor, aber ich nenne es hier, weil es in fast allen anderen Arten von Gruppentreffen sehr häufig vorkommt: das Sprechen für die Gruppe. Das Wort »wir« in einer Gruppe ausgesprochen, ist immer dann gefährlich, wenn wir, statt von unseren Wünschen, unseren Erfahrungen und Gefühlen zu sprechen, die ganze Gruppe mit einbeziehen. »Ich finde, dem Antrag sollten wir zustimmen«, »Wir müssen da sehr aufpassen«, »Wir fühlen uns damit sehr unwohl« … Übergriffige Behauptungen, die nicht mehr von uns sprechen, sondern Forderungen und Meinungen oder Ansichten für die Gruppe formulieren. Wir teilen nicht mit, was wir erleben und wissen, sondern stülpen unsere Meinungen oder Gefühle und Wünsche der Gruppe über. Im ersten Zitat, ist eine Forderung enthalten. Statt auszusprechen, was ich möchte, sagen wir der Gruppe, was sie zu tun hat, was sie tun ›soll‹. Diese übergriffige Sprechweise fordert Widerspruch und Streit heraus. Würden wir im ersten Fall formulieren: »Ich werde dem Antrag zustimmen, er entspricht meinen Wünschen«, kann es eigentlich keinen Streit darüber geben. Möchte jemand nicht zustimmen, und drückt dies auch achtsam aus, dann könnte er sagen: »Ich stimme dem Antrag nicht zu, denn mein Anliegen XY fehlt mir darin. Ich wünsche mir einen Antrag, in dem dieser Punkt auch enthalten ist.«

Stichpunkte

Aktives Zuhören:

- einen offenen freien Geist haben und den anderen in seiner Art respektieren und wertschätzen, eine liebevolle Grundhaltung einnehmen
- innere Ruhe und Ausgeglichenheit schaffen
- sich nicht durch ablenkende Gedanken, Wahrnehmungen oder Assoziationen beim Zuhören stören lassen
- mit ganzer Aufmerksamkeit versuchen den anderen zu verstehen
- die Ohren von Begriffen freihalten: »Wenn das Wort Buddha fällt, dreimal die Ohren waschen.«
- Interpretationen und Zuordnungen vermeiden: »Das ist doch arrogant«, »Das ist versponnen«, »Das klingt verrückt«, »Das ist doch politisch«, »Das ist polemisch«, »Das ist zu primitiv«, »Das ist sehr klug« usw.
- auf sich selbst achten: Was löst das Gehörte gerade in mir aus?
- die Betonung liegt auf dem Zuhören: Diejenigen, die gewohnt sind, mehr zu sprechen, legen ihre Betonung auf das Zuhören und umgekehrt.

Sprechen:

- den richtigen Zeitpunkt abpassen: Kann der andere sich in diesem Moment mir öffnen? Kann er jetzt annehmen, was ich ihm sagen möchte?
- die eigenen Wörter hinterfragen, meine Absichten hinterfragen: Warum spreche ich? Was möchte ich bezwecken, was ist meine Absicht? Aus welcher Energie oder welcher Emotion spreche ich?
- Sind Worte jetzt notwendig? Muss ich das jetzt sagen, ist das für den anderen von Belang, passt es in die Situation?

- Reden wie »eine Schale Reis füllen«: Nicht zu wenig und nicht zu viel sprechen.
- Ruhe auch im Sprechen bewahren: Sprechpausen einlegen, den Kontakt zum Herzen nicht verlieren und sich nicht in den eigenen Emotionen verlieren.
- von der eigenen Wahrheit sprechen: »Was erlebe, empfinde, fühle, denke und wünsche ich?
- die eigenen Beweggründe darlegen, sich ›verständlich‹ machen ohne überzeugen und Recht haben wollen.
- freundliche, unterstützende Worte verwenden
- nicht übertreiben, auch im Kleinen nicht, nicht dramatisieren
- Keine Verallgemeinerungen und Vereinnahmungen: kein »man«, »man sollte« »wir«
- meine persönliche Botschaft aussprechen, auch wenn jemand Ähnliches in der Runde bereits ausgesprochen hat
- keine Autoritäten heranziehen: »Der und der hat aber gesagt …«; »Es steht aber geschrieben: …« Ich möchte nicht überzeugen, sondern erwarte, dass meine Position angehört wird.
- nicht für die anderen sprechen und nicht von sich auf die anderen schließen: »Mir ist es warm« statt »Uns ist es warm«, »Das gefällt mir nicht« statt »Das gefällt niemandem«.
- mit den Worten sprechen, die andere akzeptieren können, auch im Inhalt und in der Art (Niveau) mich auf den anderen einstellen. Nicht zu intellektuell, mit zu vielen Fachausdrücken oder zu kompliziert sprechen.
- keine Du-Botschaften: »Du bist so und so«, »Du hast zu viel/zu wenig«, »Du ärgerst mich«, »Du bist grausam«, »Du bist steif«, »Du bist unzuverlässig« usw.
- das Gesagte stehen lassen: Er sieht den Himmel heute in Grün und das ist seine Realität.

- den anderen nicht beurteilen oder dessen Botschaft klassifizieren
- Beiträge möglichst mit etwas Positivem einleiten, den Blick auch auf die glücklichen Aspekte richten, keinen Frust herbeireden
- sich nicht negativ zum anderen abgrenzen: »Aber …«, »Nein …«, »Ja, aber …«
- Zum achtsamen Sprechen gehört auch, das passende Umfeld aufzubauen. Das heißt: Eventuell ziehe ich mich mit dem Anzusprechenden zurück. Oder ich spreche den anderen dann auf eine wichtige Information hin an, wenn er sie auch aufnehmen kann.
- beim Essen oder während schöner Augenblicke nicht negative Dinge besprechen, Belastendes auf einen anderen Augenblick verschieben

Umgang mit Kritik

Sprechen wir über Fehler, Irrtümer und Kritik, ist eine freundliche Geisteshaltung besonders wichtig. Fehler und Missverständnisse gehören zum Leben, aber wir können sie beheben und ihre Schäden begrenzen, wenn wir offen und frei von Wut und Ärger über sie sprechen. Sind wir jedoch gereizt und verärgert, wütend und enttäuscht, führt Sprechen nur zur Weitergabe der Geistesgifte. Über den Umgang mit unserem Ärger haben wir bereits gesprochen. Sprechen über unsere Kritik gelingt dann, wenn wir uns auf die Sachebene konzentrieren und uns nicht von unseren Emotionen leiten lassen. Vermischen wir die Sachebene mit unseren Gefühlen und Kommentaren, Urteilen und Vorwürfen, entsteht ein Disput, wir lamentieren und streiten, eine Klärung wird nur schwer oder gar nicht möglich und wir verpassen die

Chance, dem anderen unser Anliegen verständnisvoll vorzutragen.

Selbst wenn wir nicht dem Weg der Liebe folgen, der »Frieden des Herzens« nicht das Ziel unseres Lebens ist, lohnt es sich, bei unseren Problemen und Beschwerden aus einer freundlich gesonnenen Haltung zu sprechen.

Unser Ich-Bewusstsein, das Bewusstsein, das zwar einerseits Probleme macht, weil es uns glauben lässt, alles was in uns und mit uns geschieht, gehöre diesem Ich, ist anderseits unser Wächter und Beschützer. Auf jede Gefahr und alle Angriffe reagiert es sofort mit Verteidigung und Gegenangriff. Sprechen wir in einer feindseligen Haltung, wecken wir den Verteidigungsreflex des anderen. Dieser Reflex verengt die Ohren und lässt sie argwöhnisch, lauernd und verzerrt unsere Worte hören. Bei einem solchen Hören geht es nicht mehr um Verstehen, sondern um Verteidigung und Rechtfertigung. Die angesprochenen Probleme werden nicht mehr gehört. Es besteht keine Bereitschaft, sich den Fehlern zu stellen und Einsicht zu zeigen. Das verteidigende Ich streitet ab, rechtfertigt sich, schlägt mit Gegenvorwürfen zurück oder zieht sich mit Selbstvorwürfen, Verzweiflung und Schuldgefühlen in eine depressive Krise zurück. Wenn wir mit unserem Anliegen verstanden werden und Missverständnisse beseitigen wollen, sind freundliche, konstruktiv gemeinte Worte der Schlüssel, der uns die Tür zum anderen öffnet, ohne dass uns ein verletztes und angstvolles Ich bedroht.

Räumt unser Partner etwas an die falsche Stelle, beschneidet Blumen zu wenig oder zu viel oder begeht einen anderen Fehler, beachten wir zuerst unseren Geist. Bin ich gelöst und in einer freundschaftlichen Haltung? Ist sie vorhanden, richten wir unsere Aufmerksamkeit auf das Anliegen. Was war aus unserer Sicht falsch, was hätten wir gern anders oder worauf möchten wir unseren Partner hinweisen? Wenn uns das klar ist, können wir uns, bevor wir mit dem Reden beginnen, über die angemessene Wortwahl und Sprechweise Gedanken machen. Auf Fehler hinzuweisen ist immer heikel, selbst wenn wir mit guter Absicht sprechen, kann der Betroffene verletzt und gereizt reagieren. Daher hilft Einfühlung und Umsicht beim Sprechen. Stimmen das Umfeld, die Rahmenbedingen und ist die betreffende Person frei und offen für ein Gespräch, können wir mit der Kommunikation beginnen. Die Bereitschaft des anderen, sich für Kritik zu öffnen, ist wichtig. Für das Klären größerer Schwierigkeiten ist es gut, vorher einen Gesprächstermin zu vereinbaren. Ähnlich wie im Gespräch über erlittene Verletzungen ist es gut, mit einem positiven Aspekt zu beginnen, sich zum Beispiel zu bedanken, dass sich der andere um die Blumen kümmert oder Dinge aufräumt. Dann sprechen wir über die Handlungen und Geschehnisse, die wir als Fehler, Irrtum oder Missgeschick betrachten. Wir sprechen dabei von ›unserer‹ Sicht der Dinge, urteilen nicht über den anderen, machen keine Vorwürfe und weisen keine Schuld zu. Ein freundlicher Geist sieht den Fehler und möchte aus Wohlwollen dem anderen helfen, diesen Fehler nicht zu wiederholen. Es empfiehlt sich, in kurzen Intervallen zu sprechen, um dem anderen die Möglichkeit zum Antworten zu geben. Vor allem nachdem wir den Sachverhalt geschildert haben, ist es gut, dem anderen die Möglichkeit zu geben, seine Sicht zu schildern.

Verläuft das Gespräch in einer freundlichen Atmosphäre, kann es vorkommen, dass der andere gleich zu Anfang dankbar reagiert und antwortet, dass auch ihm schon sein Missgeschick oder Fehler aufgefallen sei, er aber keine Gelegenheit hatte oder es nicht wagte, darüber zu sprechen. Manchmal ist damit bereits der ganze Vorfall geklärt und erledigt. Oder aber es bietet sich die Gelegenheit, gemeinsam nach einer besseren Vorgehensweise zu suchen, Tipps und Wissen auszutauschen.

Manchmal können sich die Gesprächspartner nicht darüber einigen, ob etwas als Fehler zu betrachten ist. Wenn wir glauben, die Blumen wurden auf die falsche Weise beschnitten, die Heizung nicht richtig installiert oder der Teppich unsachgemäß behandelt, ist das ›unsere Wahrheit‹. Unser Partner sieht das möglicherweise ganz anders. In einem solchen Fall ist es wieder die freundliche Grundhaltung, die uns vor Streit und Diskussionen bewahrt. Wir erkennen an, dass es verschiedene Sichtweisen geben kann und wir respektieren die andere Person mit ihrer uns widersprechenden Sicht. Mit achtsamer Kommunikation können wir die verschiedenen Sichtweisen überschreiten, indem wir die Frage öffnen, beide suchen gemeinsam nach einer Lösung für das Problem. Wenn zum Beispiel einer glaubt, Blumen müssten von links, und der andere, sie müssten von rechts beschnitten werden, dann können sich beide zusammentun und gemeinsam versuchen herauszubekommen, welche die optimale Vorgehensweise ist. Wir führen die Standpunkte zusammen, treten aus unserer Sicht heraus und treffen uns, um eine neue gemeinsame Sicht zu bekommen. In diesem Fall tragen beide ihre Weisheit zusammen, werden gemeinsam Suchende und Forschende nach der optimalen oder richtigen Antwort. Es gibt keine Trennung mehr in zwei konträr stehende Ansichten, sondern vier offene Augen, die gemeinsam erkunden und lösen wollen.

Im Arbeitsleben können wir auf die gleiche Weise mit Fehlern und Reklamationen umgehen. Auch hier geht es um unsere innere Haltung, den Ton und die Art, wie wir kommunizieren. Genau wie private Beziehungen leiden auch Geschäftsbeziehungen unter einem feindseligen, rauen und aggressiven Ton. Und wie in privaten Beziehungen führen Angriffe auch in der Arbeitswelt automatisch zu Gegenwehr und Ablehnung.

Manchmal höre ich den Einwand: »Wenn ich nicht genügend Druck mache, denen auf die Füße trete, passiert nichts!« Lassen wir den dadurch gestörten Frieden des Herzens und die Beziehungsschäden und persönlichen Verletzungen einmal außer Acht, so ist die Aussage nur in sehr seltenen Fällen wahr. Hin und wieder bewegt sich etwas schneller, wenn wir auf den Tisch schlagen oder brüllen. Sehr viel häufiger, das ist zumindest meine Erfahrung, führt eine freundliche Haltung, die durchaus Grenzen und Dringlichkeiten aussprechen kann, zu schnellen Lösungen. Vieles, was als nicht durchsetzbar galt, wurde dennoch möglich, weil sich die andere Seite öffnete, bereit war, sich in die Lage des anderen zu versetzen und konstruktiv an einer Lösung mitzuarbeiten. Eine Zusammenarbeit entsteht, die unser Lebensglück nährt und uns und den anderen Freude bereitet, während wir im anderen Fall ein eher verbittertes und kaltes Leben führen, das viele Opfer hinterlässt, denen unsere Ausfälle die Arbeits- und Lebensfreude vermiesen.

»Aus Fehlern können wir lernen« heißt es. Spricht jemand mit uns über unsere Irrtümer, Fehler oder unser Fehlverhalten, ist die klügste Reaktion, achtsam zuzuhören und offen und dankbar zu sein, dass er bereit dazu ist, uns auf unsere Fehler aufmerksam zu machen. Wir lernen und können zukünftig umsichtiger und geschickter vorgehen.

Leider werden uns im Alltag nur selten Missgeschicke und Unzulänglichkeiten auf einer rein sachlichen Ebene vorgetragen. Meistens werden wir für unsere vermeintlichen und realen Fehler kritisiert und angegriffen, oft auf eine verletzende und kränkende Art.

Eine Kontemplation der Liebenden Güte lautet: »Möge ich frei bleiben von Verletzung und Kränkung.«

Werden wir auf eine verletzende Weise kritisiert, können wir uns an diesen Satz und die damit verbundene Geisteshaltung erinnern. Wir sind bereit unsere Fehler einzugestehen, können akzeptieren, dass wir im Irrtum sind oder die Verantwortung für ein Unglück tragen. Wir wehren uns nicht gegen die Tatsachen, beginnen keine Rechfertigungen zu suchen. Wir verlassen uns ganz auf die Kraft dieser Kontemplation. Was auch immer wir falsch gemacht haben sollten, es ist kein Grund uns deshalb zu verletzen oder zu kränken. Je schlimmer unsere Fehler sind, um so mehr Einfühlung und Trost bräuchten wir eigentlich, statt uns Vorwürfe und Beleidigungen anzuhören.

Wenn uns diese Einfühlung nicht entgegengebracht wird, geben wir sie uns selbst. »Möge ich frei bleiben von Verletzung, möge ich nicht gekränkt werden.« Wie ein Schutzschild gegen die Angriffe stehen Achtsamkeit und Liebe vor uns. Welche Giftpfeile auch immer auf uns abgeschossen werden, sie können nicht eindringen, weil sie von unserer Achtsamkeit und Liebe abgehalten werden. Wir machen Fehler, sind für das eine oder andere ungeeignet, irren uns oder verärgern oder verletzen mit unserem Handeln andere. Wie alle Wesen sind auch wir unvollkommen. Doch diese Unvollkommenheit ist kein Grund, uns zu verurteilen, zu verletzen oder zu kränken.

Gift wirkt, weil es vom Blut aufgenommen und im Körper verteilt wird, wo es seine manchmal tödliche Wirkung entfaltet. Unser Geist nimmt, wenn er ungeschützt ist, die Geistesgifte auf und macht sie sich zu Eigen. Dies geschieht schnell und unbewusst, obwohl wir uns vielleicht noch verbal wehren, haben wir die giftige Häme, die niederschmetternden Urteile bereits verinnerlicht. Manchmal entfalten sie ihre schädliche Wirkung erst lange nachdem wir sie gehört und aufgenommen haben.

Daher helfen wir unserem Geist mit der Kontemplation, die eine Art Immunisierung leistet. Unser Geist wird resistent, weil sich sein Charakter wandelt. Wir prägen durch regelmäßige Kontemplationen, das haben wir im Kapitel »Liebe« bereits beschrieben, unseren Geist zu einem Metta-Geist, einem freundlichen, sanften Geist, der Liebe und Mitgefühl entwickelt und für Verletzungen und Kränkungen keinen Raum hat.

Manchmal glauben wir, jemand der sich so aggressiv und so feindselig uns gegenüber verhält, dem können und dürften wir kein Mitgefühl entgegenbringen. Mitgefühl würde sein Verhalten billigen und legitimieren. Wir könnten uns nur schützen, indem wir mit einem ähnlich gewalttätigen Geist reagieren. Doch wenn wir etwas tiefer schauen, entdecken wir: Mitgefühl ist keine Entscheidung oder Meinung über einen anderen, sondern der verstehende Geist, der sieht und fühlt, dass der andere in seinen Emotionen oder Konzepten und Täuschungen gefangen ist. Mitgefühl entspricht der Wahrheit des Aggressors, weil er ein Opfer ist, ein Opfer seines instabilen und verblendeten Geistes. Würden wir kein Mitgefühl entwickeln, reagieren wir mit Aggression und Gegengewalt, steigen wir in die mentale Krankheit des anderen ein, lassen uns anstecken und fiebern mit in den glühenden und brennenden Emotionen, die uns treiben, nicht zur Ruhe kommen lassen und immer weiter wegführen von unserem leidenden Herzen.

Ich habe viele Menschen erlebt, die nach außen stark und zufrieden wirkten und innerlich von ihrer sie verzehrenden Gewalt ausgebrannt waren, die sie von den Eltern und ihrem Umfeld übertragen bekommen. Ich habe ihre Tränen und Verzweiflung und Hoffnungslosigkeit gesehen und erkannt, wie sehr Gewalt und Aggression uns wie ein Krebsgeschwür innerlich zerfressen können.

Ist unser Geist getragen von Metta, sind wir in der Lage, bei Angriffen nicht nur uns zu schützen, sondern Mitgefühl mit dem anderen zu entwickeln und uns nicht in den Kreislauf von Gewalt und Gegengewalt hineinziehen zu lassen. Wir sind dank unseres Mitgefühls fähig, trotz der verletzenden und kränkenden Worte dahinterzuschauen und empathisch mit dem anderen zu kommunizieren. Über seine Beweggründe, seine Gefühle und sein Leiden wollen wir mit ihm kommunizieren. Ein Wunsch, der uns vom anderen nicht immer erfüllt wird. Wir brauchen Geduld, Stabilität und Nachsicht. Diese Geistesfaktoren entwickeln und trainieren wir mit der Praxis der Liebenden Güte, damit wir in Konflikten, die uns fordern, bestehen können. Wir versuchen im Konflikt, nicht auf die toten und von Wut und Hass vergifteten Worte einzugehen, sondern den Herzenskontakt zu knüpfen, um Verstehen und Einfühlung möglich zu machen. Das ist die wohl grundlegendste und wichtigste Methode in der Kommunikation.

Umgang mit Gewalt bedarf eines starken Metta-Geistes. Dafür sind Methoden und Techniken wichtig, Geistestraining ist allerdings die notwendige Grundlage, die unseren Geist erst befähigt, die Methoden anzuwenden und durchzuhalten.

Gleichmut

Wir haben bereits über unsere unpersönliche Natur gesprochen. Alles was ich bin, entspringt nicht meinem Ich, dass sich fälschlicherweise einbildet, die Ursache meines Seins zu sein. Das ist die wohl wichtigste Täuschung, von der der Buddhismus immer wieder spricht. Beleidigungen und Häme werden von unserem Ich-Bewusstsein wahrgenommen. Das Ich fühlt sich bedroht, geschmäht und reagiert mit Ärger und Wut. Werden wir beleidigt oder ungerecht behandelt, kümmert sich ein gleichmütiger Geist (upekkha) zuerst um unser Ich-Bewusstsein. Wir helfen dem Ich-Bewusstsein, indem wir ihm unsere Liebe schenken, uns verdeutlichen, dass wir nicht von der Zuneigung und Einstellung des anderen uns gegenüber abhängig sind. Wir sind in unserer Unzulänglichkeit liebenswert, auch dann noch, wenn alle anderen das anders beurteilen. Wenn wir unsere Selbstakzeptanz entwickelt haben, wir innerlich stabil sind, können wir auf die Angriffe des anderen reagieren, indem wir uns auf das eigentliche, hinter den bösen Worten liegende Problem konzentrieren. Wir sind in der Lage, die Angriffe an uns vorbeiziehen zu lassen wie Wolken am stürmischen Himmel und mit einem offenen Herzen uns dem Problem des anderen zuzuwenden. Beleidigen uns Kinder, weisen wir sie darauf hin, in einer anderen Weise mit uns zu sprechen, doch wir bleiben meist von den Angriffen selbst unberührt und können daher uns dem eigentlichen Anliegen des Kindes zuwenden. Gleichmütig sein und Beleidigungen hinnehmen heißt nicht, dass wir schwach oder ängstlich sein müssen. Es bedeutet, dass wir selbst unsere schlechtesten Erfahrungen schöpferisch nutzen, um zu wachsen und zu lernen. Wenn wir lernen, Beleidigungen und Erniedrigung hinzunehmen, erwächst uns daraus große Kraft. Das Fachi-Sutra spricht von sechs Arten des Gleichmuts, die ein Bodhisattva erlangt, der sich angesichts von Beleidigungen in Gleichmut übt:[33]

1. Kann ein Bodhisattva sich Beleidigungen anhören, als ob er dem Echo einer Gebirgsschlucht lauschte, so hat er die »Weisheit des Klangs erlangt«.
2. Kann ein Bodhisattva es hinnehmen, geschlagen zu werden, als ob er sich bewegende Formen eines Spiegels

betrachtete, so hat er »die Weisheit der Formen« erlangt.

3. Kann ein Bodhisattva Leid ertragen, als ob er gleichmütig ein leeres Trugbild betrachtete, so hat er »die Weisheit der Illusion« erlangt.
5. Kann ein Bodhisattva Wut über sich ergehen lassen, so hat er »die Weisheit der inneren Reinheit« erlangt.
6. Lässt sich ein Bodhisattva nicht von den Schwierigkeiten des Lebens in den Bann ziehen, so hat er »die Weisheit der offenbarten Umstände« erlangt.

Als Buddhisten müssen wir unseren Blick fortwährend auf die höchsten Ebenen richten und immer daran denken: Alle Schwierigkeiten, alle Gewohnheiten, alle Beständigkeit, sie alle sind bar jeder Essenz, sie sind alle leer.

Bedauern

Wir bedauern den Schaden, den wir möglicherweise angerichtet haben, und die Menschen, die durch uns gelitten haben, indem wir uns für das Leiden des anderen öffnen und Mitgefühl entwickeln. Bedauern ist der erste Schritt zur Einfühlung in die Lage des Geschädigten.

Wir hören dem anderen zu: Wie ist es ihm ergangen? Was hat er empfunden? Dieser Schritt des aktiven Bereuens ist meist dadurch behindert, dass wir im Leiden des anderen eine Anklage gegen uns hören. Wir ertragen die Konfrontation nicht, weil wir uns schuldig und beschämt fühlen. Wir können dem Menschen, der durch uns leiden musste, nur dann Empathie und Aufmerksamkeit entgegenbringen, wenn wir in Akzeptanz mit unserer Unvollkommenheit sind und mit dem Auge der Liebe auch auf uns selbst blicken. Heilung beginnt mit unserer Präsenz und unserer Offenheit für den anderen. Oft haben Opfer von Gewalt und Kriminalität das große Bedürfnis, ihrem Täter von ihrem Leiden berichten zu können. Dieser Wunsch ist häufig stärker als der Wunsch nach Rache oder Vergeltung. Sie wünschen sich, dass der Täter sich das Unheil ansieht, das er verschuldet hat, das Leiden seines Opfers wahrnimmt und mitfühlt. Im normalen Alltag sind glücklicherweise die Schäden und das Leiden häufig gering. Doch auch bei kleineren Verletzungen und Fehlern ist es für den Geschädigten eine große Erleichterung, wenn der Verursacher sein Bedauern ausdrückt und zeigt. Bedauern wir, verzichten wir auf Rechtfertigungen. Wir sprechen über unser Mitempfinden und drücken damit unsere Verbundenheit zu dem von uns verursachten Leiden aus.

Bedauern ist dann kraftvoll, wenn es tief aus unserem Herzen kommt und von unserem Metta-Geist getragen wird. Bedauern ist nicht Verzweiflung, sondern Erkenntnis über unsere Unfähigkeit und Ohnmacht, uns nicht von den Geistesgiften ergreifen und verführen zu lassen. Sie führen uns zu Handlungen, die andere verletzen und schädigen. Bedauern kann uns Kraft und Motivation geben, unsere Praxis der Liebe zu verstärken.

Bedauern kann uns Kraft und Motivation geben, unsere Praxis der Liebe zu verstärken. Weil wir erkannt haben, welchen Schaden unser Handeln angerichtet hat, achten wir sehr viel mehr auf unsere Geisteshaltung und vermeiden Handlungen, die andere verletzen könnten. Bemerken wir, welche Ergebnisse unser unachtsames Sprechen bringt, wie sehr wir uns und unseren Mitmenschen das Leben schwer machen, wie viel wir verpassen und zerstören, kommen wir aus dem Bedauern darüber zur Praxis der achtsamen Kommunikation. Wir praktizieren, weil uns das Leiden bewusst geworden ist und brauchen keine weiteren Überlegungen und Argumente, ob und warum achtsame Kommunikation der bessere Weg ist.

***Aus Die Lehrreden des Buddha aus der Mittleren Sammlung Majjhima Nikaya*[14]**

»Ihr Bhikkhus, wenn die Achtsamkeit auf den Körper immer wieder gepflegt, entfaltet, geübt, als Fahrzeug verwendet, als Grundlage benutzt, verankert, gefestigt und gut ausgeübt worden ist, können diese zehn Vorteile davon erwartet werden. Welche zehn?«

»Man wird ein Sieger über Unzufriedenheit und Hingerissenheit, und Unzufriedenheit besiegt einen nicht; man verweilt, indem man Unzufriedenheit überwindet, wann immer sie erscheint.«

»Man wird ein Sieger über Furcht und Schrecken, und Furcht und Schrecken besiegen einen nicht; man verweilt; indem man Furcht und Schrecken überwindet, wann immer sie erscheinen.«

»Man erträgt Kälte und Hitze, Hunger und Durst, und Kontakt mit Bremsen, Moskitos, Wind, Sonne und Kriechtieren; *man erträgt böswillig gesprochene, unwillkommene Worte* und aufkommende körperliche Gefühle, die schmerzhaft, scharf, hart, peinigend, unangenehm, unerfreulich und lebensbedrohlich sind.«

***Rahulos Ermahnung*[15]**

Das hab ich gehört

Zu einer Zeit weilte der Erhabene bei Rajagaham, im Bambusparke, am Hügel der Eichhörnchen. Um diese Zeit aber weilte der ehrwürdige Rahulo im Mangohaine.

Als nun der Erhabene gegen Abend die Gedenkensruhe beendet hatte, begab er sich nach dem Mangohaine, dorthin wo der ehrwürdige Rahulo sich aufhielt. Und es sah der ehrwürdige Rahulo den Erhabenen von ferne herankommen, und als er ihn gesehen stellte er einen Stuhl zurecht und Wasser für die Füße. Es setzte sich der Erhabene auf den dargebotenen Sitz, und als er saß spülte er sich die

Füße ab. Und auch der ehrwürdige Rahulo setzte sich, nach des Erhabenen Begrüßung, zur Seite nieder.

Und der Erhabene ließ einen geringen Rest von Wasser im Becken zurück und wandte sich an den ehrwürdigen Rahulo:

»Siehst du wohl, Rahulo, diesen geringen Rest von Wasser da im Becken?« »Ja, o Herr!«

»Ebenso gering ist, Rahulo, das Asketentum derer, die sich vor bewusster Lüge nicht scheuen.«

Und der Erhabene goss diesen geringen Rest von Wasser aus und sprach zum ehrwürdigen Rahulo:

»Siehst du wohl, Rahulo, dass dieser geringe Rest von Wasser ausgegossen ist?«

»Ja, o Herr!«

»Ebenso ausgegossen ist, Rahulo, das Asketentum derer, die sich vor bewusster Lüge nicht scheuen.«

Und der Erhabene kehrte das Wasserbecken um und sagte zum ehrwürdigen Rahulo:

»Siehst du wohl, Rahulo, dass dieses Wasserbecken umgekehrt ist?«

»Ja, o Herr!«

»Ebenso umgekehrt ist, Rahulo, das Asketentum derer, die sich vor bewusster Lüge nicht scheuen.«

Und der Erhabene kehrte das Wasserbecken auf und fragte den ehrwürdigen Rahulo:

»Siehst du wohl, Rahulo, dass dieses Wasserbecken hohl und leer ist?« »Ja, o Herr!«

»Ebenso hohl und leer ist, Rahulo, das Asketentum derer, die sich vor bewusster Lüge nicht scheuen.

Gleichwie etwa, Rahulo, wenn ein Königselefant, mit Doppelhauern, zum Angriff geeignet, zum Kampf erzogen, in den Kampf geraten mit den Vorderfüßen sein Werk verrichtet und mit den Hinterfüßen sein Werk verrichtet, mit dem Vorderleibe sein Werk verrichtet und mit dem Hinterleibe sein Werk verrichtet, mit dem Kopfe sein Werk verrichtet, mit den Ohren sein Werk verrichtet, mit den Hauern sein Werk verrichtet, mit dem Schwanze sein Werk verrichtet und nur den Rüssel zurückhält; da weiß der Elefantenlenker: ›Nicht hat der Königselefant das Leben preisgegeben.‹

Wenn aber, Rahulo, ein Königselefant, mit Doppelhauern, zum Angriff geeignet, zum Kampf erzogen, in den Kampf geraten mit den Vorderfüßen sein Werk verrichtet und mit den Hinterfüßen sein Werk verrichtet, mit dem Vorderleibe sein Werk verrichtet und mit dem Hinterleibe sein Werk verrichtet, mit dem Kopfe sein Werk verrichtet, mit den Ohren sein Werk verrichtet, mit den Hauern sein Werk verrichtet, mit dem Schwanze sein Werk verrichtet und mit dem Rüssel sein Werk verrichtet; da weiß der Elefantenlenker: ›Preisgegeben hat der Königselefant das Leben, alles ist jetzt der Königselefant imstande zu tun.‹ Ebenso nun auch, Rahulo, sag' ich, dass wer sich da vor bewusster Lüge nicht scheut alles Böse zu tun imstande ist. Darum merke dir, Rahulo: ›Nicht einmal im Scherze will ich Lüge reden‹: Also hast du dich, Rahulo, wohl zu üben.

Was meinst du wohl, Rahulo: wozu taugt ein Spiegel?«

»Um sich zu betrachten, o Herr!«

»Ebenso nun auch soll man sich, Rahulo, betrachten und betrachten bevor man Taten begeht, betrachten und betrachten bevor man Worte spricht, betrachten und betrachten bevor man Gedanken hegt.

Was immer du, Rahulo, für eine Tat begehn willst, ebendiese Tat sollst du dir betrachten: ›Wie, wenn diese Tat, die ich da begehn will, mich selber beschwerte, oder andere beschwerte, oder alle beide beschwerte? Das wär' eine unheilsame Tat, die Leiden aufzieht, Leiden züchtet.‹ Wenn du, Rahulo, bei der Betrachtung merkst: ›Diese Tat, die ich da begehn will, die kann mich selber beschweren, kann andere beschweren, kann alle beide beschweren: es ist eine unheilsame Tat, die Leiden aufzieht, Leiden züchtet‹, so hast du, Rahulo, eine derartige Tat sicherlich zu lassen. Wenn du aber, Rahulo, bei der Betrachtung merkst: ›Diese Tat, die ich da begehn will, die kann weder mich beschweren, noch kann sie andere beschweren, kann keinen von beiden beschweren: es ist eine heilsame Tat, die Wohl aufzieht, Wohl züchtet‹, so hast du, Rahulo, eine derartige Tat zu tun.

Und während du, Rahulo, eine Tat begehst, sollst du dir ebendiese Tat betrachten: ›Weil ich nun diese Tat begehe, beschwert sie mich da selber, oder beschwert sie etwa andere, oder beschwert sie alle beide? Ist es eine unheilsame Tat, die Leiden aufzieht, Leiden züchtet?‹ Wenn du, Rahulo, bei der Betrachtung merkst: ›Diese Tat, die ich da begehe, die beschwert mich selber, oder sie beschwert andere, oder beschwert alle beide: es ist eine unheilsame Tat, die Leiden aufzieht, Leiden züchtet‹, so hast du, Rahulo, einer derartigen Tat Einhalt zu tun. Wenn du aber, Rahulo, bei der Betrachtung merkst: ›Diese Tat, die ich da begehe, die beschwert weder mich selber, noch beschwert sie andere, beschwert keinen von beiden: es ist eine heilsame Tat, die Wohl aufzieht, Wohl züchtet‹, so hast du, Rahulo, eine derartige Tat zu fördern.

Und hast du, Rahulo, eine Tat begangen, so sollst du dir ebendiese Tat betrachten: ›Weil ich nun diese Tat begangen habe, beschwert sie mich da selber, oder beschwert sie etwa andere, oder beschwert sie alle beide? Ist es eine unheilsame Tat, die Leiden aufzieht, Leiden züchtet?‹ Wenn du, Rahulo, bei der Betrachtung merkst: ›Diese Tat, die ich da begangen habe, die beschwert mich selber, oder sie beschwert andere, oder beschwert alle beide: es ist eine unheilsame Tat, die Leiden aufzieht, Leiden züchtet‹, so hast du, Rahulo, eine derartige Tat dem Meister oder erfahrenen Ordensbrüdern anzugeben, aufzudecken, darzulegen; und hast du sie angegeben, aufgedeckt, dargelegt, dich künftighin zu hüten. Wenn du aber, Rahulo, bei der

Betrachtung merkst: ›Diese Tat, die ich da begangen habe, die beschwert weder mich selber, noch beschwert sie andere, beschwert keinen von beiden: es ist eine heilsame Tat, die Wohl aufzieht, Wohl züchtet‹, so hast du, Rahulo, ebendiese selig heitere Übung im Guten Tag und Nacht zu pflegen.

Was immer du, Rahulo, für ein Wort sprechen willst, ebendieses Wort sollst du dir betrachten: ›Wie, wenn dieses Wort, das ich da sprechen will, mich selber beschwerte, oder andere beschwerte, oder alle beide beschwerte? Das wär' ein unheilsames Wort, das Leiden aufzieht, Leiden züchtet.‹ Wenn du, Rahulo, bei der Betrachtung merkst: ›Dieses Wort, das ich da sprechen will, das kann mich selber beschweren, kann andere beschweren, kann alle beide beschweren: es ist ein unheilsames Wort, das Leiden aufzieht, Leiden züchtet‹, so hast du, Rahulo, ein derartiges Wort sicherlich zu lassen. Wenn du aber, Rahulo, bei der Betrachtung merkst: ›Dieses Wort, das ich da sprechen will, das kann weder mich beschweren, noch kann es andere beschweren, kann keinen von beiden beschweren: es ist ein heilsames Wort, das Wohl aufzieht, Wohl züchtet‹, so hast du, Rahulo, ein derartiges Wort zu sprechen.

Und während du, Rahulo, ein Wort sprichst, sollst du dir ebendieses Wort betrachten: ›Weil ich nun dieses Wort spreche, beschwert es mich da selber, oder beschwert es etwa andere, oder beschwert es alle beide? Ist es ein unheilsames Wort, das Leiden aufzieht, Leiden züchtet?‹ Wenn du, Rahulo, bei der Betrachtung merkst: ›Dieses Wort, das ich da spreche, das beschwert mich selber, oder es beschwert andere, oder beschwert alle beide: es ist ein unheilsames Wort, das Leiden aufzieht, Leiden züchtet‹, so hast du, Rahulo, einem derartigen Worte Einhalt zu tun. Wenn du aber, Rahulo, bei der Betrachtung merkst: ›Dieses Wort, das ich da spreche, das beschwert weder mich selber, noch beschwert es andere, beschwert keinen von beiden: es ist ein heilsames Wort, das Wohl aufzieht, Wohl züchtet‹, so hast du, Rahulo, ein derartiges Wort zu fördern.

Und hast du, Rahulo, ein Wort gesprochen, so sollst du dir ebendieses Wort betrachten: ›Weil ich nun dieses Wort gesprochen habe, beschwert es mich da selber, oder beschwert es etwa andere, oder beschwert es alle beide? Ist es ein unheilsames Wort, das Leiden aufzieht, Leiden züchtet?‹ Wenn du, Rahulo, bei der Betrachtung merkst: ›Dieses Wort, das ich da gesprochen habe, das beschwert mich selber, oder es beschwert andere, oder beschwert alle beide: es ist ein unheilsames Wort, das Leiden aufzieht, Leiden züchtet‹, so hast du, Rahulo, ein derartiges Wort dem Meister oder erfahrenen Ordensbrüdern anzugeben, aufzudecken, darzulegen; und hast du es angegeben, aufgedeckt, dargelegt, dich künftighin zu hüten. Wenn du aber, Rahulo, bei der Betrachtung merkst: ›Dieses Wort, das ich da gesprochen habe, das beschwert weder mich selber, noch beschwert es andere, beschwert keinen von beiden: es ist ein heilsames Wort, das Wohl aufzieht, Wohl züchtet‹, so hast du, Rahulo, ebendiese selig heitere Übung im Guten Tag und Nacht zu pflegen.

Was immer du, Rahulo, für einen Gedanken hegen willst, ebendiesen Gedanken sollst du dir betrachten: ›Wie, wenn dieser Gedanke, den ich da hegen will, mich selber beschwerte, oder andere beschwerte, oder alle beide beschwerte? Das wär' ein unheilsamer Gedanke, der Leiden aufzieht, Leiden züchtet.‹ Wenn du, Rahulo, bei der Betrachtung merkst: ›Dieser Gedanke, den ich da hegen will, der kann mich selber beschweren, kann andere beschweren, kann alle beide beschweren: es ist ein unheilsamer Gedanke, der Leiden aufzieht, Leiden züchtet‹, so hast du, Rahulo, einen derartigen Gedanken sicherlich zu lassen. Wenn du aber, Rahulo, bei der Betrachtung merkst: ›Dieser Gedanke, den ich da hegen will, der kann weder mich beschweren, noch kann er andere beschweren, kann keinen von beiden beschweren: es ist ein heilsamer Gedanke, der Wohl aufzieht, Wohl züchtet‹, so hast du, Rahulo, einen derartigen Gedanken zu hegen.

Und während du, Rahulo, einen Gedanken hegst, sollst du dir ebendiesen Gedanken betrachten: ›Weil ich nun diesen Gedanken hege, beschwert er mich da selber, oder beschwert er etwa andere, oder beschwert er alle beide? Ist es ein unheilsamer Gedanke, der Leiden aufzieht, Leiden züchtet?‹ Wenn du, Rahulo, bei der Betrachtung merkst: ›Dieser Gedanke, den ich da hege, der beschwert mich selber, oder er beschwert andere, oder beschwert alle beide: es ist ein unheilsamer Gedanke, der Leiden aufzieht, Leiden züchtet‹, so hast du, Rahulo, einem derartigen Gedanken Einhalt zu tun. Wenn du aber, Rahulo, bei der Betrachtung merkst: ›Dieser Gedanke, den ich da hege, der beschwert weder mich selber, noch beschwert er andere, beschwert keinen von beiden: es ist ein heilsamer Gedanke, der Wohl aufzieht, Wohl züchtet‹, so hast du, Rahulo, einen derartigen Gedanken zu fördern.

Und hast du, Rahulo, einen Gedanken gehegt, so sollst du dir ebendiesen Gedanken betrachten: ›Weil ich nun diesen Gedanken gehegt habe, beschwert er mich da selber, oder beschwert er etwa andere, oder beschwert er alle beide? Ist es ein unheilsamer Gedanke, der Leiden aufzieht, Leiden züchtet?‹ Wenn du, Rahulo, bei der Betrachtung merkst: ›Dieser Gedanke, den ich da gehegt habe, der beschwert mich selber, oder er beschwert andere, oder beschwert alle beide: es ist ein unheilsamer Gedanke, der Leiden aufzieht, Leiden züchtet‹, so hast du dann, Rahulo, vor diesem Gedanken Grauen, Entsetzen, Abscheu zu fassen; und hast du Grauen, Entsetzen, Abscheu gefasst, dich künftighin zu hüten. Wenn du aber, Rahulo, bei der Betrachtung merkst: ›Dieser Gedanke, den ich da gehegt habe, der beschwert weder mich selber, noch beschwert er andere, beschwert keinen von beiden: es ist ein heilsamer Gedanke, der Wohl aufzieht, Wohl züchtet‹, so hast du, Rahulo, ebendiese selig heitere Übung im Guten Tag und Nacht zu pflegen.

Denn wer immer auch, Rahulo, von den Asketen oder den Priestern in vergangenen Zeiten seine Taten geläutert, seine Worte geläutert, seine Gedanken geläutert hat, ein jeder hat also und also betrachtend und betrachtend seine Taten geläutert, betrachtend und betrachtend seine Worte geläutert, betrachtend und betrachtend seine Gedanken geläutert. Und wer immer auch, Rahulo, von den Asketen oder den Priestern in künftigen Zeiten seine Taten läutern, seine Worte läutern, seine Gedanken läutern wird, ein jeder wird also und also betrachtend und betrachtend seine Taten läutern, betrachtend und betrachtend seine Worte läutern, betrachtend und betrachtend seine Gedanken läutern. Und wer immer auch, Rahulo, von den Asketen oder den Priestern in der Gegenwart seine Taten läutert, seine Worte läutert, seine Gedanken läutert, ein jeder läutert also und also betrachtend und betrachtend seine Taten, betrachtend und betrachtend läutert er seine Worte, betrachtend und betrachtend läutert er seine Gedanken.

Darum merke hier, Rahulo: ›Betrachtend und betrachtend wollen wir unsere Taten läutern, betrachtend und betrachtend wollen wir unsere Worte läutern, betrachtend und betrachtend wollen wir unsere Gedanken läutern‹: so habt ihr euch, Rahulo, wohl zu üben.«

Also sprach der Erhabene. Zufrieden freute sich der ehrwürdige Rahulo über das Wort des Erhabenen.

ANMERKUNGEN

1 Itivuttaka, 27. Sutta, gekürzt
2 Regine Leisner: Das Denken umwandeln, Langenfeld Verlag CHÖDZONG – Buddhistisches Zentrum 1997; S. 15.
3 Nynanaponika Thera (Hrsg.): Milindapanha: Ein historisches Gipfeltreffen im religiösen Weltgespräch, München: O. W. Barth Verlag 1998, S. 373.
4 Nynanaponika Thera (Hrsg.): Milindapanha: Ein historisches Gipfeltreffen im religiösen Weltgespräch, München: O. W. Barth Verlag 1998, S. 62–63.
5 Wie ein solches Gespräch geführt werden kann, wird an anderer Stelle ausführlicher geschildert. Hier geht es zunächst darum, die Situation dank der Achtsamkeit richtig zu erfassen.
6 Aus: Martin Buber, Das dialogische Prinzip, Gütersloh: Lambert Schneider/Gütersloher Verlagshaus 10/2006, S. 293.
7 Aus: Psychologie Heute, Mai 2001.
8 Ebd.
9 Aus: Zenkei Shibayama: Zen in Gleichnis und Bild, a. a. O., S. 22.
10 Aus: ders.: Wenn der Buddha lächelt, S. 71.
11 Aus: Michel Bovey, Ursache & Wirkung 30 4/99.
12 Franz Stowasser/Gabriele Cahill-Brunner: Partnerschaftliche Kommunikation, Paderborn: Junfermann-Verlag 2003, S. 3.
13 Aus: Pema Chödrön, Geh an die Orte, die du fürchtest, Freiamt: Arbor Verlag 2002, S. 46–47.
14 Kay Zumwinkel: Die Lehrreden des Buddha aus der Mittleren Sammlung Majjhima Nikaya, Jhana Verlag 2001, S. 196.
15 Aus: Die Reden des Buddha – Mittlere Sammlung – aus dem Pali-Kanon übersetzt von Karl Eugen Neumann Verlag Beyerlein–Steinschulte Herrnschrot 5/1991, (Majjhimna Nikaya 61), S. 453–458.

DANKSAGUNG

Dieses Buch ist inspiriert durch den vietnamesischen Zen-Meister Thich Nhat Hanh, dessen Reden und Schriften mich seit vielen Jahren begleiten. Ihm möchte ich besonders für die Ermutigung danken, die Lehren des Buddhismus auf unsere Lebenssituation zu beziehen und eigene Formen der Praxis zu entwickeln.

Danken möchte ich allen, die den Weg der Achtsamkeit mitgegangen sind, mich mit ihren Erfahrungen und ihrer Weisheit unterstützt und in meiner Praxis weitergebracht haben.

Ganz besonderen Dank den langjährigen Teilnehmern meines »Intensivkreises«, die durch ihr reges Interesse, ihre Mitarbeit und ihr Vertrauen zum Zustandekommen dieses Buches beigetragen haben.

Meiner Schwester Barbara danke ich für ihre Hilfe und ihren Beistand nicht nur während der Zeit des Schreibens.

Gisela Sellmons und Ella Tittelbach danke ich für ihre konkrete Hilfe bei der Korrektur des Buches und ihren ermutigenden und motivierenden Kommentaren.